비굴의 시대

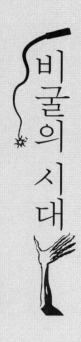

비굴의 시대

박노자

한겨레출판

겨울 공화국, 비굴함과 잔학성의 이중주

1990년, 바야흐로 소련이 망가지고 있던 시절 당시 레닌그라드대학교 전임강사로 있던 한국학 전문가 안드레이 란코프(Andrei Lankov, 현 국민대학교 교수)는 한 한국인 목사와 시국담을 나누었다. 아르바이트로 목사의 가이드를 하고 있던 나도 그 자리에 함께했다. 한소(韓蘇) 수교 직전이라 아직 한국 손님이 많지 않았으므로 란코프 교수에게는 아마도 한국어를 실습할 좋은 기회였을 것이다. 그는 손님에게 담담하게 당시 소련의 당면 현실을 전했다.

서유럽 중산층처럼 살 수 있겠다는 꿈에 부풀어 현실 사회주의의 복지주의적 제도 철폐를 쌍수 들고 지지하는 인텔리, 시장경제를 만병통치약처럼 이야기하는 지배층의 감언이설에 그대로 넘어가 빨리 민영화를 해달라고 파업하는 광산 노동자, 이미 인민 재산의 가장 쓸모 있는 부분을 은근슬쩍 사유화해버린 자본가형 관료들까지……. 모두 자본가가 되려고 앞을 다투던 상황에 대해 이야기를 마치고 그는 한 가지 명언을 내뱉었다.

러시아 역사에는 공포스러운 장면이 아주 많습니다. 그러나 현재처럼 이렇게 더러운 시대는…… 아마도 처음인 것 같습니다.

전례 없이 더러운 시대. 여기서 말하는 '더러움'이란 무엇일까? 사회적 연대 의식은 증발하고, 저마다 자신과 몇 안 되는 피붙이들의 잇속만 추구하고, 타자의 아픔에 대한 공감이라고는 전혀 보이지 않는 각자도생의 사회를 그렇게 부르는 것이리라. 이 글을 쓰는 순간에도 현대자동차의 한 비정규직 조합원이 "드럽고 치사한 나라 살기 싫어 죽으려 한다"라는 말을 남기고 자살을 시도했다. 그가 말한 '드럽다'도 바로 그런 뜻이었을 것이다.

회사는 언제나 더러웠다. 정규직과 비정규직 간의 갈등을 부추기고, 일부 비정규직만을 신규 채용 형태로 정규직화할 뿐이며, 모든 비정규직을 정규직화하라는 투쟁을 이어가는 전투적 소수를 고립시킨다. 그러나 자살을 시도한 그 조합원에게 더 힘든 것은 전투적 노조를 파멸하려는 회사의 술책에 넘어가 각자도생의 길을 선택한 수많은 동료의 모습이었을 것이다.

한국 근현대사에서 지배자가 더럽지 않은 시절이 한 번이라도 있었을까? 그러나 신자유주의 시대가 되자 피지배자마저도 그런 지배자의 의식과 행태를 내면화하기 시작했다. 1980년대 말에서 1990년대 초 신자유주의는 서유럽과 지리적으로나 문화적으로 가까운 동유럽권을 먼저 강타했다. 이어 1990년대 중후반부터는 일본에서 대중적 우경화, 전례 없는 비정규직 양산, 자살 붐을 일으키더니 1997~1998년 이후로는 한국마저 덮어버렸다. 이제 거의 20년 가까이 된 지금, 신자유주의라는 새로운 '반사회적 조직 원리'는 사람들 사이에서 거의 통념이 되었고, 각자의 소신과 처세술이 되었다. 사회뿐만 아니라 개개인이 모두 신자유주의화되었다는 것이다.

이것은 한국사의 흐름으로 볼 때 참 의외다. 'individualism'의 일본식 번역어인 '개인주의'가 한국에 처음 등장한 것은 1902년이다. 당시 이 단어를 처음 사용한 《황성신문》은 물론이고 그 밖의 개화 언론은 개인주의와 '사리사욕 추구'를 거의 구분하지 않았다. '도덕적으로 자율적인 개인'이라는 칸트적인 의미의 긍정적인 개인주의 상(像)은 1920년대에 접어들어서야 처음 나타났다. 하지만 이후에도 개인주의는 타자와는 무관하게 자기 것만 추구하는 것이라는 의심의 눈초리를 계속 받아야 했다. 사실 1990년대 초까지 그런 분위기였다. 한국 문화에서는 단순히 나와 타자 간의 경계선을 그어보려는 의도마저도 그 정도로 의심받았다. 억압적인 국가주의 아래에서는 너무나 자연스러운 일인지도 모른다. 그런데 어떻게 해서 도덕적 자율주의를 뜻하는 것도 아니고 가장 원색적이고 추악한 사리사욕 채우기가 이제는 당연지사로 통하게 되었을까?

답은 아주 간단하다. 칸트적 의미의 도덕적인 자율성을 함의하는 개인주의를 억압해온 국가주의와 군사 문화야말로 오늘날과 같은 각자도생의 풍토를 조장했다. 한국에서는 개발주의는 물론 신자유주의도 모두 국가 주도로 진행되었다. 국가와 자본이 앞장서 더러운 세상에서 살 사람을 만들어낸다. 그리고 이 과정에서는 해방적 의미의 근대적 이성도, 어떤 개인적 자율성도 철저히 배제된다. 학교에서는 아이들이 우등반과 열등반으로 편성되어 어릴 때부터 경쟁과 서열의 원리를 체화한다. 최근의 보도에 따르면 일부 학교에서는 배식 시간에도 아예 성적순으로 밥을 준다고 하지 않는가. '경쟁하는 인간'은 이렇게 만들어진다. 한 술 더 떠서 재벌형 학원은 "친구 사귈 시간에 차라리 공부하라"라는 현수막을 내걸어 아이들을 훈계한다.

나의 사적 욕망을 위해 타자를 짓밟는 것은 이제 거의 국시(國是)가 되었다. 지금 같은 상황에서는 친구를 사귀고 연대하는 일이야말로 오히려 진정한 개인주의의 백미가 될 것이다. 남자들은 학교에서 배운 '강자 되기 올인, 약자 능멸'을 군에 가서 '훌륭하게' 실습해볼 수 있다. 최근 보도된 군 폭력 사건을 보면 공통된 특징이 있다. 그것은 바로 학교 폭력처럼 내성적이고 적응을 잘 하지 못하며 약해 보이는 동료를 골라 집단적으로 괴롭힌다는 것이다. 그렇게 하지 않으면 강자들의 집단에서 배제되어 자신마저도 괴롭힘의 대상이 될 것이라고 생각한다.

물론 이와 같은 비합법적 폭력까지 국가가 직접 명령한 것은 아니다. 하지만 극단적인 능력주의가 인종주의처럼 작동하여 무능력자나 저(低)성과자는 무자비하게 걸러내야 한다는 분위기는 분명 국가와 자본이 주도해서 만든 작품이다. 더러운 시대는 그냥 오는 것이 아니다. 그것은 어디까지나 재벌 공화국의 지배층이 계급투쟁의 과정에서 피지배자를 이긴 결과로 보아야 한다.

개발주의 사회는 억압적이었지만 그 안에는 그래도 전통 시대의 온정 같은 것이 남아 있었다. '같은 회사 식구'끼리 회식을 할 때면 술을 따라주는 순서에서 명징하게 서열이 나타나고, 남성 우월적 풍토도 볼 수 있었으며, 실직 위기에 처한 동료를 챙겨주는 의리도 있었다. 사실 과거로부터 이어받은 연대의 전통은 대학마다 운동권이라는 독특한 반주류 조직이 둥지를 틀 수 있었던 심성적 기반을 제공해주었다. 그들이 요구한 것은 계급적이거나 민족주의적인 것이었다. 하지만 정권의 명분을 문제 삼고, 이민위천(以民爲天)을 추구하고, 서로 의리를 다지는 모습은 다분히 유교적이었다.

술자리의 억압성 같은 과거의 부정적인 면은 지금도 그대로지만, 신자유주의는 동시에 한국 사회 탈전통화의 마지막 단계를 의미하기도 한다. 온정 따위는 온데간데없이 사라지고 스펙 쌓기에 열을 내는 바쁜 대학생들은, 정권의 명분을 생각할 여유는커녕 연애를 할 여유조차 없다. 수평적으로는 이해관계가, 수직적으로는 권력관계가 이제 사회생활의 전부가 되었다. 각 개인은 생존을 도모하는 과정에서 이해타산에 따라 필요한 사람을 사귀고, 강자에게는 아부하고 약자는 짓밟아 따돌린다.

억압성에 더하여 비굴함까지 사회생활을 지배한다. 갈수록 비굴해지는 개인은 동시에 과거 같으면 상상하기조차도 힘든 잔혹성을 보인다. 이제 우리 모두 국가 폭력에는 너무나 익숙해졌다. 하지만 참척의 화를 당하고 국가에 대해 진상 규명을 요구하며 단식 투쟁을 하는 세월호 유가족 앞에서 속칭 '일베'라는 민간인들이 벌린 '폭식 투쟁'은 상(喪)을 존중해온 우리의 의식으로는 도저히 상상하기 어려운 일이다. 일베야 젊은 불한당이라고 치자. 그렇다면 세월호 때문에 매상이 자꾸 떨어진다며 유가족들이 걸어놓은 현수막을 떼어버리는 중년의 상인을 어떻게 이해할 수 있을까? 일베의 노골적이고 도전적인 패륜과는 일정한 차이가 있어도 '나만 잘 살면 된다, 남의 죽음은 관심 밖이다'라고 여기는 이들 특유의 잔혹성이 그대로 보인다. 이는 나이와 무관하게 신자유주의의 모범 국가가 된 대한민국의 사회적 분위기다.

나는 이 책이 이런 분위기를 약간이라도 바꿀 수 있을 것이라는 환상은 가지고 있지 않다. 한스 안데르센(Hans Andersen, 1805~1875)의 유명한 동화인 《눈의 여왕》의 주인공 카이처럼 지금 우리의 심장은 얼음처럼 차갑게 변해버렸다. 우리 안에 박힌, 트롤이라는 악마가 만들어낸 거울 조각은 그 어떤 책도 제거해줄 수 없다. 그것을 제거하려면 언젠가 치열한 투쟁과 뜨거운 연대 속에서만 가능할지도 모른다.

나의 의도는 단순하다. 선을 악으로 보이게 하는 '트롤의 거울'과는 정반대로, 악을 악으로 보이게 하는 것이다. 우리가 처한 상황과 자신의 모습을 여실히 볼 수 있게 된다면, 그것이 '눈의 여왕이 있는 궁전'을 벗어나는 첫걸음이 될지도 모른다. 그러나 동화와 달리 그 궁전을 벗어나 고향으로 가는 길은 아주 멀고 험할 것이다.

비굴하고 잔혹한 시대의 유산을 청산하는 투쟁의 길은 아마도 많은 희생으로 점철될 것이다. 그러나 우리가 그 길로 갈 수 있기라도 한다면 천만다행이다. 세월호에 타고 있는 기분으로 살아야 하는 대다수의 서민에게, 그리고 한국 기업에 착취당하는 수많은 타자에게 지금의 한국은 너무나 위험한 사회다. 이런 사회에서 새로운 참사가 계속 일어나도 아무런 투쟁을 하지 않고 그대로 두는 것은 결국 역사 앞에서 커다란 죄를 짓는 일일 것이다.

차례

1부
'인간'이 사라져가는 대한민국

01

공포를 먹고 사는 사회

우리 시대의 파시즘

1980년대에 소련의 대중 매체는 남한과 관련해서 계속 '파쇼 도당'
이라는 말을 썼다. 대체로 소련의 조선학 전공자나 미디어 종사자들
이 전두환의 신군부 정권을 그렇게 인식했다. 전두환 정권 말기 한국
에서는 박철언과 김학준 등을 통해서 대(對)소련 관계 정상화 교섭
을 시도하기도 했지만, 사회주의 국가라는 명분상 소련은 광주 학살
과 삼청교육대의 주인공을 '파쇼' 외에 어떤 말로도 표현하기가 힘들
었다. 실제로 1980년대 학생 운동가들도 '파쇼 정권'이라는 말을 흔
히 썼고, 지금도 상당수의 연구자가 그 시기를 통틀어 '주변부 파시
즘의 시기'라고 규정한다.

'파시즘'이라는 것은 독재적인 국가의 지배 집단이 조직 노동을
배제하거나 장악·어용화 하고 나아가서 사회 영역이나 시민사회를
탄압하여 각종 끄나풀로 만드는 자본주의 사회의 총동원적 운영 방
식이다. 중심부의 파시즘은 크게 '밑으로부터의 파시즘'과 '위로부터
의 파시즘'으로 나뉜다. 전자는 배타적 종족주의 등의 이데올로기로
무장한 소부르주아적 중간 계층의 정당이 국가를 장악하는 형태로,

히틀러(Adolf Hitler, 1889~1945)나 무솔리니(Benito Mussolini, 1883~1945) 집단이 대표적이다. 후자는 전시 일본과 같이 기존의 관료 체계가 비상 상황을 조성하면서 조직적으로 파쇼화되는 것을 의미한다. 주변부에서는 보통 위로부터의 파시즘 중 하나인 군사 파시즘이 유행한다. 이 경우에는 대개 피지배자의 역동적인 움직임에 직면한 극우적 군부가 핵심부의 비호 아래 정변의 방식으로 정권을 탈취하여 피지배자의 조직을 철권 통제하며 체제에 대한 모든 도전 가능성을 차단한다. 스페인에서 일어난 프랑코의 정변(독일과 이탈리아가 후원), 칠레에서 일어난 피노체트의 정변(미국이 후원), 한국에서 일어난 박정희와 전두환의 정변(미국이 후원)이 대표적 사례다.

한국의 피지배자 조직과 그들의 저항에 대한 파괴는 1961년 5·16 직후의 혁신 정당 탄압, 《민족일보》 탄압, 노조 자율성 박탈, 1980년의 광주 학살 등으로 나타났다. 주변부 파시즘이 중심부 파시즘과 다른 점이라면 사회의 병영화를 지향할 수는 있지만, 자율성이 없는 주변부 종속 국가의 특질상 '침략'을 독자적으로 꿈꿀 수는 없다는 것이다.

박근혜의 등장, 파쇼의 부활인가

주변부 파시즘 시대의 성공 신화를 그 주된 상징 자본으로 가지고 있는 박근혜의 등장은 한국의 재파쇼화를 의미하는 것일까? 이 질문에 답하려면 한국의 사회 조직 방식이나 사회 문화, 정권의 통치 스타일, 정치적 형태 등을 정확히 구분해야 한다.

첫째, 한국의 사회 조직 방식이나 사회 문화는 여전히 파시즘적이다. 이러한 측면에서는 지난 20여 년 동안 그 어떤 본질적 변화도 일어나지 않았다. 2013년 9월에 일어난 '월북 시도자 사살' 사태를 보면 대한민국은 여전히 '탈영 시도 시 무조건 처벌, 적에게 투항 시도 시 무조건 사살'이 원칙인 하나의 커다란 병영 국가다. 국군의 날에 과거의 동유럽권이나 북한의 군사 행진을 방불케 하는 군사 퍼레이드가 진행되어도 시민사회는 반대조차 하지 못한다. 병영에서 따라야 할 원칙은 우리 부대에 대한 배타적인 충성과 소속이다. '이석기 사태'의 본질도 궁극적으로 그가 우리 부대의 '적'을 적으로 여기지 않았다는 점, 그리고 우리 부대가 벌이는 총성 없는 전쟁에 대해 독자적 판단을 한 점 등이다. 커다란 군부대인 대한민국에서 이러한 경우는 죽을 죄보다 더한 것이다. 즉 박근혜가 재파쇼화를 추진한다기보다는 이 사회 안에 늘 내재해 있는 파시즘적 요소를 더욱 강화하고 심지어 절대화하려는 것이 아닌가 생각한다.

둘째, 정권의 통치 스타일도 확실히 파시즘적이다. 파시즘 국가의 특징은 피지배자와 대화를 하지 않는다는 점이다. 피지배자가 지배자를 익찬(翼贊)하면 순량한 황민(皇民)이 되는 것이고, 불령한 짓을 한다 싶으면 박멸의 대상이 된다. 예를 들어 '밀양 송전탑 사태'를 보면 국가는 제대로 된 대화는 하지 않고, 힘없는 어르신들을 단속하기 위해 단속 대상자보다 열 배가 넘는 경찰 병력과 한전 직원을 배치하여 폭력으로 일관했다. 또 전국교직원노동조합(전교조) 법제화는 김대중 정부가 추진한 핵심적 민주화 정책 중 하나였음에도 전교조를 다시 법외노조로 만들려고 하니 이는 곧 정권의 교체 이전으로 돌아간다는 말이 된다. '유신 스타일'이라는 말은 절대 틀리지 않다.

셋째, 정치적 형태를 보자. 앞서 이야기한 대로 새로운 통치 그룹이 이미 상당히 파시즘적인 사회를 다시 한번 파쇼적 방식으로 운영하려 하지만, 아직 그들의 정치적 형태까지 유신과 신군부 스타일로 바뀐 것은 아니다. 통치 스타일이 유신적이라 해도 우리는 아직도 형식적 자유민주주의를 향유하고 있다.

그런데 파쇼적 과거를 향수하고, 그 통치 스타일도 꽤나 파쇼적인 지배자들이 자유민주주의의 기본 형식을 유지하는 이유는 무엇일까? 다수결로 결정되는 절차적 민주주의에서는 5년 동안 통치자의 자리에 있을 자도, 그 뒤에 포진해 있는 재벌이나 관료군도 그다지 손해를 볼 것이 없다. 히틀러의 독재가 '대중 독재'의 면모를 일부 지녔듯이 오늘날 대한민국의 재벌 독재도 상당한 대중적 기반을 가져 얼마든지 자유민주적 정치 형식을 갖고 운영할 수 있기 때문이다.

자랑스러운 대한민국의 본질

대중의 의식을 한마디로 표현하기는 어렵다. 그만큼 자가당착적인 요소가 많다. 조금 단순하게 표현하자면 대한민국 국민 대부분은 신자유주의에 피곤해하며 탈신자유주의를 지향하지만, 자본주의 그 자체를 여전히 굳건히 믿으며 일종의 공기처럼 당연시한다. 최근 약 2~3년 사이에 나온 여러 여론조사의 결과를 종합해보면 '우리가 가장 중요하게 여기는 가치'로 약 35퍼센트는 복지를 꼽은 반면, 25퍼센트는 성장을 꼽았다. 복지가 실제적으로 매우 취약한 한국의 종속적 신자유주의에 상당수의 한국인이 일종의 피로감을 느끼고 있음을 명확히 볼 수 있다. 또 소득이 낮을수록 복지를 답한 것을 보면 나름대로 계급의식이 명확해지는 부분도 없지 않은 듯하다. 다른 세대에 비해 20~30대가 복지를 가장 많이 갈망했는데, 정규직이 갈수록 적어지는 신자유주의 세상에 맨몸으로 내몰려 있는 최대 피해자 세대의 고민을 말해준다. 심지어 '조중동'까지도 양극화 완화를 요구하고 나서는 것을 보면 한국인 대중과 신자유주의 관계가 얼마나 불편한지 알 수 있다.

그런데 여론조사에서 약 10~12퍼센트는 '안보'를 최우선 가치로 꼽았으며, 그중 20대가 17퍼센트 가까이 될 때도 있다. 군대에 끌려가야 하는 세대가 주로 20대라는 점을 감안한다면 이 사실은 경이롭기까지 하다. 그들은 자신을 안보주의와 병영 국가의 피해자라기보다는 자랑스러운 대한민국을 지키는 '국민'으로 생각하는 모양이다. 그만큼 국민 이데올로기는 이 사회를 철저히 통제한다.

보통 여론조사마다 70퍼센트 이상이 '대한민국 국적이 자랑스럽다'고 하는데, 그것은 이 나라의 자본주의적 성공이 자랑스럽다는 뜻일 것이다. 조정래의 《정글만리》에서처럼, 중국 기업이 우리를 착취한다기보다는 우리가 중국 시장에 파고들어 그들을 경제적으로 이용할 수 있다는 점이 자랑스러운 것이다. 그러기에 여론조사에서 가장 신뢰도가 높은 조직을 물으면 많은 이들이 반노동자적 재벌인 현대와 삼성을 꼽는다. 대한민국에는 현대자동차와 삼성전자의 주주보다 그 기업과 하도급 업체에서 착취를 당하고 있는 비정규직 노동자가 수십 배 더 많다. 이처럼 우리의 인식은 현실보다는 지배층이 주입하는 이념과 스스로 실감할 수 있는 약간의 물질적 '당근' 등에 의해 형성된다. 85퍼센트가 '돈 없는 행복'을 꿈꾸지 못하는 나라에서는 아무리 착취당하는 비정규직이라 해도 중국인이나 북한인보다는 더 많은 돈을 받고 잘 먹고 잘 산다고 생각하기 마련이다. 이러한 의식이 '대한민국주의' 열풍의 기반이 된다.

한국 파시즘의 새로운 전략

신자유주의가 아무리 불편해도 국민국가 단위의 경쟁이 예사인 자본주의적 질서는 당연시된다. 이 질서의 풍파노도 속에서 대한민국호의 충실한 선원으로 임해야 한다는 것은 아직도 다수의 의식에 바탕화면처럼 깔려 있는 세계관이다. 그리고 IMF 위기보다 더한 경제적 대참사가 한국형 자본주의의 실체를 다 드러내기 전에는 우리의 기업 본위 국가주의는 여전할 듯하다. 이와 같은 환경 속에서 파시즘적 스타일의 통치자는 자유민주주의의 절차적 기본을 크게 손대지 않고 다음과 같은 전략을 취하면 될 것이다.

첫째, 안보 의식 고취. 일본의 재무장, 미국의 동아시아 회귀(중국 포위 전략)에 발맞추어 '중국, 북한 위협론' 등을 선전한다. 그리고 MBC의 〈진짜 사나이〉 같은 예군(藝軍) 유착 예능 프로그램을 통해 젊은이들에게 '쿨한' 형태의 군사주의 세뇌를 대폭 강화한다.

둘째, 비국민 색출. 통합진보당(통진당)과 전교조 마녀사냥에 이어 새로운 대중적 진보 조직을 겨냥하여 완전히 망가뜨리지는 못해도, 그 역량을 대폭 약화하고 발언권을 죽여 사회적으로 고립시킨다.

셋째, '돈 좀 줄게, 까불지 마' 식의 표심 무마. 계속해서 축소와 번복의 대상이 되겠지만 통치의 차원에서 객관적으로 필요한(가령 내수 강화나 인구 재생산 등의 차원에서) 각종 복지 정책을 국민 통합이라고 선전하여 '다 같이 잘 사는 대한민국'에 대한 판타지를 자극한다.

넷째, 현대판 서북청년단 양성. 일베 등 일부 소외층이 서구식 민간 극우파로 전락하는 현상을 이용하여 하층민 극우파를 최고 부자들 정권의 행동대로 최대한 활용한다.

다섯째, 다수에게는 태극기 물결. 한류에 의한 동남아 평정이든, 삼성 광고판으로 덮인 모스크바 시가지든, 한국의 경제적 아류 제국주의가 언론에 의해서 선전되어 국가와 기업 본위의 애국주의 이데올로기를 강화한다.

여섯째, 소수의 블랙리스트화. 삼성 사기(社旗)나 마찬가지인 태극기를 거부하는 사회주의자, 평화주의자, 환경주의자 등 극소수의 불령 조직과 그와 유관한 모든 사람을 블랙리스트화해서 영원한 2등 시민으로 고립시킨다. 그렇게 하면 그를 굳이 체포하고 고문하지 않아도 된다.

정치 제도적 차원이 아닌 사회적 차원에서 바라본 한국 파시즘의 청사진은 대체로 이 정도다. 이 현상과 어떻게 싸울 것인지가 바로 우리의 차후 과제다.

군주국 멘탈리티를 넘어서

너무나 오랫동안 군주국 안에서 살아서인지 한국인에게는 지도자 신화 같은 것이 있다. 러시아에서도 일반적으로 1953년 이전의 20여 년을 차례로 '스탈린 시대', '흐루쇼프 시대', '브레즈네프 시대'라고 부른다. 그만큼 지도자와 그 충신 그룹의 특성이 러시아 같은 관료적 피라미드에서는 역사의 전개에 지대한 영향을 미치기도 한다.

노르웨이 사람들 같으면 그 누구도 1955~1965년을 그 당시 총리인 노동당 당수의 성을 따서 '게르하르드센 시대'라고 부르지 않는다. 에이나르 게르하르드센(Einar Gerhardsen, 1897~1987)이라는 당시 노동당 정치인은 노르웨이 사람들이 국부(國父)라고 부를 만큼 현재의 노르웨이가 있기까지 큰 영향을 끼쳤다. 노르웨이 정치의 원칙은 '개인 통치'라기보다는 '정당 통치'다. 따라서 '노동당 시대'라고 부를지언정 게르하르드센 시대라고는 하지 않는다. 그러나 러시아도 한국도 너무 오랫동안 중앙집권적 군주 통치의 유습을 가지고 있어서인지 늘상 흐루쇼프 시대나 박정희 시대라고 말한다. 사실 대통령을 '군주'라고 인식하는 것이 아니라면 어떤 능력도 검증되지 않았고 어떤 공적도 없는 박근혜가 어떻게 대통령이 될 수 있었을까? 군주의 딸이라는 태생적 신분이 없었다면 말이다.

1977년 이후, 우리가 살고 있는 체제

북한에도 수령/장군/지도자 신화가 있듯이 우리에게도 확실히 과거의 내성외왕(內聖外王)*론에서 비롯된 대통령 신화 같은 것이 있다. 스포츠, 군대, 음담패설 외에 정치만큼 한국 남성들이 좋아하는 이야기도 없다. 그리고 그들은 거의 정치학 박사 못지않게 일가견이 있는데, 그 정치 이야기의 핵심도 대체로 '누가 대통령이 되느냐'와 '현직 대통령이 정치를 잘 하고 있느냐'다. 결국 북한을 보고 전근대적이라 할 것도 없이 대한민국도 '군주국 멘탈리티'가 강하다.

내가 마르크스주의를 고집하는 것은 역사의 진실을 바로 보기 위해서는 군주별 시대 구분이나 군주 업적론에서 벗어나야 할 필요성이 있기 때문이다. 누가 대통령을 하고, 어떤 이념이나 대의명분을 내걸고 무슨 말을 했으며, 어떤 도둑질을 했다는 것보다 훨씬 더 중요한 것은 축적 체제의 본질적 변화다. 사실 그 변화의 논리를 제대로 이해하면 어떤 특정인이 왜 대통령이 되었는지, 그리고 그가 왜 특정 정치 노선을 택했는지 알 수 있을 것이다.

• 안으로는 성인(聖人)의 경지에 오르고, 밖으로는 임금의 덕을 갖춘 사람이라는 뜻으로, 학술과 덕행을 고루 갖춘 인재를 의미한다.

1996~1997년까지 한국의 축적 체제는 핵심부 국가의 자본과 기술에 의존한 중간 정도의 기술 집약적 수출 상품 중심의 제조업을 골자로 한다. 그 축적 체제는 적어도 1980년대 말까지 신중상주의적인, 즉 신보호주의적인 보호막 아래에서 성장했고, 또한 김영삼 시절에도 권위주의 혹은 준권위주의 정권에 의해서 관리되었다. 정치 영역에서 노동은 철저하게 배제되었지만, 그 반대 급부로 중간 정도 이상의 숙련공이면 보통 정규직으로 취업하거나 일정한 정도의 사내 복지를 제공받았다. 일본만큼은 아니지만 1990년대 중반이면 이미 국민의료보험 등까지 갖춘 한국은 일종의 '우파적, 반동적 조합주의 국가'였다. 물론 그 병영화의 정도는 차라리 전쟁 전의 일본이나 만주국을 방불케 했지만 말이다.

이 축적 체제는 1990년대 중반에 이르러 여러 가지 도전을 받았다. 우선 종주국인 미국이 금융 본위의 축적 체제로 이미 이동한 상태였다. 미국은 준신식민지인 한국에도 금융시장과 주식시장에 접근할 수 있도록 강력하게 요구했다. 즉 일본 모델의 신중상주의적 요소를 완전히 제거할 것을 요구한 것이다. 그런데 만약 미국 자본이 들어온다면 그 순간 우파적 조합주의 틀도 그대로 무너져야 한다.

1970년대 이후 미국의 축적 체제에서 노동자는 그냥 일회용 재료에 불과하고 사내 복지는커녕 정규직 고용도 보장받지 못한다. 로널드 레이건(Ronald Reagan, 1911~2004) 이후 미국의 축적 모델은 기본적으로 노임 억압적이며, 여기에는 노동에 대한 완전한 사회적 배제까지 포함되어 있다. 그런데 이와 같은 종주국 자본의 요구는 묘하게도 국내 자본의 요구와 딱 맞아떨어졌다. 국내 자본도 중국과 동남아 저임금 제조업과 경쟁하는 차원에서는 노임 억압, 고용의 비정규화, 하도급 구조 강화 등을 원했고, 회장 일가의 왕조적 특권이 보장되는 한 미국식 주주 자본주의에 동의했다. 또 제조업이라는 국내 자본의 핵심을 크게 건드리지 않는 이상 외국 자본에 의한 은행권 접수에 대해 한국 대자본도 큰 틀에서 동의할 수 있었다. 결국 1997년 이후 우리가 살고 있는 축적 체제는 해외(주로 미국이고 부분적으로는 유럽과 일본) 자본과 국내 자본의 요구가 잘 절충된 세계적으로 모범에 가까운 신자유주의적 체제라고 보아야 한다.

그 특징을 살펴보면 다음과 같다. 첫째, 비정규직 고용과 하도급 구조를 통해 노임 억압을 최대화하고, 소수의 고숙련 노동자(주로 남성)를 제외한 나머지 모든 노동자를 파편화된 저임금 착취 대상으로 만들었다. 이른바 고도 착취 사회로 들어선 것이다.

둘째, 과거 일정하게 보장하던 사내 복지를 단계적으로 축소했다. 그리고 현재 시행하는 낮은 수준의 국가적 복지(국민의료보험, 국민연금 등)도 동결하거나 미미하게만 확대함으로써 저복지 사회로 나아갔다. 이는 차후 민영화에 의한 자본 축적에 이용하기 위한 것이다.

셋째, 자본의 세계적 이동이 활발해지면서 재벌과 중간 규모 기업이 저임금 지대로 투자를 확대해갔다. 이에 따라 일부 제조업도 점차적으로 저임금 지대로 이전되었다. 이와 함께 과거 차관 형태로 들어오던 외자는 이제 투자 형태로 들어와 복지 제도나 기본 공공 서비스의 민영화를 주도했다.

넷째, 기본적으로 제조업 상품 수출 중심의 경제는 그대로이지만,

대학을 점차 상업화하여 인문학 같은 비실용적 부문을 폐지하고 기술 생산의 중심지로 만들기 시작했다. 즉 상품은 물론 기술까지 생산하는 사회로 들어선 것이다. 한류로 대변되는 문화 생산과 수출에 대한 야욕도 이와 함께한다.

다섯째, 부채를 통한 이윤 유지 전략으로 가면서 미국처럼 빚에 의존하는 저저축, 고부채 사회로 접어들었다.

새로운 축적 모델에 담긴 욕망과 그 집행자

이와 같은 사회가 과연 얼마나 지속될지는 의문이지만, 대체로 이것이 1997년 이후의 한국 모델이다. 그러면 왜 이런 모델에 박근혜 같은 인물이 필요할까?

이것은 새로운 축적 모델을 이념적, 정치적으로 포장하는 문제다. 김대중, 노무현 때는 새로운 축적 모델을 자유주의 이데올로기로 포장해보려고 시도했다. 하지만 자본의 편에서 볼 때 이 시도는 시민사회의, 즉 양극화로 부분적으로 몰락할 처지에 처한 중산층의 지나친 양보를 의미했다. 이명박은 새로운 축적 모델의 욕망을 가장 노골적으로 드러낸 인물이지만, 그것이야말로 그의 단점이었다. 착취의 대상에 불과한 대다수는 어차피 그 욕망을 그대로 공유하기 어렵기 때문이다.

그러나 국내외 대자본의 편에서 볼 때 박근혜는 어떤 의미에서는 적절해 보인다. 그녀는 박정희 시절의 신보호주의의 안정성(정규직 고용, 사내 복지, 상향 이동의 가능성 등)에 대한 향수를 자극하면서도,

새로운 축적 모델이 요구하는 모든 정책을 척척, 무자비하게, 어떤 저항도 다 부수어버리고 집행할 각오가 되어 있기 때문이다. 박근혜의 신보호주의적이고 과거 향수를 불러일으키는 모습이 바로 '민영화 왕후'를 기만적으로 포장하는 포장지에 불과하다는 점을 그녀의 보수적 지지층이 얼마나 빨리 눈치챌지는 두고 볼 일이다. 이들이 눈치를 채고 그녀의 정치적 주식의 값이 떨어지면, 또 다음 신자유주의 축적 모델의 집행인은 과연 누가 될까?

역사에서 편집증의 역할

마르크스주의자인 나도 고전적 마르크스주의에 대한 한 가지 불만이 있다. 대개 마르크스주의자들은 만인이 자신의 사회경제적 이해관계에 따라 정치적 이해를 추구한다고 전제하고 역사를 분석한다. 이 전제는 거시적으로는 맞지만, 어떤 구체적 국면을 미시적으로 살펴보면 그와 상반되는 두 가지 현상을 마주하게 된다.

하나는 지배 이데올로기에 포섭된 피지배자들이 매일같이 그들의 실익을 스스로 배반하여 지배자들에게 수동적으로나마 동의하는 것이다. 다른 하나는 지배자라 하더라도 어떤 행동은 이해 계산보다는 자신의 신념에 따른 것이라는 점이다. 그 신념의 정체를 추적하다보면 일종의 정신병인 편집증이 가장 많다. 인간은 우리가 생각한 것보다 훨씬 덜 합리적인 동물이다. 전자는 박근혜를 찍은 수많은 한국 서민의 정치 행동에서 볼 수 있고, 후자는 통진당 해산 청구 등을 추진하는 박근혜 정권의 모습에서 볼 수 있다.

20세기 역사를 보면 자신의 실익을 배반하면서까지 어떤 편집증에 의해 움직인 지배자의 예를 수없이 볼 수 있다. 예를 들어 급진적 공산주의자인 레온 트로츠키(Leon Trotsky, 1879~1940)와 그 추종자들을 섬멸한 보수적인 공산당 지도자 이오시프 스탈린(Iosif Vissarionovich Stalin, 1879~1953)의 행동은 반동적이고 잔혹했지만 한편으로는 합목적적이었다. 적어도 그가 왜 그렇게 했는지는 이해할 수 있다. 그런데 파쇼와의 전쟁을 앞두고 수많은(자료마다 통계가 다르지만 적게는 약 8,000명, 많게는 약 3만 명) 적군의 장교를 총살하거나 시베리아로 보낸 스탈린의 행동은 합리적이었을까? 장교들 중에는 트로츠키주의자* 등 급진파가 거의 존재하지도 않았다. 그러나 반대파 숙청에 취해버린 스탈린파는 도처에 인민의 적이 있다고 여겼다. 가장 잘 훈련받은 장교들을 전쟁 직전에 죽이는 것은 자살골이다. 인민의 적에 대한 편집증적 증오는 이런 자살골을 넣게 만들었다.

아니면 동부전선이 급박했을 때 수백만 명의 유대인들을 학살하는 데 인력과 자원을 낭비한 히틀러의 행동은 어땠을까? 수많은 공산주의자들을 낳은 유대인에 대한 골수 반공주의자 히틀러의 증오를 설명할 수는 있어도 엄밀한 의미에서 이런 행동은 합리적이지 않다. 수용소에 잡혀간 유대인들을 군수공업 인력으로 활용했다면 훨씬 더

• 트로츠키주의는 러시아의 혁명가 레온 트로츠키의 사회주의 사상에 의거한 노선이다. 트로츠키는 세계적인 공산 혁명이 없어도 소련 하나의 국가만으로도 사회주의 건설이 가능하다고 말한 스탈린의 '일국 사회주의론'에 반대하면서 국제적 연대를 통한 '영구 혁명론' 혹은 '세계 혁명론'을 내세웠다. 그의 혁명론은 당시 서유럽의 지식인과 혁명가에게 많은 지지를 받았다. 하지만 레닌 사후 트로츠키는 스탈린과 격한 권력 투쟁을 벌인 끝에 '인민의 적'으로 몰려 끝내 소련으로부터 강제 추방당한 뒤 암살당했고, 이와 함께 그의 사상도 힘을 잃어갔다.

합리적이었을 것이다. 그러나 편집증적 증오에 사로잡힌 백색 독재 집단으로서는 어쩌면 전승보다 증오 대상자를 섬멸하는 것 자체가 더 중요했을 것이다. 정신병이 군림하는 극단의 세기라는 말이 공연히 붙은 것이 아니다.

정신병이 군림하는 극단의 세기

박근혜 정권의 모습을 보면 그 편집증적 극단의 세기가 다시 재현되는 느낌이 든다. 예를 들어 통진당에 대한 박근혜 정권의 증오를 이해할 수는 있다. 적으로 간주해야 할 북한에 대해 적대감 대신 연대감을 보이고, 민생 파탄의 희생자들을 조직하려는 움직임을 보이는 데다, 철도 민영화 같은 부자 정권의 의제를 반대하니 미울 만도 하다. 그런데 어떤 대상이 밉다고 해서 칼을 들이대는 것은 정상이라고 볼 수 없다. 실리에 밝은 이명박 정권도 민노당에 가입한 공무원들을 탄압하고 각종 공안 사건으로 민노당 약체화를 도모했으나, 정당 강제 해산과 같은 무리수를 두지는 않았다. 그런데 박근혜 정권은 실리형보다는 이념형이다. 아니 이념형이라기보다는 편집증형이다. '나와 접점이 없거나 나에게 손해를 끼칠 듯한 정당이라면 그냥 없어져라! 당장 없어져라!' 이런 수준인 것이다. 미운 사람을 보고 어서 죽으라고 외치는 정신병 환자와 다르지 않다. 통진당 같은 온건 좌파 민족주의 집단을 보기만 하면 '북괴의 숨은 손'만 떠올리는 것으로 보아서는 이 정신병은 아마도 편집증에 가까운 듯하다. 정치적 사고가 어느 정도 발달한 지식인을 보기만 하면 당장에

트로츠키주의자를 떠올린 스탈린의 똘마니들과 비교할 만하다.

결국 박근혜 정권의 편집증적인 종북 분자 색출은 진보 사회의 커다란 반격을 불러일으켜 오히려 부메랑이 되어 정권을 더 어렵게 만들 것으로 보인다. 문제는 편집증 환자에게 그의 병에 대해 설명해보아야 소용이 없다는 것이다. 도처에 적과 내통하는 사람만 있다고 여기는 사람에게는 그의 병증을 설명하는 사람도 그저 수상해 보일 테니 말이다.

신앙의 힘으로도 포용할 수 없는 정권

박근혜 정권의 관계자들이 향수를 느끼는 군사정권 말기에는 정치 투쟁을 학생들이 대부분 주도하는 편이었다. 노동자들은 파업을 해도 서울 도심에서는 자주 하지 않았다. 그래서 데모라면 보통 학생들의 시위를 의미했다. 지금은 시위 대열 속에서 학생들을 발견하기 쉽지 않고 대개 급진적 조합원들이 앞장선다. 또한 정치 투쟁에 영감을 주는 것은 대통령 사퇴 촉구와 같은 종교인들의 급진적 발언이다.

2013년에는 반권위주의 투쟁의 산 역사라고 할 천주교정의구현사제단을 비롯하여 비교적 보수적인 조계종 승려들마저도 대통령 사퇴를 촉구하며 잇달아 시국 선언을 했다. 조계종 재적 승려의 8분의 1 정도가 함께했는데, '천주교 좌파'보다는 약간 온건하지만 활동적이고 사회 참여적인 승려 대다수가 참가했다. 여기에 개신교와 원불교의 진보파까지 가세하면서 진보적 종교인들에 의한 사상 초유의 대정부 반란 사태가 일어났다. 종교인들이 아무리 개인적으로 진보적이라 해도 대형 종단의 보수적 속성 등으로 대통령 사퇴 촉구와 같은 급진적인 행동에 나서는 것은 쉽지 않다. 그렇다면 그들이 이렇게 나선 이유는 무엇일까?

진보적 종교인들은 일면으로는 정치 문제에 나서기 좋은 조건에 있다. 1980년대 말의 학생들이 재학 중에 아무리 데모를 해도 비교적 취직하기가 쉬웠듯이 적어도 대한민국에서 종교인들은 밥벌이 전쟁에서 해방된 몇 안 되는 계층 중 하나다. 물론 교회가 사실상 일종의 사기업이 된 개신교에서 영세 교회, 개척 교회, 몰락 직전의 소형 교회라면 밥 걱정이 전혀 없는 것도 아니지만, 그래도 일반인에 비하면 정신적, 시간적 여유가 있는 편이다. 옛날에는 대학 교수들도 그런 편이었지만, 이제는 영어 논문을 생산해내야 하는 등 기계화되어 여유 차원에서는 승려, 신부, 목사보다 못하다. 또한 조계종 승려나 천주교 신부가 1980년대 말의 급진 학생들과 통하는 점이 있다면 가정이 없다는 것이다. 탄압에 직면해도 누구를 책임지는 상황이 아닌 경우에는 심적으로도 현실적으로도 그나마 나은 편이다.

종교인들의 역사 감각

그렇다 하더라도 이렇게 많은 신부나 승려가 대통령 하야를 외치는 것은 보기 드문 일이다. 이명박 시절에도 정권이 온갖 망나니짓을 다 했지만, 진보적 종교인들이 대통령 사퇴까지 요구하지는 않았다. 노무현 전 대통령이 2009년에 자살로 생을 마쳤을 때에도 불교, 천주교, 개신교계의 진보적 일각에서 시국 선언을 했지만 대통령 사퇴까지 촉구하지는 않았다. 보수적 개신교에 다소 광신적이던 이명박 정권에 대해 불교계는 시종일관 불편해하고 거리를 두려 했지만, 그럼에도 대통령 하야를 거론하지는 않았다. 종교계는 그 속성상 권력 조직으로서, 정권과 늘 공생 협력을 해야 한다. 그러기에 아무리 진보적인 종교인일지라도 제도적 종교에 몸담은 이상 국가 권력의 맨 꼭대기에 있는 대통령에게 하야하라고 쉽게 말할 수는 없다. 그리고 그런 말이 나왔다면 진보적 종교인이 보는 이 시국이 그만큼 아주 긴급하거나 예외적인 상황임을 의미한다.

종교인과 일반인의 가장 큰 차이는 아마도 시간에 대한 감각일 것이다. 정치인이 가장 강하게 인식하는 시간 단위는 다음 선거까지 남은 기간이다. 직장인이 계획할 수 있는 시간 단위는 길어야 15~20년, 즉 육아와 주택 구입, 대출금 상환, 퇴직 정도일 것이다. 정치인이 속한 정당은 10년에 한두 번씩 이름을 바꾼다. 또 요즘 같으면 직장인이 회사에 아무리 오래 다녀도 퇴직 후에는 그 회사가 거꾸러지든 말든 애사심 따위는 없다. 모든 것이 단기적 이윤 중심으로 돌고 일회적일 수밖에 없는 이 신자유주의 시대에는 그렇다.

그러나 종교계는 신자유주의는 물론 자본주의 그 자체보다도 훨씬 오래되었고, 각 종단에 속한 이들의 사고 단위는 100년이나 1000년 정도다. 기독교인이면 오늘날에도 로마 시대의 순교자들을 마치 동시대인처럼 인식할 수 있으며, 불교인이면 불교계가 아쇼카왕과 유착했다는 데 대해 마음 아파할 수 있다. 종교인의 좋은 점이라면 무엇이든 긴 안목으로 볼 수 있다는 것이다. 우리 대부분에게 그저 물이나 공기처럼 느껴지는 자본주의까지도 말이다. 앞서 언급한 것처럼 종교는 자본주의보다도 훨씬 오래되었다. 종교의 관점에서 보면 자본주의는 자연스럽지도 도덕적이지도 않으며, 전혀 영구적이지도 않다. 그것은 그저 종교와 함께해온 세계사의 한 순간에 불과하며 언젠가 벗어나야 할 하나의 틀에 불과하다.

미래를 겨냥한 투쟁

그런 긴 시각으로 본다면 박근혜 정권이 하는 일들은 단순한 사기형(型)인 이명박 정권보다 훨씬 위험하다. 사기라면 한국 자본주의의 출발점이자 본바탕이며, 흔히 볼 수 있는 일이다. 그러므로 이미 사기를 무수히 당해온 국민이 한 번 더 그런 일을 겪었다고 해서 역사가 크게 오도될 일은 없다. 그런데 이미 어느 정도 관료 체제의 제도적 합리성이나 다양성 등 후기 자본주의 노르마(규준)에 익숙해진 사회를 1970년대와 같은 군사주의적 방식으로 대하려고 하는 박근혜 정권은 연이어 엄청난 무리수를 둔다. 국민과 디지털 심리전까지 벌이고, 또 그것에 대한 수사를 방해하며, 그 주범 기관인 국정원을 비호하고, 눈가림용으로 무슨 종북 조직을 급조하여 관제 간첩의 악몽을 되살리는 일을 벌이는 것은 무리 중의 무리다. 이런 일련의 조작은 오히려 부메랑이 되어 체제 안정을 위협할 수도 있다. 밑에서부터 커다란 반격을 해올 수 있기 때문이다. 결국 100년이나 1000년 단위로 사고할 줄 아는 사람들은, 고작 이런 일만 할 줄 아는 박근혜 정권에 대한 후대의 평가가 대단히 나쁘리라는 것을, 즉 이명박 정권에 대한 혹평보다 더한 혹평이 나오리라는 것을 이미 눈치챘다. 그들의 행동은 어떤 면에서 미래를 겨냥한다. 미쳐가는 박근혜 정권을 상대로 누구보다 먼저 대통령 하야 촉구 투쟁을 벌인 일은 약 20~30년 후 한국사 교과서의 '2010년대의 불교, 천주교' 항목에 나올 것이다. 그러므로 이 일은 해당 종단으로서는 대단히 중요한 대목이다.

　박근혜나 그 주변 인물들에게 일반적인 상식이 있다면 그들은 종교계의 반란을 보고 정신을 차려야 했다. 종교인들이 보통 어느 정도의 역사 감각을 소유했는지 이해했다면 말이다. 불행인지 다행인지 한국 극우들에게는 그런 이해마저도 없다. 지금 극우들의 수준으로 보아서는 어쩌면 노무현과 같은 팔방미인형 신자유주의적 리버럴들이 앞으로 한국 자본주의의 장기적인 정치 관리자 역할을 할지도 모르겠다. 아무래도 시대 감각이나 정치적 능력 수준은 노무현과 같은, 개혁을 빙자한 다소 리버럴한 신자유주의적 정객들이 훨씬 높은 것 같으니 말이다.

냉소의 시대, 정의란 무엇인가

지금 러시아의 빈부 격차를 생각하면 우습게 느껴지지만, 구소련 말기 정권에 대한 시민들의 불만이 높았을 때 그들은 소비 물자 부족보다도 간부층의 특권을 꼬집었다. 노동자 평균 임금의 약 서너 배에 달하는 월급, 특수 배급소에서 나오는 맛있는 동독제 소시지와 모로코산 오렌지, 3~4년에 한 번 정도 핀란드나 파리로 가는 출장이나 관광, 영어 고등학교에 다니는 자녀들, 이 정도면 풍족한 삶이었다.

일각의 트로츠키주의자들은 구소련 등에 대해서 '국가자본주의'라고 못을 박았지만, 이것은 아주 중요한 부분을 놓친 지적이다. 공산당 총서기장과 같은 자들은 그 관료적 영향력이라는 행정 자본을 대물림할 수 없었다. 공산당 정치국 위원의 아들이 유명한 미사일 엔지니어 정도 되는 것은 다반사였지만, 그 위원이 자신의 자리 자체를 사유화하여 대물림할 수 있는 것은 아니었다. 이러한 계급적 시스템은 금전적 자본이 자본가 일가에서 당연히 세습되는 진정한 의미의 자본주의와는 판이하게 다른 것으로서, 훨씬 더 업적주의적인 관료제의 특징을 나타냈다.

그러면 30년 전 공산당 정치국 위원의 별장이 너무 커 보인다고 침을 뱉고 공산당 간부를 모두 처단해야 한다고 자신의 부엌방에서 이야기하던 이들이, 이제는 러시아 최고 부호인 로만 아브라모비치(Roman Abramovich)가 첼시 구단에 몇 백만 달러를 더 투자했다는 소식에 별로 분노하지 않는 이유는 무엇일까?

사회 정의 없는 빵

이제 사회가 합의한 정의 개념은 완전히 바뀌었다. 과거 공산당 간부란 블라디미르 레닌(Vladimir Il'ich Lenin, 1870~1924)의 가르침이라고 선전되는 교리 내용을 전수하여 이를 양떼인 근로 인민 대중에게 설교하고, 이들을 이끌어 아미타불의 정토처럼 완벽 무구한 공산주의로 가는 성직자 아닌 성직자였다. 불교식으로 표현하면 '레닌의 사법제자(嗣法弟子)'라고 자칭하는 이가 만약 별장 짓기와 해외여행에 재미를 붙이고 자식들에게 미 제국 언어 위주의 교육을 시킨다면, 그 신도들이 보기에는 마치 신부나 승려가 여성 편력을 일삼는 것과 같은 일이다. 신도들이 법적으로 자유로이 출국하거나 자유 영업을 해서 여윳돈을 벌 수 없는 사정까지 감안하면 그들이 사리사욕에 잡힌 목자에게 침을 뱉은 이유를 알 수 있다.

양들은 스스로 헌신하여 사회주의 건설장에서 죽어라 일하고, 레닌이라는 성현의 신성한 가르침을 전수하여 간직하는 현대판 사대부들은 인욕(人慾)을 막으면서 오로지 멸사봉공에 헌신한다는 옛 공산 시절에 합의한 사회 정의 개념은 이제 깨지고 말았다. 자본주의 러시아에서 합의된 정의는 각자 그 생존을 도모하며 정부가 우리 벌이를 크게 위협하지 않고 거시 경제 여건만 바로잡으면 우리도 정부와 재벌의 행동에 딴지를 걸지 않겠다는 정도다. 각자 알아서 그 생존을 도모한다면 그 도모에 성공해서 첼시 구단까지 사버린 이에게 왜 침을 뱉겠는가? 부정한 방법을 도모했다고 비난하는 이들도 있지만, 러시아 같은 신흥 시장에서 법을 한 번이라도 어기지 않은 사람이 있을까? 적당한 부정에 적당히 눈을 감아주는 것도 러시아의 새로운 사회적 합의 중 하나다.

사람에게 빵이란 일차적인 욕구이지만 사회 정의 없는 빵만으로는 한 사회가 유지되지 못한다. 소련 말기에는 빵이 약간 부족해도 없어서 굶어 죽는 사람은 없었다. 연금 생활자들이 아사하는 경우는 소련이 망한 뒤에야 나타났다. 그럼에도 소련 말기에는 정의가 없다는 것을 다들 체감했기에 이에 대한 공감대가 결국 한 나라를 무너뜨리고 말았다.

새로운 사회적 정의를 위해

그러면 대한민국은 어떨까? 우리에게 정의란 결국 기회와 의무의 균등, 공법 엄수 정도를 의미한다. 요컨대 10퍼센트의 부자들이 거의 80퍼센트의 자산을 소유하고 있다는 데 대해서는 다수의 국민이 반기지는 않아도 체념할 수 있지만, 그들 자식들의 병역 기피에 대해서는 격분한다. '나는 군대에 가서 2년씩이나 썩는데 저놈은 나와 뭐가 다르기에 가지 않느냐'는 것이다. 나와 그가 다른 점은 혁명이 일어나지 않는 한 전혀 바뀌지 않을 '계급적 위치'다. 이 계급 질서 자체를 받아들인 대한민국 국민은 그것에서 파생되는 비교적 사소한 부정에 대해서만큼은 분노를 많이 한다. 삼성 이재용 전무 한 명이 수만 명의 중산층 한국인보다 훨씬 더 많은 부를 가지고 있다는 사실 그 자체는 당연시하지만, 만에 하나 그가 자녀를 기부 입학과 같은 방법으로 서울대에 보내려 한다면 상당히 분노한다. 다수의 국민은 계급적 질서도, 서울대생의 특권적 위치 등의 학벌 위계도 다 합의한 듯하지만, 누가 기회의 균등 원칙을 무시하고 학벌의 사다리에서 몇 계단 뛰어오르면 분노한다.

사회주의자의 시각에서 보면 대한민국의 평균적 국민이 생각하는 사회적 정의란 억울하고 우스운 것이다. 사회주의자에게는 이건희나 이재용 같은 이들이 군대에 가지 않은 것보다도 삼성의 일가를 위시한 자본계급이 대한민국을 배타적으로 지배하는 상황 자체가 문제다. 그런데 자산계급이 이데올로기적 헤게모니를 장악하고 있는데 어찌할 수 있겠는가? 대한민국 인구의 90퍼센트는 중하급 월급쟁이이거나 비교적 규모가 작은 영세한 업자들이다. 하지만 그들 대다수는 각자 그 생존을 도모하여 무슨 수를 써서라도 무조건 성공해야 한다는 자본의 이데올로기를 공유한다. '각자가 생존을 도모한다'는 말은 우리의 국시 아닌 국시다. 애국이고 사회고 민족이고 뭐고 그 국시에 비하면 어디까지나 취미, 선택 사항, 장식품이다.

이와 같은 악조건에서 사회주의자들이 해야 할 일은 다수의 정서를 참고하면서 정의를 규정하는 방식에 조금씩 균열을 내는 것이다. 그리하여 사회주의적 내용의 사회적 정의에 대한 규정을 대중화해야

한다. 예를 들면 돈이 사교육을 사고 사교육이 명문대 입학을 보장해
주는 세상에서는 명문대의 존재 자체가 기회의 균등 원칙을 위배하
는 것이 아닐까? 차라리 돈은 없지만 재능은 있어서 지방대에 갈 수
밖에 없는 사람들을 생각하여 대학 평준화, 학력 서열 타파책을 취
해야 하는 것은 아닐까? 이런 방식으로 메시지를 전한다면 비록 이
미 정신적으로 자본화된 대중이라 해도 호응할 것이다. 진보 정당이
성공하려면 결국 사회적 정의의 정당이 되어야 하고 늘 대중의 정의
감에 호소해야 할 것이다. 단 진보 정당이 사용할 수 있는 매체는 제
한되어 있어 아무리 잘 조율한 메시지라 해도 그 전달은 여간 어려
운 것이 아니다.

우리는 무엇을 가장 두려워하는가

Cogito ergo sum(나는 생각한다. 그러므로 존재한다).

사고하기에 존재한다고 하지만, 다르게 말하면 인간은 존재하는 이상 늘 무엇을 두려워한다. 전근대인은 그 생사에 절대적 영향을 끼친 자연의 힘을 두려워했고, 그런 만큼 그 힘을 신격화했다. 우리가 익히 아는 기독교와 이슬람교의 유일신이란 사실 유대교의 신 관념에서 기원했다. 유대인들에게 유일신은 바로 벼락과 천둥, 번개의 신인 야훼(여호와)였다. 비라는 가장 중요한 자연 현상과 밀접하게 연결되어 있는 신은 결국 다른 신격을 누르고 최고의 자리에 올랐다.

원시인이나 고대인은 자연의 두려운 힘을 쉽게 신격화한 반면, 근현대인은 국가와 자본의 힘을 신격화한다. 국가, 국민, 민족을 신격화하는 것은 꽤나 가시적으로 드러나지만, 자본의 힘, 즉 시장을 신격화하는 것은 꼭 커다란 동상과 화려한 축제, 울려 퍼지는 애국가 등으로 표현되지 않아도 생활의 매 순간마다 느낀다. 이미 유치원 시절부터 입시를 비롯하여 궁극적으로는 자본의 힘으로 편입되는 취직을 염두에 두어야 하는 현대인의 삶은 사실상 거의 매 순간 시장에

의해 결정된다. 보육원 시절부터 노후에 이르기까지 우리 삶의 목적
은 취직과 지속적 실직 회피, 그리고 부동산이나 자동차 구매인 것
같다. 이런 삶에서 물신화된 시장이 가지고 있는 무소불위의 힘은 고
대 유대인들이 야훼에게 부여한 의미 이상일 것이다.

낙오에 대한 공포

공포의 종류는 다양하지만 그 상당수는 바로 낙오
에 대한 공포라는 공통분모를 가지고 있다. 이 공포는 아마도 공동체
로부터 추방되는 것이 아사(餓死)를 의미한 고대 사회에서 이미 공고
화되었을 것이다. 지금도 사회화된 상당수 공포의 근저에는 바로 이
공포가 깔려 있다. 예를 들어 어린 시절에 겪어본 힘 센 아이의 주먹
에 대한 공포를 분석해보자. 그 주먹이 가할 수 있는 통증 자체는 그
렇게까지 두렵지 않다. 스케이트나 스키를 타다 넘어져도 통증에 상
관하지 않고 즐겁게 노는 아이들의 세계에서는 통증 그 자체가 두려
운 것이 아니다. 진짜 두려운 일은 힘의 서열상 바닥을 기어야 하는
불가촉천민(왕따)이 된다는 것이다. 사회적 체면 상실은 무섭다. 취
직 실패의 공포도 그렇다. 취직이 되지 않으면 굶어 죽을 수도 있는
대한민국에서는 경제적 궁핍도 두렵지만, 무엇보다 신경 쓰이는 것
은 동기, 선후배, 가족 앞에서의 면목이다. "어디 다니세요?"와 같은
질문에 "아, 요즘은 그냥 쉽니다"라고 대답할 때 느끼는 굴욕감, 힘
센 아이의 주먹에 맞대응하지 못해 느끼던 체면 상실은 현재 대한민
국 사람이라면 약간 다른 형태로 많이 경험하는 것이다. 이것이야말

로 우리가 가장 두려워하는 것이 아닐까?

이렇게 보면 한국 젊은이들의 최근 행태는 어느 정도 이해된다. 한국에서는 교육 기관과 언론이 상정해놓은 준거 집단, 즉 주류 집단이라는 것이 있다. 여기에 속하려면 젊은이들은 중위권 이상의 성적으로 괜찮은 수도권 대학에 들어가야 한다. 그리고 '내지(內地)'●에서 '내지어'를 연마하고, 혹시나 '내지인'을 만나는 행운을 잡는다면 당당하게 식민 모국의 언어를 자유자재로 구사하며, 학창 시절에 쌓은 화려한 스펙으로 괜찮은 기업에 들어가거나 공무원이 되어 직장, 주택, 자동차의 삼위일체를 보유하는 것이다. 실제로 그런 사람은 같은 연령 집단에서 소수에 불과하지만 한국은 이미 이와 같은 이들을 준거 집단으로 만들어놓았다.

대한민국의 평범한 젊은이들은 매 순간 무엇을 느낄까? 그들은 준거 집단의 기준에 미달할 것 같아, 즉 자신이 낙오할 것 같아 언제나 공포를 느낀다. 그 처절한 공포는 어린 시절 힘 센 아이 앞에서 느끼던 것 이상이다. 사회운동에 대한 무관심, 연대력과 약자에 대한 배려의 절대적 부족 등 젊은이들의 상당수 고질은 바로 여기에서 파생된다. 공포에 빠진 사람에게는 눈앞에 보이는 것이 없다. 북한에서 수령님의 초상화를 우연히 잘못 건드린 사람이 평생 한 번 느낄까 말까 한 공포는, 대한민국에서 성공하지 못한 혹은 평생 성공할 확률이 낮은 사람이 매 순간 느끼는 공포에 비하면 아마도 약과인지도 모른다.

● 식민지 시대에 일본을 가리킨 말이지만, 여기서는 미국을 의미한다.

무간지옥을 벗어나는 법

공포를 먹고 사는 사회가 지옥이라면 대한민국은 무간지옥(無間地獄)*이 맞다. 문제는 이 무간지옥을 벗어나는 방식이다. 가장 좋은 방식은 보수 언론과 매체 등이 설정한 준거 집단을 해체하는 것이다. 성공을 거둔 사람이 극소수라는 사실이야 앞으로 공황이 심화될수록 자명해지겠지만, 아무리 성공을 거두어 정규직으로 살면서 집과 자동차를 확보해도 어차피 고립감과 공포감, 허무함은 벗어날 수 없다는 점을 분명히 알게 해야 한다. 정규직 사이에서도 무한 경쟁의 법칙이 그대로 적용되어 그 사회도 공포로 돌아가고, 절대 행복할 수 없다는 것을 사람들이 알아야 한다. 우리 모두 '국민 불행의 시대'를 살아간다는 것이 분명하다면 공포가 필요하지 않은 새로운 사회적 게임룰을 연대해서 정하면 될 것이다. 그런데 아마도 그런 연대가 성립하자면 무엇보다 먼저 각자가 한 가지를 깨달아야 한다. 나는 물론 우리 모두 공포 속에서 산다는 것, 그러기에 다 같이 연대해서 벗어나야 한다는 것이다. 우리가 당하는 고통의 정확한 실체를 대중이 이해한다면 이 지옥을 함께 벗어나는 깨달음의 길이 펼쳐질 것이다.

* 불교에서 말하는 여러 지옥 중 고통이 가장 극심한 지옥.

남근이 지배하는 사회

2013년 5월, 청와대 대변인으로 있던 윤창중이 주미 한국대사관 인턴 여직원을 성추행한 사건이 있었다. 이 사건을 처음 접했을 때 머리에 스친 생각 중 하나는, '이런 일이 사회적으로 이슈화되어 불행 중 다행'이라는 것이었다. 1990년대 초 레닌그라드와 모스크바에서 한국 관광객을 상대로 가이드를 할 때 나는 수많은 '윤창중'을 거의 매일 보았다. 예쁘다 싶은 여성 가이드에게 반라나 그 이하 모습을 한 사장님들이 손을 대며 "야, 너 나하고 하면 100달러 줄게!" 하는 것은 그저 일상이었다. 백인 앞에서는 사장님들이 약간 움츠러드는 버릇이 있어서 고려인 여성 가이드가 가장 많은 피해를 보았다.

당시에는 이런 일이 이슈화될 수 있다는 생각 자체를 하지 못했다. 세계 3위의 살인률을 자랑하는 망가져가는 나라에서 성추행 정도는 범죄라고 생각할 여유조차 없었기 때문이었을까? 아니면 준핵심부로 진출한 대한민국의 성공 앞에서 실패한 나라의 주민이 느끼는 어쩔 수 없는 열패감이었을까? 사실 매우 슬픈 이야기이지만 윤창중의 실수란 그 부류의 남성이 대체로 '짓밟아도 되는 나라'에 가서 매일같이 하는 짓거리를 감히 주인 나라에 가서 했다는 것이다. 습관만큼 무서운 것이 없다.

한국의 수많은 윤창중

이 사건이 특별한 것은 윤창중이라는 한 개인의 기행 때문이 아니라, 그것이 너무나 전형적이기 때문이다. 안에서는 눈치채지 못할 수도 있지만, 실제로 우리는 남근이 지배하는 사회에서 살고 있다. 여기에서 남근이란 꼭 남성 신체의 특정 부분이라기보다는 가부장적인 사회에서 그 특정 부위를 연상시키는 가치를 뜻한다.

예를 들어 대한민국의 유치원이나 초등학교를 생각해보자. 만연된 폭력에 남자아이가 피해를 보게 되면 학부모들은 곧잘 "너는 왜 맞기만 하니? 너도 때려! 태권도 배워!"식으로 대응한다. 모두가 앞차기, 옆차기, 뒤로차기를 잘한다고 해서 학교 폭력 문제가 해결되는 것도 아닌데, 일단 나의 아이만이라도 여자처럼 참지 말고 남자답게 행동하기를 바란다.

물론 오늘날 한국 사회가 젊은 남성에게 주문하는 것이 단순한 근육질은 아니다. 강남족의 남성 호르몬 분비를 돕고 배부른 자들에게 아찔한 느낌을 주어야 하는, 이종격투기 같은 각종 야만적인 시합에 나서는 남성들은 주로 하층민 출신이다. 그들의 남성성 개념은 중산층의 그것과 대조된다. 중산층 남성에게 요구되는 것은 몸을 가꾸어서 적당히 얼짱과 몸짱으로 자신을 디자인할 만한 기술, 유창한 영어 실력, 외향적이면서 원만하고 적절히 순응적인 성격, 그리고 무엇보다 돈을 벌 수 있는 능력이다. 그런데 필요할 때는 더 센 남근에게 복종할 줄도 알아야 한다. 또한 교육 현장이나 직장에서는 늘 동료와 경쟁해야 하는 것이 불문율이다. 이런 면에서 저들 모범적인 중산층 남성의 남근주의적인 성격은 그대로 드러난다. 경쟁주의보다 더한 남근주의적 가치는 없다.

남근주의의 뿌리

한국 사회에서 남근의 그림자가 드리워지지 않은 조직이 있을까? 여대생이나 여조교가 연구실의 문을 닫고 남성 교수와 일대일로 대면하는 것이 두려운 학교는 어떤가? 여목회자가 거의 보이지 않는 교회는 어떤가? 가장 진보적이다 싶은 한국기독교장로회(기장) 안에서도 여성 교역자의 비율은 8퍼센트에 불과하고, 그중 거의 기아선이라고 할 150만 원 이하의 보수를 받는 이들이 70퍼센트에 달한다.* 불교계는 더하다. 비구니는 원칙상 조계종 종무원장 등 핵심 보직을 맡을 자격이 없으며, 지금도 중세적인 팔경법(八敬法)**을 따라야 한다. 다들 알고 있는 문제이지만, 전통이 세일즈 포

• 한신대학교 신학과 김애영 교수가 〈기장 여 교역자 실태 조사 보고서〉(기장 여교역자협의회 조사)를 분석한 결과, 여 교역자 네 명 중 세 명가량이 4인 가족 기준 최저생계비(2009년 132만 6,609원) 수준인 월 150만 원 미만의 급여를 받고 있는 것으로 드러났다. 〈여성 교역자 70퍼센트 월 급여 150만 원 미만〉,《세계일보》2010년 9월 1일 자.

•• 비구니가 지켜야 할 여덟 가지 규범. 이에 따르면 비구니는 비구의 지도에

인트인 불교에서는 바로 그 전통이라는 미명 아래 그 누구도 폐습을 고치려 하지 않는다. 여자 신부라고는 원론적으로 존재할 수 없는 천주교는 어떤가? 서울 거리에서 교회의 첨탑을 보기만 하면 왠지 커다란 남근으로밖에는 보이지 않는다. 물론 부자들이 그토록 선호하는 강남의 마천루는 더하다.

우리 사회가 왜 이 모양이 되었을까? 원래 유교 사회에서도 남근주의가 태심했지만, 전쟁과 박정희의 총동원식 병영 사회는 결정적으로 여성 등 약자를 완전히 하위화했고, 대한민국을 돈벌이를 위한 남근으로 단련시켰다. 여기에 경쟁 위주의 신자유주의가 아주 자연스럽고 유기적으로 결합되었다. 옛날의 국력 신장 경쟁, 체제 경쟁 따위는 이제 개인 단위의 생존 게임으로 변해버렸지만, '빨리 빨리', '말 잘 들어!', '하면 된다', '입 닥치고 해!'와 같은 논리는 그대로 남았고 오히려 강화되었다. 모두 돈벌이 전선의 군인이 되어야 하는 모범적 신자유주의 사회에서 군인이 되지 않겠다는 남성은 근본적으로 남근이 없는 '외계인'으로 보일 뿐이다. 정신병원에서 "나는 나폴레옹이다!"라고 외치지 않는 사람이 당장 백안시되는 것과 같은 논리가 아닐까?

위안부 피해자에 대한 망언이야 일본 우파의 장기이지만, '남성의 성욕 해소를 위해서는 여성이 마땅히 동원되어야 한다'는 남근 지상

따라 안거(安居)해야 하며, 수계(受戒)한 지 100년이 지난 비구니라도 방금 수계한 비구에게 공손해야 하는 등 여덟 가지 항목 모두가 비구의 지도와 감시를 전제로 하고 있다.

주의자의 근본적인 사고방식은 한국의 수많은 보수적 남성들도 공유하고 있지 않을까? 일본 우파의 작태야 당연히 단죄하고 규탄해야 하지만, 더 근원적인 차원에서는 한국과 일본, 나아가 세계의 모든 남근주의라는, 자본주의형 가부장 사회의 기본적인 폐단을 어떻게 극복할 것인지에 대해 고민해보아야 할 것이다.

괴물 제작소 대한민국

요즘에는 한국 포털 사이트를 보기가 무서울 정도다. '근혜 공주와 그 친구들'의 이런저런 이상한 행동 때문만은 아니다. 한국의 지배자들에 대해서는 새로이 실망할 것도, 그다지 놀랄 것도 없다. 문제는 이들이 조성한 파멸적인 경쟁과 불안에서 비롯된 심성적 병이로 말미암아 약자에 대해 '괴물'로 돌아서는, 즉 끝내 민중이 되지 못한 우리 민초들이다.

2014년 4월, 선임병들에게 끔찍한 가혹 행위를 당해 숨진 윤 일병 살인 사건이 있었다. 선임병들은 구타 사실을 숨기기 위해 윤 일병의 종교 활동도, 부모의 면회도 금했다. 살려달라는 윤 일병의 애원에도 선임병들은 그에게 링거까지 꽂아가며 두 달이 넘도록 폭행했다. 이 사건에서는 일차적으로 당연히 군의 억압적 분위기와 기만적인 구타 근절 캠페인의 완전한 실패, 그리고 군의 책임 유기부터 따져보아야 하지만 그보다 더 근본적인 원인을 짚어보아야 한다. 한 사람에게 상상 이상의 고통을 준 이들은 단순히 군대의 억압성에 그대로 춤만 추는 꼭두각시는 아니다. 아무리 억압적 조직이라 해도 인간이 그 안에서 무조건 괴물성의 극치를 달리는 것은 아니다. 지옥에 간 것은 맞지만, 그들이 악마가 된 이유는 단지 조직의 억압성 때문일까?

가출 뒤 또래에게 폭행과 괴롭힘을 당하다 숨진 김해 여고생 사건은 또 어떤가? 숨진 윤 양은 가출 뒤 가해자들과 함께 부산의 한 여관에서 지내며 성매매를 강요당하고 무차별적 폭행을 당했다. 심지어 가해자들은 윤 양의 시신에 휘발유를 붓고 시멘트로 암매장하기까지 했다. 이 사건을 보면 한국 학교는 입시에 가까워질수록 지옥화되는 것 같다. 그러나 아무리 지옥 소사회라 해도 그 사회가 모두 동료에게 성매매를 강요하고 고문해서 죽이지는 않는다.

우리의 심성은 어쩌다가 이렇게까지 파괴되었을까? 왜 한국에서는 군대 가는 것은 물론, 약간이라도 내성적이거나 남들과 좀 다르거나 약해 보이는 사람은 아예 학교 다니기도 무서워졌을까? 한 사회가 이렇게도 철저히 황폐화된 근본적인 원인은 무엇일까?

경쟁주의의 '복음'을 넘어

우리의 국시는 아마도 두 가지인 듯하다. 하나는 '아무도 믿지 말라'는 것이고, 또 다른 하나는 '무조건 경쟁에서 이겨라! 2등은 아무도 기억하지 않는다'일 것이다. 경쟁주의의 '복음'을 학교나 언론만이 전도하는 것도 아니다. 종속형 신자유주의 사회에서 낙오자가 각오해야 할 끔찍한 운명을 익히 잘 아는 부모는 가정에서부터 경쟁 전사를 키운다. 아이가 밖에서 맞고 집에 오면 부모는 폭력의 부적합성이나 폭력 방지법에 대한 이야기보다 "너는 왜 안

때렸냐?"와 같은 질문을 먼저 한다. 승자 독식의 사회, 2등을 위한 그 어떤 안전망도 위안도 없는 사회에서는 비폭력주의 따위는 거의 바보짓으로 취급된다. 그런 가훈을 익히 접해온 아이가 나중에 윤 일병을 잔혹사하게 만드는 괴물이 될 확률이 얼마나 높은지 그 부모는 과연 알고 있을까?

아이의 성적이 내려가 교내 경쟁에서 약간이라도 떨어지는 축에 속할 것 같으면 그 부모는 어떻게 하나? 경쟁에서 뒤처지거나 취약한 아이들과 친하거나 친구 사귀는 데 지나치게 시간을 투자해서 경쟁의 신성한 의무를 약간이라도 유기한 것 같으면 부모들은 뭐라고 할까? 그 누구도 괴물로 태어나지는 않는다. 윤 일병이나 김해 여학생을 죽인 이들도 서너 살 때는 천진난만한 아이들이었을 것이다. 괴물을 만든 것은 우리다. 대한민국은 괴물 제작소다.

경쟁은 본래 폭력의 일종이다. 폭력이 완전히 없는 사회는 아마도 인류의 현 수준에서는 불가능할지도 모른다. 단백질 보충을 위해 인류의 대부분은 육류나 생선 등을 섭취하는데, 사실 그것도 폭력이다. 완전히 비폭력화되려면 인류 사회는 한참 더 발전해야 한다. 비폭력화야말로 그 발전의 바람직한 목표임이 틀림없다.

경쟁도 마찬가지다. 인류의 현 수준에서 완전한 탈경쟁화는 힘들다. 그러나 경쟁이 지금으로서는 완전히 치유하기 힘든 인류의 질병이라 해도 그것을 고치기 위해 한걸음씩 걸어가야 하지 않을까? 예를 들어 경쟁적 선발의 원칙을 유지한다 해도 그 선발의 관문에 들어가지 못한 모든 사람에게 안전하고 인간적 존엄성이 보장되는 삶을 제공해야 하는 것은 사회의 의무가 아닐까? 제대로 된 사회라면 경쟁의 폐해를 최소화하는 것이야말로 국시가 되어야 한다.

그렇지만 우리는 정반대다. 북한의 구호가 강성 대국이라면 한국은 강성 대인(人), 즉 너무나 획일적인 경쟁에서 각자의 경쟁력을 최대화하는 것이다. 예를 들어 입시 경쟁에서 이겨 서울대에 입학하고, 돈과 성적의 경쟁에서 이겨 미국의 유명 대학 박사 과정에 들어가고, 아부나 충성 경쟁에서 이겨 국내 학피아의 특정 집단과 가까운 관계를 만들고, 기고 경쟁에서 이겨 영어 논문 몇 편을 발표한 사람만이 서울권 대학 전임 교원직을 얻는다. 이 피라미드를 올라갈 때마다 수많은 경쟁자가 낭떠러지에 떨어지는 모습을 보면서 그가 괴물과 어딘지 좀 닮아가지 않는다면 정말 천만다행일 것이다. 그러나 과연 이런 획일적인 수직적 등반의 과정이 된 인문학에서 다수에게 유익할 수 있는 학문다운 학문이 가능할까? 대한민국에서 인간을 죽인 경쟁은 학문마저도 죽이고 있다. '지식인의 죽음'과 같은 이야기는 상당 부분 경쟁에 의한 사망을 의미한다.

대한민국에 없는 것

대한민국은 자본주의 세계의 축소판이다. 다른 나라에 있는 것이라
면 보통 대한민국에도 있다. 비록 얼마간 축소된 모습으로라도 일단
있기는 모두 있다. 예를 들어 영향력의 차원에서야 남유럽이나 남미
와는 비교하기 어렵지만 대한민국에도 전투력 강하고 정치적 개입을
하려면 얼마든지 할 수도 있는 노조가 있다. 사회주의나 사민주의*
를 지향하는 정당도 있고, 작지만 목소리를 꽤나 잘 낼 줄 아는 트로
츠키주의자 그룹도 있다. 그리스나 러시아 등 준주변부의 다른 나라
와 다르지 않게 계급보다 반외세를 우선시하는 민족 좌파도 있다.

이런 복잡하고도 다양한 대한민국에 몇 가지가 없는 것이 있는데,

* 사회주의와 사민주의는 약 250년 된 자본주의의 역사에서 그것의 병폐와 모
  순을 극복하기 위하여 나온 대안이라는 점에서는 같지만, 근본적으로 자본주
  의 시장경제라는 체제를 인정하느냐 그렇지 않느냐에 따라 구분된다. 즉 사
  민주의(social democracy)는 체제 안에서 형식적인 의회 민주주의를 통해 점
  진적으로 사회주의적 개혁을 추진하는 반면, 사회주의(socialism)는 체제의
  바깥에서 혁명을 통해 생산수단을 사회적으로 소유하고 부를 재분배하는 등
  의 계획 경제를 지향한다.

그 이유를 보면 재미있다. 예를 들어 우리에게는 지금 정치적, 사회적, 문화적 세력으로서의 아나키즘이 거의 없다. 영남대학교 박홍규 교수 등 걸출한 아카데미형 아나키스트들이 있지만, 아무래도 애당초 자본보다 국가가 더 강한 힘을 가진 사회에서는, 그리고 시민사회도 노동자들도 애국 코드에서 벗어나지 못한 철저히 국가주의적 사회에서는 국가에 대한 정면 도전이란 한 인간으로서는 생각하기 힘든 일일 것이다. 또한 정치 테러리즘도 없다. 따라서 우파로서는 국가가 집행하는 좌파 탄압에 그냥 만족하면서 살아도 되는 셈이고, 좌파가 직접 행동에 나서기에는 너무나 철저히 관리되는 빅브라더형 사회다. 급진적 페미니즘도 잘 없다. 여권 신장을 위한 투쟁까지는 가능하더라도 레즈비언성(性)을 이성 연애의 대안으로 공개적으로 말하거나 가부장제에 대항하는 급진적인 싸움을 전개하기에는 아무래도 벽이 많은 사회다.

평화 세력의 부재

그러나 무엇보다도 정치적, 사회적 의미에서의 평화 세력이 없다는 점은 가장 위험하다. 미국이 중동에서 벌인 신식민지적 전쟁을 대체로 마무리하고 이어 아시아로 회귀하여 중국 포위 작전을 펼치기 시작한 몇 년 전부터는 한반도를 둘러싼 전쟁의 위험이 크게 늘어났는데도 말이다. 단 우리가 이를 애써 보지 않으려고 하는 것이 문제다. 물론 평화 세력은 없어도 개별적 평화주의자는 있다. 이미 10여 년간 징병제에 맞서 지난한 싸움을 벌여온 '전쟁 없는 세상의 고마운 분들이 있고, 그 밖에도 크고 작은 반전 평화 단체가 각종 난관을 헤쳐가면서 맹활약 중이다.

그러나 보수 정당은 그렇다 치고 진보 정당의 강령을 보더라도 평화의 길은 전혀 구체적으로 제시되어 있지 않고, 평화 투쟁에 대한 토론도 찾아보기 어렵다. 그나마 노동당의 강령에는 한반도 평화 체제 수립과 미국 등 열강 중심의 국제 질서 극복에 대해 대략적으로 제시되어 있지만, 아쉽게도 이에 대한 구체적인 언급은 없다. 평화 체제로 가는 첩경은 군축인데, 어떻게 해야 남북한이 동시에 10~20만 명 규모의 군력부터 감축할 수 있을까? 영구적 평화 체제라면 전쟁을 전제로 하는 한미 동맹 대신에 영세중립으로 가야 하지 않을까? 그렇다면 통일된 한반도는 어떻게 해야 영세중립으로 갈 수 있을까? 이런 이야기가 없는 것으로 보아서는 아직 이 부분에 대한 토론도 불충분하고, 제대로 된 합의가 없음을 시사한다. 우리의 생명과 직결된 중요한 사안임에도 불구하고 말이다.

그렇다고 다른 진보 정당이라고 해서 많이 나은 편도 아니다. 통진당 같으면 남북한 공동 군축과 선제적 군비 동결을 그나마 언급한다. 또한 미군 철수와 한미 동맹 해체를 명기한 점에서는 상당한 의미가 있다. 그럼에도 불투명한 점이 많이 남아 있다. 예를 들어 균형적 평화 외교에 대해서는 언급하면서도 영세중립에 대해서는 언급조차 하지 않는다. 또한 해외 파병 금지를 주장하면서도 평화 유지군으로서의 파병은 가능하다고 말한다. 평화 유지군이 제국주의적 침탈의 명분으로 통상 악용되어온 사실을 모르는 것일까? 그 밖에도 삼군 균형 발전 등 안보 공약이 있는 것을 보니 평화주의와 국민주의 사이에 어렵게 줄타기하는 모습이 눈에 띈다. 위에서 말한 것은 지금까지 우리 진보 정치가 보여준 전체적 한계다.

정치적 평화 세력은 불가능한가

대중적인 정치적 평화 세력이 불가능한 것은 아니다. 독일의 좌파당 강령을 보면 '독일은 나토(NATO)에서 탈퇴한다, 평화 유지군을 포함하여 모든 해외 파병은 무조건적으로 금지한다, 독일군을 점차적으로 해체한다' 등이 명시되어 있다. 문제가 아주 많은 국민 정당이기는 하지만, 일본 공산당의 강령에도 여전히 영세중립을 달성해야 한다는 구절이 그대로 남아 있다. 그러나 우리에게는 어째서 '한미일 침략 동맹을 완전히 해체한다, 어떤 명분의 해외 파병도 모두 금지해야 한다, 영세중립을 지킬 정도로만 남기고 남북한 공동으로 군사력을 축소한다, 중립화의 통일을 지향한다' 등을 구체적으로 제시하는 정치 세력이 없는 것일까? 안보야말로 한국 정치의 최대 성역이다. 이를 건드리기만 하면 표 얻기가 힘들어진다는 정치인들의 계산이야 잘 알겠지만, 그래도 동북아에 전운이 심각하게 감도는 상황에서는 평화에 대한 구체적 논의야말로 가장 유의미하지 않을까? 그리고 한국과 같이 미 제국의 지휘하에서 베트남, 이라크, 아프가니스탄을 짓밟은 전범 국가에서는 이런 논의가 급진적이어야 한다. 그래야 그나마 종범적 침략 행위의 피해자들에게 사과라도 할 수 있을 것이다.

근본적 물음이 거세된 사회

선거의 결과만으로 한 사회의 성격이나 지향을 판단하기는 어렵다. 지난 18대 대선의 투표율이 75퍼센트였다면 우리 사회 유권자들의 4분의 1이 투표하지 않았다는 뜻이다. 무엇보다 자신의 성향을 투표 행위로 표현할 수 있는 것도 아니다. 근혜 공주께 한 표를 봉헌한 모든 사람은 과연 공주님과 부왕의 은덕을 무조건 사모했기 때문일까? 그러한 근왕파도 없지 않겠지만, 상당수는 그냥 엇비슷한 수준의 거짓말인 민생 공약을 내세운 박근혜와 문재인 두 사람 사이에서 좀 더 확실한 국가주의자인 듯한 전자를 택했을 뿐이다. 자유주의적 신자유주의 10년, 우파적 신자유주의 5년 끝에 피곤해져 그저 초강력한 국가가 책임지는 성장과 고용, 그리고 부동산 값 붕괴 방지를 원했을 것이다. 이렇게 투표한 이들은 무슨 특별한 극우파라기보다는 그저 남한 사회가 으레 요구하는 표준적인 경제 동물적 근성과 국가주의적 보수성을 지녔을 뿐이다.

마찬가지로 일본에서도 상당수의 유권자가 자민당에 기대한 것은 군사 대국화도 아니고 중국과의 갈등 심화도 아니다. 그들은 단지 전후 부흥기의 토건식 케인스주의*와 같은 건설업 위주의 유사 국가자본주의를 바랐을 것이다. 그러니 한일 양국에서 선거 제도를 통해 최악의 극우파가 집권했다고 해서 두 사회가 극우적이라고 볼 수는 없다. 단 두 사회는 신자유주의를 벗어날 줄 모르는 자유주의자들이 민심을 잃어 지리멸렬해지고, 사회주의적 대안은 전혀 뿌리를 내리지 못한 상태다. 여기에서 우리가 볼 수 있는 것은 악질 극우의 등극을 전혀 막을 줄 모르는 보수화된 사회의 모습이다.

보수화된 사회의 특징

보수화된 사회의 가장 분명한 특징 중 하나는 그 어떤 근본적인 물음에도 무관심하다는 것이다. 제3자의 관점에서 본다면 아주 당연한 물음인데도 보수화된 사회에서는 전혀 통하지 않는다. 예를 들어 대한민국은 군비 지출이 세계 12~13위쯤 되고, 영국보다 수적으로 세 배나 더 비대한 군을 가지고 있을 만큼 경제적으로나 군사적으로 대국임에도 주한 미군이 왜 필요한가 같은 물음이 그러하다. 군사 독재 시절에는 그나마 그런 질문을 일각의 급진적인

• 영국의 경제학자인 존 케인스(John Maynard Keynes, 1883~1946)가 제시한 완전 고용을 위한 획기적인 이론이다. 적극적인 공공 투자에 의한 실업 극복을 그 골자로 한다. 정부의 적극적인 경제 개입을 옹호한 케인스주의는 시장의 효율성을 신뢰하고 자유방임의 원칙을 내세운 고전 경제 이론에 대한 반론적 성격을 띤다. 1930년대 대공황에서 세계 경제를 구원하는 위력을 발휘했지만, 신자유주의 경제학이 주류로 자리 잡은 1980년대 이후로는 거의 잊혔다.

운동권 학생들이라도 가끔 던졌다. 그러면 정권 측은 늘 북한 때문이라고 답했다. 그러나 남북의 경제 격차가 천문학적으로 커지고, 또 잘만 하면 북한이 경제적 파트너 역할까지 할 수 있다는 점이 햇볕정책 시절에 증명된 뒤로는 그런 답변은 무의미해졌다. 그러면 지금은 어떻게 답할까? 미군 철수 요구 자체가 거의 자취를 감춘 상태에서는 이렇다 할 만한 분명한 답변도 없는 것 같다. 남한의 지배층은 그저 미국의 군사적 보호령 아래 있다는 사실에 자족할 뿐이며 끽소리도 하지 않는다. 그만큼 우리는 이미 미국 중심의 체제 속에 편입되었고, 보수화된 다수의 민심은 이런 사실을 그냥 그런 현실로 무감하게 받아들인다.

2000년대 초기만 해도 보통 여론조사마다 30~40퍼센트가 미군 철수를 지지했는데, 요즘은 그런 질문 자체를 하지 않는다. 점령이라는 것도 어떤 상황에서는 일상이 될 수 있다. 물론 보수 매체는 중미 갈등이 끝까지 첨예화되면 주한 미군의 존재가 한반도 전체를 사막화할 수 있다는 점을 조심스럽게 피해간다. 보수화된 자본주의 사회에서는 장기적 미래라는 것은 없다. 내년 성장률이나 집값 추이만 유의미하다.

보수화된 사회에서는 '왜'라는 물음이 점차 사라진다. 국민총생산의 10~20퍼센트씩이나 차지하는 공룡급 기업을 사실상 지배하는 이씨, 정씨, 구씨 일가가 왜 누구의 민주적 통제나 감시도 받지 않고 수백만 명의 생계가 걸린 경제적 이해관계를 독단적으로 좌지우지해야 하나? 삼성건설이 지은 아파트에 살면서, 제일모직이 만든 옷을 입고, 삼성전자가 만든 TV를 보고 삼성 계열사나 그 협력, 하도급 업체로 가서 일하는 상황을 우리는 얼마든지 상상할 수 있다. 공부를 해도 삼성대학(성균관대), 아파도 삼성병원, 전화를 걸어도 삼성휴대폰, 신문을 보아도 《중앙일보》. 하나의 왕조 같은 재벌 집단이 우리 삶의 전반에 절대적 영향을 끼친다고 생각하면 가끔 소름이 끼친다. 이런 부분에 무감각해지면서 더는 그 이유와 이런 현실이 과연 좋은지, 대안은 없는지 등에도 완전히 무관심해지는 곳이 바로 보수화된 사회다.

제3자의 눈으로 보면, 1인 독재 권력이 키운 경제 왕조가 점차 그 생산의 중심 기지를 훨씬 낮은 임금과 높은 매출액이 보장되는 외국으로 옮긴다는 점, 그리하여 그 공룡들을 정점으로 하는 국내 경제가 어쩔 수 없이 장기적인 침체와 고실업의 늪에 빠지리라는 것은 뻔한 일이다. 그러나 미래가 없는 보수화된 사회에서는 '삼성은 우리나라 국가 경쟁력의 중심'이라고 미친 듯이 외치는 매수된 언론의 주문 소리만 시끄럽다. 그리고 이 무서운 공룡들을 다수의 이익을 위해 순치하려는, 즉 사회와 노동자들의 민주적 통제 아래에 두기 위해 싸우려는 사람들은 너무 적다.

보수화된 사회에서는 싸움은 있지만 대개는 수세적이고, 이미 짜여 있는 구도를 묵시적으로 인정하는 바탕 위에서 전개된다. 해고자들이 복직을 위하여 죽어가면서까지 힘겹게 투쟁하지만 그들은 부당한 해고를 가능하게 한 구조 자체와 싸우지는 않는다. 그것은 대주주에게 소유가 극심하게 집중되어 있고, 기업 경영에 대한 사회적 통제나 노동자들의 경영 참여가 불가능한 구조이다. 해고자들에게 그럴 힘이라고는 없다. 비정규직 노동자들이 죽음을 각오하면서 송전탑 농성을 벌이지만, 그들이 요구하는 것은 법원 결정에 따르는 정규직 전환, 딱 그것뿐이다.

보수화된 사회에서는 비정규직 양산을 가능하게 한 재벌의 왜곡된 소유 구조라든지 경영 구조 등을 문제 삼을 만한 유의미한 세력이 없다. 문제는 정규직 전환을 요구하면서 농성한다 해도 그러다가 얼마든지 죽을 수 있다는 것이다. 보수화된 사회에서는 '밑의 놈' 목숨은 아무것도 아니다. 그리고 법은 밑의 놈에게만 적용되므로 주인님은 자신의 이익대로만 움직이면 된다. 이는 사회적 정의에 대한 정면 부정이지만, 보수화된 사회에서는 정의라는 개념 자체가 '미래'라든지 '근본적 물음'과 마찬가지로 점차 무의미해진다.

그래도 희망은 마지막에 죽는다

그렇다면 우리가 보수화된 사회에서 산다고 해서 꼭 낙담해야 할까? 전혀 그렇지 않다. 우리에게는 그 어떤 낙토도 보장되어 있지 않다. 상황은 지금보다 훨씬 더 악화될 수도 있고, 제국주의 열강의 갈등 구도 속에서 남한은 완전한 파쇼화 과정을 거칠 수도 있다. 그러나 우리는 일단 할 수 있는 데까지 마음껏 외치고 힘껏 연대하면 된다. 사회는 보수화되더라도 진리는 그대로 진리다. 자본주의가 필연적으로 인간을 왜곡하고, 장기적 차원에서는 다수를 절대적이거나 상대적인 빈곤으로 빠뜨리며 결국 위기, 공황, 전쟁을 낳는다는 것은 진리다. 나는 그냥 저들이 내 입을 힘으로 막을 때까지 그 진리를 크게 이야기할 생각이다. 그렇게 해서 파쇼들을 막을 수 있는 것은 아니지만, 적어도 후손들에게 부끄럽지는 않을 것이다. 그리고 보수화된 사회의 경제적 상황이 불가피하게 악화되어 다수의 삶이 망가져가는 대로 연대와 투쟁의 폭을 계속 넓히면 된다. 그래도, 그래도 희망은 마지막에 죽는다.

02

부끄러움 없는 권력, 공감할 줄 모르는 사회

젊은 백수들에게

한국에서 하는 국제 학술 행사에 나가보면 다수의 젊은 행사 보조원을 만나게 된다. 이들은 제대로 된 식사는커녕 힘든 일에 비해 너무나도 낮은 보수를 받는다. 물론 외국의 학자들을 만날 기회이기도 하지만, 이들이 이렇게 필사적으로 매달리는 것은 사실 국제 행사 보조원이라는 경력을 이력서에 한 줄 더 추가하기 위해서다. 북한의 건설부대가 거의 무급으로 속도전을 해서 시설을 짓는 모습을 부역 노동이라고 비판하지만, 자유민주주의적 남한에서도 젊은이들은 사실상 무급의 노동을 제공한다. 그렇게 해서라도 이제 특권이 되고 만 정기적인 노동 판매, 즉 정규직의 권리를 획득하려는 것이다.

몸이 부서지더라도 스펙을 쌓으려고 다들 죽을 고생을 하지만, 지푸라기 열 개를 붙들었다고 해서 신자유주의적 노동 시장의 노도(怒濤)를 헤쳐나갈 수 있을까? 34만 명이나 되는 대졸 실업자들 중에는 국제 행사 보조원을 여러 번 해본 사람도, 전교 1등을 해서 선진국에 교환 학생으로 '순례'를 다녀온 사람도 수두룩하다. 그러나 그런 경력이 아무리 우수해도 기업주는 이윤 추구 논리로 비용 절감만을 고려할 뿐이다. 그리하여 가급적이면 신입은 덜 뽑고 기존 사원을 장시간 집중적으로 착취한다든지, 인턴이나 아르바이트생을 쓰더라도 정규직화하지는 않는다. 어떤 방식으로든 기업주는 피고용자에 대한 책임을 지려고 하지 않는다. 지금 공식 통계상 청년 실업률은 거의 9퍼센트지만, 아르바이트생 등 극도로 불안한 노동자들까지 포함하면 20퍼센트 가까이 된다. 해마다 이 숫자는 약 0.5퍼센트씩 올라가는데, 이대로 갈 경우에는 대한민국 청년층의 미래는 뻔하다. 거기에 살인적 등록금을 내기 위해 몇천만 원 이상의 부채를 안고 백수 신세로 사는 수많은 이들의 형편까지 생각한다면 지금 대한민국 젊은이가 느낄 절망의 수위를 짐작할 수 있다.

배고픈 노예로도 배부른 노예로도 살 수 없다

단기적인 이윤을 위주로 하는 신자유주의적 자본주의하에서 대한민국 젊은이들의 절대 다수는 주변 분자 이상의 미래를 기대할 수가 없다. 이들을 그나마 부분적으로라도 살릴 수 있는 길은, 기업의 취업 정책을 이윤 위주에서 사회 정책 위주로 획기적으로 바꿀, 계획 경제 요소를 대대적으로 도입하는 것이다. 예를 들면 비정규직 고용 사유를 법적으로 엄격하게 제한할 수 있다. 비정규직 고용을 일정 수준보다 많이 한다거나, 정규직 고용 규모를 인위적으로 축소하는 기업에 대해서는 은행 대출을 제한한다든지, 벌금을 물려 젊은 실업자들을 위한 수당으로 활용하는 것이다. 이렇게 하면 청년층의 숨통도 그나마 좀 트일 것이다.

물론 인간이 이윤의 굴레에서 해방되는 것, 즉 인간다운 삶을 보장받을 수 있는 길은 사회주의뿐이겠지만, 그렇게 이행되기까지는 역사적으로 일정한 시간이 필요하다. 지금 일차적인 급선무는 이 사막에서 일과 사회 편입에 대한 갈증으로 죽어가는 사람들을 살리는 것이다.

　그런데 소외되는 청년층의 다수를 그나마 살릴 수 있는 계획 경제의 요소를 과연 사리사욕만을 추구하는 이 사회의 '오야붕'들이 스스로 앞장서서 할 것인가? 그럴 일은 없을 것이다. 이와 같은 변혁이 일어나려면 밑에서부터 혁명에 준하는 운동이 벌어져야 한다. 그리고 젊은이야말로 이 운동의 주력 부대가 되어야 할 것이다. 20세기 초반의 화두는 '노동자 혁명'이었지만, 오늘날의 화두는 '노동자조차도 되기 어려운, 노동자가 되어도 하급 노동자로 영원히 살아야 할 젊은이들이 선도할 혁명'이다. 젊은이들이 일단 주도를 하면 러시아 혁명 때 상당수 빈농들이 도시 숙련공을 따랐듯이 다른 연령층의 노동자들도 가세할 것이다.

　오늘날 젊은 백수들의 부모 중 특히 저숙련 비정규직 노동자들은 죽을 고생을 하면서 산다. 그러나 그들에게는 절망보다는 체념의 분위기가 지배적이다. 반면 그들의 자녀들은 엄청난 돈을 어렵게 들여 고등교육을 받아도 그만한 사회적 혜택을 전혀 받지 못하고 주변부에서 소외만 당하는 만큼 훨씬 더 강력한 배신감과 좌절감을 느낄 것이다. 또 청년층은 국제적 이동성까지 좋아 다른 산업 국가에 비해 대한민국이 얼마나 복지나 노동 정책 분야에서 후진적인지 대체로 알고 있다. 게다가 인터넷과 휴대폰을 통한 연락망 구축도 용이하여

2008년 촛불사태 때 확인된 것처럼 기동성도 강하다. 그런 측면에서 보면 대한민국을 다시 흔들 대중 행동의 불은 그들이 지피게 될 것이다.

1968년 파리의 젊은이들은 권위주의적 인간관계와 자본주의적인 소외 철폐를 요구했고, 1987년 서울의 대학생들은 민주주의를 요구했다. 이 시대 한국 젊은이들은 아마도 '직장을 달라', '배고픈 백수로 평생 보내기 싫다', '등록금을 없애라'와 같은 구호를 외칠 듯하다. 어찌 보면 거의 낮은 수위의 경제적 요구에 가깝다. 그런데 자신이 당면한 문제에서 시작된 이 운동은 결국 민주주의 확대와 궁극적으로는 자본주의 철폐의 문제로 확장될 가능성이 충분하다. 인간은 인간으로 태어난 이상 배고픈 노예로도 배부른 노예로도 평생 살 수 없다.

행복은 성적순이 아니잖아요

대한민국의 중요한 특징 중 하나는 주관적으로 불행한 사람들이 많다는 점이다. 이는 사회심리학계에서 흔히 사용하는 주관적 생활 만족 지수 관련 통계를 통해서도 쉽게 확인할 수 있다. 이 지수에 의하면 한국은 102위로, 의료 시설이나 생계 보장 차원에서 한국과 경쟁이 안 되는 부탄(8위)이나 코스타리카(13위) 등이 훨씬 높게 나왔다.

여기에서 한 가지 덧붙여야 할 것은 주관적인 행복감이란 꼭 고용의 정규성이나, 거주지의 부동산 가격이나, 통장에 찍힌 숫자와 정비례하지 않는다는 점이다. 물론 6개월짜리 인생을 사는 비정규직 노동자가 생계에 대한 불안감을 극복하는 것은 매우 힘들 수 있으며, 그만큼 생활에 대한 만족감도 현저히 떨어질 수 있다. 그렇지만 대치동에서 사는 연세대학교 정규직 교수라 해서 날마다 행복하게 웃으면서 보내지는 않을 것이다. 생계 불안은 없어도 저명한 미국 잡지에 자신의 논문을 싣지 못한 데 대한 불만족부터, 이대로 가면 서울대학교에 입학하지 못할 것 같은 자식 걱정, 아니면 돈 위주로 변질되고

만 가족 간의 관계에 대한 한탄까지 그의 영혼을 좀먹는 요인은 아주 많을 수 있다.

행복한 2등은 쓸모없는 사회

경제 기적, 민주화, 한류까지 이 찬란한 성적표를 가지고도 왜 대한민국은 어떠한 힐링으로도 치유할 수 없는 치명적이고 고질적인 불행에 시달릴까? 사회심리학적으로 보면 대한민국 사람은 어릴 때부터 획일적이고 군대식의 훈련을 통해 형성된 자아의 형태와 욕망 구조를 가지고 있는데, 바로 여기에 치명적 에러가 있다. 이 자아의 에러는 결국 인간을 그 내면에서부터 파괴하는 작용을 한다. 이것은 바로 타자들과 경쟁적 비교를 하게 만든다.

좀 슬픈 역설이지만 한반도에서는 이미 7세기에 원효(元曉, 617~686) 등이 평등관(平等觀)*이라는 용어를 썼음에도 우리 의식에 평등이라는 것은 전무하고 모든 것을 '순(順)', 즉 서열로 본다. 성적순부터 시작해서 완력, 성격의 외향성, 강함의 순(학교에서 맞느냐 때리느냐의 문제는 여기에서 결정된다), 출신 학교나 대학 평가순, 부모의 연봉순, 아파트 평수순, 영어 실력순, 유학 국가의 권위순, 외모순까지 끝이 보이지 않는 서열 천지다. 북한의 정치 문화가 수령 위주인 것처럼 한국의 생활 문화에서는 인간에 대한 위계 서열적 모멸과 차별이 핵심이다.

* 불교적 의미에서 모든 중생은 본질적으로 같다.

아동 해방 운동 만세!

결국 우리가 아이들에게 저지르는 범죄는 바로 '시장적 자아 길러내기'다. 시장은 상품의 질과 가격을 비교해 물건을 사는 곳이다. 우리도 아이들에게 날마다 비교를 강요한다. 부모들뿐만 아니라 대학 순위를 발표하는 주류 일간지까지 서열과 비교에 미쳐 있기는 모두 마찬가지다.

이렇게 사회화된 아이는 울며 겨자 먹기 식으로 이제는 그 스스로 비교한다. 완력이나 외모는 물론, 성적, 실력, 명문대 입학 가능성, 나와 그들에 대한 선생님의 태도까지 모두 비교 대상이 된다. 특히 대학에 들어가고 나면 이런 비교 위주의 자아는 이제 아예 노골적으로 시장적 자아로서의 특징을 나타낸다. 나도 그들도 경쟁적으로 자기를 팔아야 하는 인간 상품이기 때문이다. 추천서 문제가 걸린 교수와의 관계에서부터 교환 학생 경험에 이르기까지 모든 것이 경쟁에서 비교 우위를 차지하기 위한 필사적인 무기가 된다.

행복이 있다면 남들과 경쟁적으로 비교할 필요가 없는 곳에 있을 것이다. 아이에게 시험에서 떨어지면 원하는 것을 안 사주겠다는 식으로 말하는 곳이 아닌, 그냥 애정 표현을 많이 하고 그 웃음을 즐기는 곳에 있지 않을까? 나아가 자아와 그 욕망을 상대화할 수 있는 데에 있지 않을까? 1등을 강요하고 2등은 기억하지 않는 사회가 아닌, 등수와 상관없이 그저 운동장에서 함께 뛰는 것을 즐길 수 있는, 무욕(無慾)을 권하는 사회에 있지 않을까? 그런데 국가와 자본이 잉여가치 극대화 차원에서 가장 비생산적이고 인간 건강에 나쁜 욕망의 미친 질주를 부추기는 곳에서는 이런 이야기도 어떤 것을 성취한 듯한 강남족의 한가한 교양 정도가 되고 만다. 무욕의 사회도 결국 아래에서부터 다 같이 하는 투쟁을 통해 만들어질 것이다. 그리고 그런 사회가 만들어지기 전까지는 너무나 많은 아동의 영혼이 상처를 입을 것이다. '아동 해방 운동 만세'를 외치고 싶다.

절망을 재생산하는 사회

시대와 문화마다 자살의 함의는 다르다. 한국에서 자살은 '최후의 저항' 방법으로 통했다. 구한말 매천 황현(梅泉 黃玹, 1855~1910)의 자살도 그랬지만, 이와 같은 저항 방식은 실제로 격렬한 사회적 운동의 파도 속에서 1990년대 초반까지 이어졌다. 전태일(全泰壹, 1948~1970)의 분신도, 1991년의 잇단 분신도 절망에 가까운 상황에서 죽음으로까지 저항하려는 굳은 의지의 표시였다.

그러나 IMF 이후 2000년대로 접어들면서 그러한 최후의 저항 방식은 더 이상 다수에게 그 어떤 호소력도 가지지 못하게 되었다. 2000년대 이후로 자살은 호소력을 갖기는커녕 아예 기억조차 되지 않았다. 전태일은 국민의 기억 속에 남아 있지만, 가령 허세욱(許世旭, 1953~2007)을 기억하는 사람은 많지 않다. 허세욱은 2007년에 자기 몸을 불사르면서 실신할 때까지 '한미 FTA 반대'를 외쳤다. 그것도 협상이 진행되던 서울하얏트호텔 바로 앞에서 말이다. 그는 자신이 죽고 나면 다들 비정규직이던 동료들에게 모금도 하지 말고 그냥 화장해서 그 재를 전국 미군 기지에 뿌려달라는 유서를 남겼다.

그의 유서를 보면 그 마음의 한이 얼마나 깊었는지 짐작할 수 있다. 그의 고통스러운 죽음이 있고 나서 당시 청와대 경제비서관으로 있던 정태인은 노무현, 유시민 진영을 떠났다. 그러나 허세욱의 죽음은 FTA를 그대로 받아들이려는 사회에 그다지 반향을 일으키지 못하고 정치적 이벤트 속에 묻히고 말았다. 죽었으면 죽었지 이것은 개인의 문제라는 논리는 진보를 자칭하는 시민사회까지 덮었다. IMF 이전까지만 해도 우리 사회에는 자기 몸을 버리면서까지 어떤 말을 전하고자 하는 이들을 어느 정도 숭고하게 생각하는 경향이 있었지만, 이제 그런 사회는 증발하고 만 셈이다.

절망적인 죽음의 행렬

　　　　　IMF 이후로 언론에 그나마 자주 보도되는 유형의 죽음은 절망형 자살이다. 생계형 자살이라는 말은 절반의 진실만을 전한다. 2014년 2월, 서울 송파구에 사는 세 모녀가 생활고에 시달리다가 자살했다. 세 모녀를 결국 죽게 만든 결정적인 원인은 주된 부양자를 잃어 각종 질병에 걸린 가난한 사람들을 지원해주는 이렇다 할 제도의 부재임에 틀림없다. 그런 의미에서 이와 같은 자살은 사회적 타살이다.

생계 곤란에 처한 모든 사람이 무조건 죽음을 택하는 것은 아니다. 자살률이 가장 낮은 나라의 대다수는 빈국이다. 자살이 거의 없는 네팔이나 10만 명당 연간 자살자가 0.1명에 불과한 이집트에서는 생계가 곤란한 사람이 없을까? 그 밖에도 자살률이 최저인 필리핀, 타지키스탄, 아르메니아, 시리아, 이집트 등을 보면 대부분 부유하지도, 산업화나 도시화가 완료되지도 않았다.

자살 관련 의학 논문을 보면 자살 위험이 가장 높은 사람은 우울증 환자다. 한국에서는 저소득층의 약 45퍼센트가 우울증 위험군으로 분류된다. 즉 자살은 빈곤, 무복지 사회의 야만성과 깊은 관계가 있다. 보통 우울증 환자 비율도 산업화 진척에 따라 증가한다. 한국에서는 IMF 이후 산업 사회 신자유주의화 속에서 연간 약 4퍼센트씩 계속 증가해왔다. 자본주의 발전과 우울증의 확산이 정비례하는 것을 볼 수 있다. 이 부분에서 우리는 최근의 자살 붐에 대한 올바른 이해의 단서를 잡을 수 있다.

생계가 곤란해도 꿋꿋하게 살려고 하는 빈국의 약자와 '중간 강자'인 한국 사회의 약자 간의 차이는 뚜렷하다. 한국의 약자는 사회에 호소해도 아무 소용이 없다. IMF 이후 신자유주의의 질풍노도 속에서 급격히 원자화된 이 사회에서 사실 '사회'라는 것은 이미 없다. 사회는 어떤 통념적 규범의 존재를 전제로 하는데, 우리에게 남은 유일한 규범은 '나는 취직하고 싶다, 성공하고 싶다, 잘 살고 싶다' 정도다. 여기에서 '나'에는 내 가족도 포함될 수 있지만 거기까지일 뿐이다. 그 울타리 바깥에서 어떤 비극이 일어나든, 정의가 실현되든 말든 그것은 관심사가 전혀 아니다. 그러니까 이제 억울해서 더는 살 가치가 없다고 생각한 사람들은 사회에 호소하려 하지도 않는다. 2009년에 《조선일보》 주인님을 위시한 이 사회 여러 보스의 성욕을 채우려고 강제로 동원된 장자연(張自然, 1980~2009)은 자살하기 이전에 가해자들의 이름이 적힌 문건을 알리려는 노력을 하지 않았다. 그 문건은 거의 우연히 밝혀졌지만,

그녀의 죽음은 호소라기보다는 그저 돈 많은 놈들의 성기가 지배하는 이 시궁창 속에서 더 이상 살 수 없다는 절망감의 표시였다. 원자화되고 연대가 거의 불가능한 사회에서 일어나는 절망형 자살은 여러 가지 방식으로 짓밟힌 사람에게 남은 유일한 상황 타개책일 뿐이다.

공동체성 회복과 근대적 개인 완성

자살률이 제일 낮은 이집트와 필리핀, 네팔 등에는 아직도 전통 사회의 공동체성이 강하게 남아 있다. 반면 우리에게는 장자연을 죽게 만든 악마들을 보호해주고 그들 중 누구도 형사 처벌을 하지 않는 부자들만의 국가가 있을 뿐, 공동체는 IMF 이후 가속화된 개체화로 인해 파괴되고 말았다. 그렇다고 해서 긍정적인 근대적 의미의 개인이 만들어진 것도 아니다. 자신감과 도덕적 책임이 강한 칸트적 개인은, 배우자가 성노예 같은 접대를 해야 하는 그야말로 병리적인 국가에서 과연 조용하고 원만하게 살 수 있을까?

결국 한국을 세계 2위의 자살 최강국으로 만든 이 죽음의 행렬을 멈추게 하려면 두 가지 과제를 동시에 수행해야 한다. 수평적 연대에 기반을 둔 공동체성 회복과 진정한 권리와 책임을 함께 절감하는 해방적 의미의 개인을 완성하는 것이다. 그렇지 않으면 절망한 이들의 마지막 선택을 바꾸지 못할 것이다. 우리가 만든 이 시궁창 속에서 스스로 목숨을 끊은 많은 분들의 명복을 빈다.

한국형 자본주의의 살인성

세월호 사건으로 느낀 것은 말의 본질적 한계다. 차가운 물속에서 마지막 순간을 보낸 아이들의 고통을, 그리고 삶의 의미를 잃은 그 부모들의 심정을 생각하면 아무 말도 할 수 없다. 이런 순간에 말은 과연 어떤 의미가 있을까?

이번 사건은 한국형 자본주의의 토양에서 부득이하게 일어나게 되어 있는 '사회적 대량 타살'의 전형이다. 한국형 자본주의는 계속해서 사람들을 죽여왔다. 우리와 많은 면에서 쌍둥이라고 할 수 있는 일본을 제외한 다른 산업화된 국가에서는 듣지도 보지도 못한 고독사나 세계 최고에 가까운 자살률, OECD 국가 중 최악의 산재사 통계가 그것을 말해준다. 이 나라에서는 1년에 약 2,000명의 노동자들이 목숨을 잃는다. 안전 장비 등에 약간이라도 투자했다면 충분히 예방할 수 있는 사고사가 대부분이건만 이들의 죽음에 대해 주류 사회는 무관심하다.

그러나 세월호 참사나 직장에서 이어지는 죽음의 행렬이나 그 구조적 원인은 똑같다. 인명이고 뭐고 그런 것에는 하등의 관심도 없이 사람을 죽이면서까지 무한대로 이윤을 추구하는 기업이 이 나라의 실질적인 주인이라는 사실이야말로 그 주된 이유다. 지금 대한민국에는 기업을 견제하거나 그들에 대해 적어도 중립적이기라도 한 공적 장치가 없다. 대한민국은 정확히 이야기하면 청해진해운과 같은 살인 기업의 해결사다. 불법에 눈감아주고 그 번영을 보장해주는 해결사 말이다.

사회적 대량 타살 사건

기업 하기 좋은 나라 대한민국은 가난뱅이에게는 독일의 사회학자 울리히 벡(Ulrich Beck)이 말하는 '위험 사회(Risikogesellschaft)' 그 자체다.° 돈이 없고 지위가 낮을수록 생명의 가치는 제로에 가까워진다. 안산 서민의 자녀들은 언제 사고가 날지 모를 고물배를 타고 수학여행을 갔지만, 강남 학교의 아이들이라면 비행기를 탔을 것이고 상당 부분은 아예 제주도가 아닌 괌이나 하와이로 갔을 것이다. 세월호에서 탈출한 선원을 보면 거의 선장을 위시한 간부들

° 독일의 사회학자 울리히 벡이 고도로 산업화된 사회를 설명하기 위하여 창안한 개념이다. 그는 산업화와 근대화는 현대인에게 물질적 풍요를 주었지만 동시에 생태계 파괴, 대형 사고, 테러, 인간 상품화, 자본에 의한 제3세계 식민지화 등 새로운 위험을 몰고 왔다고 지적했다. 단순히 계급적 적대로는 설명이 되지 않는 이러한 위험은 전 지구적이고 문명적인 차원에서 일어나는 것이다. 또한 예외적이고 특이한 위험이 아니라 일상적인 위험이라는 점에서 문제는 심각하다. 이에 울리히 벡은 지금까지 진행되어온 근대화의 한계를 반성하고 새로운 '성찰적 근대화'로 나아갈 것을 제안했다.

이고, 하급 선원은 대개 승객과 함께 그 운명을 같이했다. 천안함 침몰 사건 때에도 장교는 구출되고 병사만 거의 죽었다. 대한민국에서 이것은 우연이 아닌 필연이다.

지구상의 그 어느 산업화된 사회보다도 자본주의의 야만성을 극명하게 보여주는 한국에서는 돈이 없고 지위가 낮은 사람은 돈벌이의 수단에 불과하다. 계속해서 과적 운항을 하고, 비용을 절감하기 위해 화물 결박도 제대로 하지 않는 고물 배를 타야 하는 서민들도 기업에는 돈벌이의 수단에 불과하다. 계약직인 선장이나 선원도 마찬가지다. 물론 선장이 보인 행동을 합리화하려는 것은 아니다. 하지만 그가 아무리 살신성인했다 하더라도 과연 살인적인 자본과 정권이 합작해서 만들어낸 대세를 어디까지 바꿀 수 있었을까? 가장 치명적인 것은 그나마 생명을 구할 확률이 있었던 첫날에 수중 구조 작업을 세 번밖에, 그것도 열여섯 명만이 했다는 점이다. 과연 강남 학교의 아이들을 태운 배였다면 이 정도로 직무에 태만했을까? 선장이 아무리 영웅적으로 행동하더라도 구조하는 데 필수적인 자원을 독점한 정부가 가난한 사람을 인간으로 취급하지 않는 곳에서는 그 한계가 뻔할 뿐이다.

아이들을 죽인 것은 한국형 자본주의 시스템이다. 선박의 안전 운항에 대한 감독권을 바로 해운 기업의 이익 조합인 한국선급에서 가지고 있고, 퇴직 후 그런 이익 단체의 간부가 될 해양수산부 직원은 관리 대상인 기업을 위해 봉사한다. 또한 해양경찰청은 안전 검사를 하는 시늉만 하고, 정부는 수입 선박의 수명 제한을 20년에서 30년으로 풀어주며, 아무리 적정량보다 두세 배 이상 화물을 싣고 운항해도 제지하는 기관이 없다. 여러 행성이 태양을 중심으로 돌고 도는 것처럼 한국적 시스템에서 정부의 모든 기관은 오로지 기업의 사적 이윤 추구를 위하여 돌아간다. 서민의 목숨을 대가로 하는 그 이윤을 그들도 한몫 나누어 가질 수 있기 때문이다. 이런 시스템은 구조적으로 살인적이다. 궁극적으로는 어느 자본주의 시스템이나 다 그렇지만, 한국만큼 그 살인성을 노골적으로 보여주는 곳도 드물다.

이 시스템의 관리자는 저들의 돈벌이 수단인 대한민국 대다수 사람에 대한 소감을 아예 감추려 하지도 않는다. "국민 정서가 미개하다"라는 망언은 우연이라기보다는 착취 대상자에 대해 저들이 가지고 있는 기본 관념이다. 우리는 저들이 이 시스템을 어떤 목적으로 어떻게 운영하는지, 그리고 저들이 우리를 어떻게 생각하는지 알면서도 계속 참고만 있다. 1987년 여름과 가을에 있었던 것과 같은 파업 대투쟁과 100만 명 단위의 도심 집회를 통해 저들에게 타격을 가하고, 시스템을 부분적으로 수정하는 것이라도 쟁취해야 한다. 가만히 있으면 있을수록 죽어가는 사람의 수만 늘어날 것이다. 결국 우리의 무기력도 사회적 타살의 원인이다.

대통령은 누구인가

박근혜를 대통령이라고 부르는 것은 적지 않은 어폐가 있다. 대통령은 'president'의 일본식 번역어로, '남 앞에 앉아 있는 이'라는 의미를 가지고 있다. 이 말은 남에 의해 민주적으로 선출되었다는 것을 전제로 한다. 그런데 박근혜는 민주적으로 선출된 것과는 거리가 멀어 보인다. 민주적으로 선출되어야 한다는 당위 의식이라도 있었다면 그녀는 '여왕님 추대' 활동이 폭로되었을 때 스스로 알아서 하야하고 재선거 절차를 밟았을 것이다. 그러나 국정원 스캔들에 대해 그녀와 측근은 그녀보다 훨씬 더 민주적 절차로 의원직에 선출된 이석기를 감옥에 집어넣는 것으로 대응했다. 그러니까 그녀를 정확하게 부르자면 '대통령'보다는 그 어떤 민주적 절차와는 다소 무관하게 한국을 소유하고 통치하고 있는 극우 보수적 기득권층에 의해 임명된 '최고 관리자' 정도가 될 것이다.

관리인의 사퇴는 과연 불가능한가? 꼭 그렇지도 않다. 그렇다고 촉구한다고 해서 될 일도 아니다. 어떤 공장에서 돈을 아끼려고 계속 교체하지 않는 낡은 기계 때문에 수많은 노동자가 처참하게 죽었다.

그럼에도 그 주인은 현장에 대한 총책임을 지는 사장의 사퇴를 거부한다. 그렇다면 총파업이나 현장 점거 농성을 하여 주인에게 엄청난 손실을 며칠간 입히면 주인은 그 이상의 손실을 피하려고 어쩌면 사장을 갈아 치울지도 모른다. 문제는 우리에게 지금 한국이라는 최악의 착취 공장 가동을 완전히 정지하고 점거 농성을 할 힘이 있는지다. 그런 힘만 있으면 그 어떤 촉구를 할 것도 없이 바로 악질 사장을 내쫓는 절차에 들어가면 된다. 그러나 우리에게는 그럴 힘이 없고, 저들은 우리를 계속 이런 방식으로 죽이고서도 그 어떤 처벌조차 두려워하지 않는다.

도살장을 대하는 국민의 자세

세월호 참사 이후에 한국이라는 국가를 보고 '부실하다'고 말하는 사람들이 있는데, 이것은 순진함의 극치다. 만약 자국민을 보호하려고 노력했지만 미흡하여 실패로 돌아갔다면 그 표현은 맞다. 하지만 이 국가의 존재 목적 자체가 자국민 보호와 무관하다면 전혀 부실한 것이 아니다. 오히려 충실했다는 평이 정당할 수도 있다. 예를 들어 아직 살아 있는 소들에게 일부 부위를 자르는 등 잔혹 행위를 저지르면서도 쇠고기와 가죽 장사를 아주 잘하고 있는 백정을 상상해보자. 그 백정은 주인의 돈벌이에는 충실하지만 소들에게는 잔혹하다. 그런데 소들이 가만히 있고 그 어떤 집단 행동도 하지 않는다면 도살장은 계속해서 그렇게 운영될 수 있다. 대한민국도 똑같다.

청해진해운이나 언딘은 인간의 생명을 도살하든 말든 돈벌이에만 충실하고, 해경이나 해양수산부 직원은 퇴직 후 그들에게 취직 자리를 제공할 해운업체에 충실하며, 대통령인 척하는 최고 관리자는 기업과 관료 마피아에 충실하다. 이렇듯 모두 자신의 본업에 충실한 사이에 그들의 돈벌이에 이용당하는 수단이 용산이나 여수에서 생화장을 당하든 팽목항에서 생수장을 당하든 그들에게는 관심의 대상이 아니다.* 그와 같은 일이 그들의 사리사욕을 채우는 데 방해가 되지 않는 한 말이다. 우리를 착취하면서 통제하는 사람을 무슨 국민 안전 책임자로 착각하는 것부터가 문제다.

'가만히 있으라'는 말은 우리에 대한 지배층의 모든 요구를 총체적으로 집약해놓은 것이다. 가만히 있으면 그들은 우리를 쥐어짜낼 수 있는 만큼 쥐어짤 것이다. 그 과정에서 우리는 과로사나 사고사를 당하거나, 살아남더라도 늙어서는 골병이나 고독으로 죽을 것이다. 하지만 우리가 가만히 있지 않고 도살당하기를 집단적으로 거부한다면 상황은 조금 달라질 수 있을 것이다.

• 용산 참사는 2009년 1월 19일 서울시의 용산 재개발 사업에 반발하던 철거민과 경찰이 대치하던 중 화재로 6명이 사망하고 24명이 부상당한 사건이다. 한편 여수 외국인 보호소 화재 사고는 2007년 2월 11일 여수출입국관리소 외국인 보호 시설에서 불이 나 10명이 숨지고 18명이 부상을 당한 일이다.

불신 공화국에서 벗어나는 법

한국 사회에서 늘 느끼는 것은 놀라울 정도로 낮은 사회적 신뢰 수준
이다. 한국 사회를 학술적으로 설명할 때 흔히 기업국가, 재벌 공화
국, 종속적 신자유주의 등으로 규정한다. 재벌 공화국이 함의하는 부
와 권력의 비대칭적 분배는 내부자들이 체감하기에는 무엇보다도 만
인에 대한 만인의 불신으로 이어진다. 세계 체제 핵심부에 종속되어
있는 몇 개 재벌이 부와 권력을 독점하여 다수에게서 실질적인 참정
권(정치적 결정에 영향을 미칠 가능성)을 박탈할 때 사회는 무기력증과
상호 소외라는 아노미 상태에 빠진다. 이런 사회가 도달하는 종착점
은 바로 완전 불신의 상황이다.

　지식인들은 한국인의 국가주의를 되풀이해서 말하지만, 이 국가주
의는 무기력해진 사회가 국가의 규율화 권력과 폭력을 제지할 능력
이 없음을 의미할 뿐이다. 우리는 초등학교 때 의무적으로 나라 사랑
교육(국기에 대한 맹세, 국민교육헌장 암송, 새마을 노래 부르기, 반공 교육
등)을 받았고, 고교 시절에는 공부하라고 해서 공부했다. 대학에서는
모두 그렇듯이 취업을 위해 자기 판매 전략을 구사하면서 스펙을 쌓

왔고, 군대도 가라 해서 갔다 왔으며, 예비군 훈련도 받으라고 해서 받았다. 그렇게 권력이 시키는 대로 해왔지만 그렇다고 우리가 권력을 신뢰하는 것은 아니다.

사회적 신뢰에 대한 여론조사를 보면 국가 기관은 늘 신뢰도에서 꼴찌다. 한국에서 정부를 신뢰한다는 사람은 약 23퍼센트밖에 없다. 이는 다른 대부분의 산업화된 국가와 비교할 때 그 절반에도 못 미치는 수준이다. 근혜 공주의 지지도가 그보다 높은 40~50퍼센트라는 것은 결국 공주님에 대한 신뢰라기보다는 영남인과 그 주변 사람들의 '우리가 남이가'와 같은 정서에 기반을 둔 것이다. 어차피 정치인은 다 도둑인데 그래도 우리 지역 출신의 도둑이라면 우리에게 덜 해롭고 어쩌면 지역 발전에 기여할 것이라는 정도다. 한국인들은 국가 권력에 'NO'라고 쉽게 말하지 못한다. 그렇다고 국가를 신뢰하는 것은 아니다.

우리는 왜 불신 지옥으로 떨어졌을까

국가만이 불신의 대상일까? 고용주나 소속 조직도 마찬가지다. 고용주가 요구하는 고강도 노동이나 잔업 등을 다 수용하면서도 이 사람 혹은 조직이 나를 제대로 챙겨줄 것이라고 믿는 이를 본 적이 없다. 선후배 관계를 한국 문화의 특징이라고 말하는 자료가 지금도 한국어 교육 현장에서 계속 읽히지만, 실제로 직장 동료나 선후배 사이의 관계는 주로 은근한 경쟁으로 점철되며, 배려나 상호 의존과는 거리가 멀다. 한국에서 국가, 고용주, 기업, 언론 등은 무능하면서도 욕심이 많은 포식자로 통한다. 이런 사회 속에서 개개인은 서로 경쟁하면서 그 포식자들의 비위를 맞추어 생존을 도모해야 한다.

가장 무서운 것은 전반적이고 총체적인 불신의 분위기에서 가족도 절대 예외가 아니라는 점이다. 불신의 사회에서 가족은 그나마 마지막 안식처이지만, 평생을 바친 자식들에게 늘그막에 홀대를 받을 것 같아 눈칫밥 먹느라 애를 쓰는 부모들을 보면 안쓰럽기만 하다. 가족도 자본주의적 이용과 계산의 관계에서는 예외가 아니다. 한국에서 광신적인 종교 집단이 번창하는 이유는 실은 이와 같은 불신의 지옥과 관계 있다. 불신 공화국의 시민은 그나마 어떤 초자연적 힘에 대한 강한 믿음으로 똘똘 뭉친 소사회에서는 어떤 안락함을 느낄 수 있다. 밖에 나가면 다들 잠재적 적, 기만자, 사기꾼, 경쟁자이기 때문이다. 이런 사회에서 자살률이 세계 2위를 기록하고 계속 상향 곡선을 그리는 것은 어쩌면 충분히 예상된 일이다.

무엇보다도 한국이라는 국가가 외부의 힘에 그 기원을 두고 있다는 점은 큰 문제다. 권력은 외부 후견 세력의 인정과 군사 지원과 자금에 크게 의존한다. 그런 만큼 권력이 관존민비의 태도로 민의에 무관심한 것은 당연하다. 세월호 비극의 현장에 가서 기념사진을 찍는 것 역시 그런 관존민비 풍토의 전형적인 소산이다.

외부 의존적인 국가 권력이 창출한 독점 대자본도 크게 보아서는 '밑'과 무관하다. 외국에서 돈을 빌려 고강도로 착취하여 재산을 불리고 그 재산의 상당 부분을 다시 외국으로 빼돌리는 것은 그들의 일상이다. 개발도상국 시절에는 체제 경쟁 등의 차원에서 개별 자본의 약탈성을 조금 견제하는 장치라도 있었지만, 1997년 이후 신자유주의 시스템 안에서는 재산 빼돌리기가 더욱 번성했다. 1997년 이전에도 불신의 시대였지만, 신자유주의 도입은 상황을 극도로 악화시켰다. 개개인의 경쟁은 치열해졌고, 과거 선후배로 대변되는 시혜와 수혜, 후견의 관계 네트워크(유사 가족 조직체)는 흔들렸다. 결국 한국 사회의 중심체인 가족도 동요되면서 해체의 길로 접어들었다. 그 폐허에서 남은 것은 불신과 경쟁이다.

어떤 국가나 지식인 집단도 수평적이고 평등한 새로운 공동체 의식을 심어주지는 않는다. 그런 의식은 2008년 촛불항쟁과 같은 공동의 투쟁에서 태어나 단련되고, 총파업이나 집회 현장에서 굳어진다. 부당한 권력을 함께 거부하는 현장에서 나의 고립과 타자에 대한 불신이 극복된다. 꼭 거창한 거국적 투쟁뿐만이 아니라, 지역 차원에서 해직자를 돕는 공동체를 만들어 운영한다거나 장기 투쟁 현장과 연대하는 작은 실천도 불신 극복에 핵심적이다. 결국 이것이야말로 자살 공화국의 늪을 벗어날 수 있는 길이다.

침몰하는 대한민국호

'1987년, 1992년, 어떤 경우에는 1997년까지 이 나라는 정통성 없는 군부와 그 후계자가 통치했다. 이들 정권은 시대적으로 필요한 산업화를 추진하여 그나마 다행이지만, 동시에 인권을 억압하는 후진형 독재 체제였다. 이에 대해 학생 등 의로운 시민들이 들고 일어나 저항한 것이 바로 민주화 운동이다. 결국 이 운동이 승리함으로써 일석이조로 산업화와 민주화를 동시에 이루었다. 이제는 한류로 불쌍한 동남아 백성들에게 어필하고, 범접하기 어려운 유럽인에게도 〈강남스타일〉로 접근하면서 우리도 유럽처럼 선진화를 향해 힘차게 달리고 있다.'

이는 주류들이 말하는 대한민국의 공식적인 '스토리'의 골자다. 대체로 각종 콤플렉스와 엄청난 거짓말로 뒤섞여 있지만, 거짓말부터 밝히자면 우리는 민주화를 이룬 적이 없다. 정확하게 이야기하면 1980년대 후반부터 1990년대 초반까지 단지 국가 운영 메커니즘을 부분적으로 바꾸는 데 그쳤을 뿐이다. 국가보안법 등으로 매우 제한된 일부 자유주의적 인권 레짐을 도입했고, 군부가 독점해온 권력을 재벌의 돈을 먹고 사는 보수 정치인들이 나누어 갖게 되었으며, 두 보수 정당 간의 평화적 권력 교체 시스템이 작동한 것이다. 말하자면 군부가 비운 자리에 결국 재벌의 마름들이 들어앉은 셈이다. 그 외형 아래에 있는 한국적 시스템의 기본은 여전히 그대로 있다. 기업의 살인적 노동 착취도 그대로고, 민간인에 대한 관료 체제의 무관심, 경멸, 군림도 그대로이며, 관료와 특정 업체의 혼연일체, 즉 일본이나 한국 식의 관료적 자본주의도 그대로다. 국가와 자본은 민주화되지 않았다. 그저 도심 중산층의 일부 요구를 수용하여 그 간판을 바꾸었을 뿐이다. 그러나 그 간판 뒤에 있는 대한민국의 얼굴은 예전이나 지금이나 마찬가지다. 박정희 시절 국가는 군인들을 돈벌이 수단으로 삼아 베트남에서 범죄를 저지르고 있던 미국에 팔아넘겼다. 공주님의 등극으로 더욱 명확해진 일이지만 대한민국은 대체로 늘 이러했다.

민주화라는 거짓말

그래도 한국의 선거는 러시아의 부정 선거와는 달리 비교적 공정하지 않느냐고 반론할 수도 있다. 국정원에 의한 최첨단 최정예 대유권자 심리전이 더 큰 부정인지, 아니면 푸틴 도당이 저지른 무식하고 옛날 방식의 개표 조작이 더 나쁜 것인지는 모르겠다. 그것은 방화 살인과 강도 살인 중에서 어떤 것이 더 나쁜지 구분하는 것과 같다. 좌우간 공정 선거는 신화이며, 설령 국정원 애국 투사의 맹활약이 없어도 큰 차이는 없었을 것이다. 언론에 대한 거의 완전한 장악과 전교조 분쇄 작전에 따른 교육계 압박은 진정한 의미의 민주주의와는 무관한 보수 정객의 신권력 독점 체제를 뒷받침하기 때문이다.

혹자는 노동당도 출마하는데 이 정도면 민주화된 것이 아니냐고 반론할 수도 있다. 노동당이 출마해서 통진당 정도의 정치적 지분을 얻게 된다면 노동당도 통진당과 마찬가지로 체제에 의한 말살 작전의 대상이 될 것이다. 이석기 재판처럼 무식한 마녀사냥을 통해서든, 좀 더 지능적으로는 교사 당우(黨友) 해고와 같이 일부 당원에 대한 표적 사냥을 통해서든, 그 방법은 다양하지만 목표는 똑같다. 군부독재 대신 보수 정당에 의한 민간 독재를 무기한 연장하는 것이 바로 그 목표다. 그런 독재를 이미 반세기 넘게 경험해온 일본을 보면 그렇게 불가능한 일도 아니다.

혹자는 이런 글을 쓸 수 있다는 점을 들어 민주화의 근거라고 여길지도 모른다. 한국의 지배자는 반대자의 국적을 박탈하는 싱가포르식보다는, 표현의 자유를 어느 정도 허하되 반대자를 철저하게 주변화하는 미국식이나 일본식 민간 독재를 택했다. 그리고 진보적인 신문마저도 삼성에 해가 될 수 있는 표현을 얼마나 부담스러워하는지 생각해보면 그 표면적 표현의 자유의 한계를 바로 알 것이다.•

• 2014년 4월 29일 민주노총과 전국언론노동조합은 '한국 언론의 노동 보도 문제점과 개선 방안'이라는 주제로 토론회를 개최했다. 여기에서 노동과 관련하여 친자본적이고 왜곡 보도를 일삼는 언론의 행태에 대한 지적과 함께 삼성의 언론 길들이기에는 진보적 언론도 자유롭지 못하다는 지적이 나왔다.

우리는 국가의 인질이다

       단순 무식한 하나회 소속의 군바리 대신에 땅투기로 횡재한 부모의 돈으로 미국에서 박사 학위를 받은 강남족 두 명이 경쟁해 그중 하나가 권력의 자리에 올랐다. 하지만 그것이 이 사회의 각종 객실에 갇혀 침몰을 당하는 사람들에게 무슨 차이가 있을까? 이 사회에는 용광로에 빠져서, 안전 장비가 없는 공사장에서 떨어져서, 프레스 밑에 깔려서, 자식이 있다는 이유로 기초 생활 보호 지원을 받지 못해 영양 부족으로 죽어가는 이들이 허다하다. 이들에게 살인 기계 관리자가 육법당(과거 박정희 독재 시절, 육사 출신 군인 정치인과 서울대 법대 출신 공안 전문가에 의해 지탱되던 체제) 출신으로 비경쟁적으로 권력을 얻었는지, 아니면 하버드대학 출신으로 경쟁해서 권력을 얻었는지는 전혀 중요하지 않다.

  1970년대 이후 본질상 바뀐 적이 없는 이러한 국가 틀 안에서 우리의 정확한 위치는 바로 인질이다. 박정희가 제조업 재벌을 키우려고 지어놓은 고리와 월성의 노후 원전에서 심각한 사고라도 난다면 부산은 부분적으로나마 피폭 도시가 되고, 이어서 서울과 경기도도 안전하지 못할 것이다. 또한 그렇다고 하더라도 다른 노후 원전은 계속 가동할 것이고, 특정 민간 업체에 구조 작전을 맡기려고 사람이 죽어나가도 구조를 계속 늦출 것이다. 결국 인질범은 자신만을 잘 격리하여 침몰하는 대한민국호 안에서도 끝까지 호의호식하고, 인질들은 그냥 갇혀서 곧 죽음을 맞이해야 할 것이다.

  인질범을 개혁할 수는 없다. 인질범을 아무리 교체해도 대다수를 인질로 잡는 체제가 그대로 있는 한 아무런 차이도 없을 것이다. 세월호 사건을 계기로 우리를 관리하는 이들이 국가라는 그럴싸한 간판을 건 범죄 집단임을 여실히 느꼈다. 침몰하는 배 안에 갇혀 죽고 싶지 않다면 인질범과 정면으로 맞장 뜨는 방법 이외에는 없다. 그래야 진정한 민주화로 가는 길이 열릴 것이다.

대한민국에서 인간답게 사는 길

'한국 사회에서 인간답게 살 수 있는 방법은 무엇인가? 출세를 위해 공부에 매달리는 것부터 참기 힘들지만, 그 어떤 대안적인 삶의 방식도 볼 수 없어 답답하다. 평생 이렇게 살아야 하는가? 왜 사는지 모르겠다.'

가끔 한국의 학생에게서 받는 질문이다. 사람마다 질문하는 방식에 약간의 차이는 있지만 대략적인 골자는 거의 같다. '신분과 돈이 지배하는 사회가 싫은데 가족 등 주변의 압력이 있어 그런 사회 안에서 살아야 한다는 것은 너무 비참하게 느껴진다. 대안이 무엇이냐' 이것이다.

이런 질문을 받을 때마다 사실 좀 곤란하다. 나조차도 한국의 사회화 과정을 정상적으로 거칠 만한 인내력이 있을지 의심이 가기 때문이다. 고등학교 3년 내내 하루에 거의 16~17시간씩 경쟁적인 암기 기계로 살아야 하고, 이후에는 인생의 18개월간 하고 싶지도 않은 살인 교육을 받아야 하며, 별로 알고 싶지도 않은 타인과 합숙 생활을 하는 것까지 이 모든 과정을 거치면서 과연 정신 건강을 유지할 수 있을지 의심스럽다. 물론 막상 부딪히다 보면, 또 생존을 위해 불가피하다는 뚜렷한 의식이 있다면 달라질 수도 있겠지만, '외부자'의 시각으로 본다면 한국의 청년 훈육 과정은 대단히 잔혹해 보인다. 그러면 한국의 수많은 젊은 피해자에게 할 수 있는 말은 무엇일까?

믿지 말라, 무조건 따르지 말라, 동류를 찾으라

첫째, 당장 체제를 바꿀 힘은 없어도 그것을 믿을 필요는 없다. 즉 이 체제가 강요하는 사회화 과정을 이탈해버리면 개인적으로 막대한 피해가 따를 것이니 그렇게까지 할 필요는 없지만, 이 체제가 잘못되었다는 생각은 가지고 있을 필요가 있다. 체제가 '교육'이라고 부르는 것은 실은 계급적 위치 확정에 지나지 않으며, '대학'이라고 부르는 것은 계급적 질서를 뒷받침해주는 학벌 집단 형성의 장에 지나지 않는다. 또한 체제가 '매체'라고 부르는 것은 극소수의 비판적 매체를 제외하고는 순응적인 국민 형성의 도구에 지나지 않는다. 특히 통치 명분이나 정통성과 관련된 이야기는 객관적인 사실과 거리가 멀다는 점을 유의하면 된다. 북한 김일성 왕조의 건국 신화가 말 그대로 신화에 지나지 않는 것과 마찬가지로, 남한 통치 집단의 자기 이야기도 정도의 차이는 있지만 어디까지나 아전인수격일 수밖에 없다. 총독부나 미군정의 통치권을 인수한 이들이 상하이 임시정부 요인을 물리적이거나 정치적으로 다 제거한 뒤 임정 법통을 논하는 것이나, 미국과 일본의 자금과 시장, 베트남전 특수, 일본 사양 산업 인수에 기댄 재벌 위주의 수출형 경제 개발 과정을 '한강의 기적'이라고 부르는 것이 그러하다. 이런 것은 북한에서 한반도 북반부를 김일성(金日成, 1912~1994)의 빨치산 부대가 다 해방시켰다고 말하는 것과 크게 다르지 않다. 어쨌든 체제의 말은 어디까지나 자기 합리화일 뿐이라는 점을 알고 내면적 독립이라도 이룬다면 그 다음에는 체제 안에서의 인간다운 생존이라도 꿈꿀 수 있다.

둘째, 체제가 강요하는 기본적 사회화 코스(초중고-대학교-군대-취업)를 거부할 때 그 사람은 감당하기 어려운 엄청난 피해를 본다. 즉 그에게는 체제의 보복이 따른다. 가령 병역 거부는 국제적으로도 인정받은 평화주의자의 당연한 권리임에도 한국에서는 그것을 하면 전과자가 되어 평생 2등 시민으로 살아야 한다. 북한식으로 표현하면 '성분 나쁜 동요 계급'의 일원으로 낙인찍히는 것이다. 따라서 체제가 가할 보복의 규모를 정확히 인식하여 이 부분에서는 그 어떤 결정도 신중히 해야 한다.

그런데 체제가 강요하는 코스를 비록 밟는다 해도 일단 자신의 욕망에 충실하도록 노력은 할 수 있지 않을까? 예를 들어 평생 박물관에서 유물을 만지면서 살고 싶다면 비록 비인기 부문이고 월급도 낮고 사회 인지도도 별로 높지 않지만 일단 자신이 원하는 대학을 선택할 수는 있지 않을까? 비록 부모 등 가까운 사람이 무조건 명문대 지원을 강요한다 해도 이를 뿌리치고 내 욕망을 존중할 줄 알아야 한다. 그렇게 하지 않고는 도저히 행복하게 살 확률이 없기 때문이다. 행복이란 과연 무엇일까? 나는 내 욕망을 존중함으로써 자아실현을 하고, 남들도 내 자아실현에서 도움을 받는다면 자리이타(自利利他)의 보살행이 된다. 악기 연주자는 청중의 눈빛을 보며 교감을 나눌 때 행복을 느낀다. 억만장자가 되어도 그보다 더한 행복은 없을 것이다.

셋째, 이 체제가 과연 좋은 쪽으로 바뀔지 아니면 지금 그대로 그냥 온갖 문제가 조금씩 곪을 것인지는 알 수 없다. 일본 등 이웃 나라의 보수화 과정을 보면 재벌 주도적이고 토건 중심적인 동아시아형 체제에서 급진적 변혁이 얼마나 어려운지 실감할 수 있다. 그런데 일단은 노력이라도 할 수는 있다. 일본에는 야스쿠니 신사 참배를 반대하고 위안부 문제 해결에 심혈을 기울이는 이들이 있다. 이들 덕분에 우리는 일본에 대해 호감과 기대를 갖게 된다. 마찬가지로 대한민국에는 이주 노동자 마녀사냥을 반대하고 한국 재벌이 국내외에서 저지르는 악행을 규탄하는 이들이 있다. 이들의 존재는 한국 자본주의가 양산한 수많은 피해자에게 귀중하다. 일본의 진보 인사들이 그들의 체제를 바꾸지 못하듯이, 한국에서도 승리를 기약할 수는 없다. 하지만 일단 투쟁한다는 사실 자체가 중요하다. 사회화 과정에서 느낀 답답함과 억압감에 짓눌린 젊은이에게 이와 같은 투쟁에 합류하는 것은 자리이타적 자아실현과 희망을 위한 길이 될 수 있다. 이 투쟁을 전개해가고 있는 집단은 천차만별인데, 자신의 생각, 성격, 성향에 맞는 곳을 잘 고르는 지혜가 중요하다. 그런데 온건 사회주의자가 되든 급진 아나키스트가 되든 '나는 혼자가 아니다'는 느낌이야말로 가장 중요하다.

도저히 인간답게 살 수 있는 길이 보이지 않는다고 말하는 이들에게 대체로 위와 같은 조언을 할 수 있을 것 같다. '믿지 말라, 무조건 따르지 말라, 그리고 동류를 찾으라.' 종합적으로 말하면 세 가지 충고로 압축된다. 그러나 개인마다 사정이 다르니 이를 천편일률적으로 다 적용하지 못할 수도 있다. 어쨌든 '대들고 싶은' 욕망이 꿈틀거리고 있다는 것 자체는 이미 성공의 반이다.

03

물질적 욕망의 질주, 사라진 노동의 꿈

대한민국에 보수는 없다

《아함경(阿含經)》은 내가 즐겨 읽는 불전 중 하나다. 이것을 독경하면 마치 부처님과 대화를 나누는 것 같다. 《아함경》에 담긴 부처님의 생각을 우리 시대의 기준으로 말하면 아마도 윤리적 보수 정도가 될 것 같다. 재가자의 덕목을 일목요연하게 잘 정리한 〈장아함경(長阿含經)〉의 제11권, 16 '선생경(善生經)'을 보면, 아내나 하인의 덕목을 열거하면서 그들이 남편이나 주인보다 먼저 일어나서 일을 처리해야 한다고 말한다. 부부나 고용 관계가 수직적이던 당시 계급사회의 상식을 부처님이라고 해서 거역할 수 있는 것은 아니었다. '아내는 남편에게 순종해야 한다', '하인은 주인의 위엄을 드높여야 한다' 등의 말은 부처님의 설법도 당시 지배적인 가부장적 담론을 벗어날 수 없었음을 잘 보여준다.

그러나 이와 동시에 부처님은 호혜성도 천명했다. 비록 위아래가 분명한 불평등한 사회라 하더라도 위쪽이 아래쪽에게 속칭 '갑질'을 해서는 안 된다는 논리다. 부처님이 생각한 고용주는 권리와 함께 의무도 지닌다. 하인을 능력에 맞게 부리고, 먹을 것과 보수를 제때 주며, 병이 나면 약을 주고, 피곤하면 휴가를 주어야 한다. 말하자면 막 부린다기보다는 모종의 공생 관계를 수립해야 한다는 가르침이다.

보수의 룰마저 무너진 대한민국

부처님이 말한 고용주의 의무는 남의 노동을 이용하는 사람으로서 지키지 않으면 안 될 최소한의 룰이다. 그러나 윤리적 보수의 이러한 룰이 대한민국에서는 과연 어디까지 통할까? 87퍼센트의 직장인이 심한 스트레스에 시달린다는 통계로 보아서는 대다수에게 고용주가 능력에 맞게 일을 시키는 것 같지는 않다. 44퍼센트의 직장인이 스트레스를 술과 담배로 해소하는 만큼 하루하루가 괴롭다는 것이다. 점심시간이 있어도 평균 40분밖에 되지 않아 제대로 먹고 쉬기에 빠듯하다. 또한 77퍼센트의 직장인에게는 점심 값이 비싸게 느껴질 만큼 대한민국 노동자들의 작업 강도는 세계 최고인 반면 보수는 열악하다.

부처님은 고용주에게 임금이라도 제때 주라고 했지만 현재 대한민국에서는 27만 명의 노동자가 임금 체불로 고통을 받고 있다. 반면 임금 체불이라는 범죄로 실형을 받은 사업주는 최근 3년간 11명에 그쳤을 뿐이다. 부처님은 아픈 하인에게 약이라도 주라고 했지만, 한국 비정규직 노동자 중에서는 건강보험 미가입 비율이 약 46퍼센트로 실제 아파도 병원에 가지 못하는 경우가 다반사다. 또 한국의 연간 평균 유급 휴가 일수는 10일로, 이는 태국(11일)이나 멕시코(12일)보다도 적다. 그것마저도 36퍼센트의 노동자는 전혀 활용하지 못해 일만 하고 쉴 수 없는 나라라고밖에 표현할 수 없다.

　노동자에게 과도한 일을 시키고 임금이나 휴식 시간도 제대로 주지 않고, 건강에 대한 배려도 하지 않는 한국 자본가층은 과연 부처님의 윤리적 보수성과 얼마나 거리가 먼가? 우리는 한국 지배층을 보수라고 자주 부르지만, 이 말에는 어폐가 적지 않다. 보수는 어떤 가치라도 보수(保守)하려는, 즉 지키려는 사람을 말한다. 하지만 생명을 해쳐가면서라도 이윤만을 얻으려는 자에게 무슨 윤리나 가치가 있을까? 한국 지배층에는 '선생경'을 따를 만한 윤리적 보수가 없다. 자신의 탐욕을 위해 남을 해치면서 악업을 쌓는 자만 있을 뿐이다. 그들에게 대한민국호의 조타를 계속 맡긴다면 이 배는 반드시 침몰하여 우리 모두 수장당할 일밖에 없다.

국가의 맨얼굴

우리는 요즘 국가 폭력이 얼마나 다양할 수 있는지를 목도한다. 세월호 참사에서 보듯 긴급 구조를 위한 인적, 기술적 자원을 독점한 국가가 구조를 하지 않음으로써 노동자와 그 자녀들이 수장되게 한 것은 얼마나 끔찍한 국가 폭력인가. 굳이 1980년 광주에서처럼 탱크로 밀어붙이지 않아도 국가가 얼마든지 학살을 할 수 있다는 사실을 알게 되었다.

과거 군사정권 시절에 있었던 고문과 살인을 국가가 자제한다고 해서 과연 우리는 국가 폭력의 악몽에서 벗어난 것일까? 첫째로 기억해야 할 것은, 반대자에 대한 국가의 물리적 폭력이 전혀 없어진 것도 아니고 단지 정도만 조절되었다는 사실이다. 합법적 집회에서 경찰에 연행되어 가슴뼈 골절 등 중상을 입은 송경동 시인만 보아도 이를 알 수 있다. 그 누구에게도 폭력을 행사한 적 없는 시인을 만인 앞에서 경찰이 강제로 끌어내면서 중상을 입히는 나라가 정말 민주 국가일까?

둘째로 기억해야 하는 것은 고문과 살인은 여러 종류의 국가 폭력

중 그저 하나일 뿐이라는 사실이다. 고문과 살인이 어려워지면 국가는 그에 못지않은 결과를 낳는 비신체적 폭력의 방식을 택한다. 가장 선호하는 것은 경제 폭력이다. 신자유주의적 사회에서 다수의 삶은 갈수록 팍팍해지고 불안해진다. 더군다나 고정 소득이 없는 학생이나 빚더미에 앉아 있는 농민, 쥐꼬리만 한 활동비로 근근이 살아가는 사회단체 활동가라면 더하다. 한 푼이라도 아껴야 하는 사람들에게 속칭 '벌금 폭탄'을 때리면 소기의 목적을 쉽게 달성할 수 있다는 것이 당국자의 판단인 모양이다.

무소불위로 자행되는 국가 폭력

국가가 다수에게 무관심하고 무책임하며 파괴적일 뿐인 우리 사회에서 노동 단체와 시민 단체 활동가야말로 공공성의 최후 보루다. 국가가 지배자들의 사리사욕만 챙겨 주는 반면, 활동가야말로 다수를 위해 일한다. 가령 강정마을을 둘러싼 상황을 보자. 미국과 유착한 고위층의 계산이 어떤 것이든 해군 기지 건설은 중미 대립의 한복판에서 제주도민과 나아가 한반도인을 사실상 인질로 잡아두는 일이다. 그런 만큼 그것은 인민의 생존을 위협하는 일이기도 하다. 중미 갈등이 최악으로 치달을 경우 그 상황은 과연 세월호 사태와 다를까? 지금 해군 기지 건설을 밀어붙이는 지배층이야 당연히 쉽게 도망가겠지만, 나머지 한반도인은 전장화된 삶의 터에서 상상 이상의 재앙을 겪어야 할 것이다.

그러나 이런 재앙의 디스토피아를 어떻게라도 막아보려고 발버둥치는 강정마을 해군기지 건설 반대 활동가에게 국가가 행사하는 폭력은 과연 어느 정도일까? 589명이 기소되었고, 부과된 벌금만 3억여 원 정도다. 경제 살인이라고 할 이런 벌금을 내는 대신 자진해서 감옥에 가 노역을 하는 등 몸으로 때우는 방식을 택한 사람도 있다. 고문과 살인을 자제한다 해도 대한민국호의 침몰을 방지하기 위해 온몸으로 평화적 저항을 하는 이들을 이 국가는 이렇게 대하고 있다. 정도의 차이는 있지만 지금의 국가는 고문과 살인 시절의 그 국가와 본질적으로 전혀 다르지 않다.

우리에게 가장 큰 적은 연대의 태부족과 망각이다. 국가가 폭력을 손쉽게 행사하는 이유는 우리의 망각에 있다. 평화로웠던 마을을 잠재적 대중국 침략 기지로 만들려고 초토화해도, 아이들이 수장되도록 내버려두어도 당국은 몇 개월 지나면 다들 잊겠거니 하고는 뻔뻔스럽게 버틴다. 우리의 무기력과 망각이 그들로 하여금 폭력을 쉽게 행사하게 했다.

벌금 폭탄을 맞고 있는 활동가의 편에 우리가 같이 서주지 않으면 국가 폭력의 마수는 끝내 우리의 목까지 쥘 것이다. 연대만이 국가 폭력의 폭주를 막는다. 활동가 지원 시스템을 같이 만들어서 십시일반으로 보태주는 것이 급선무이지만, 본격적으로 국가 폭력에 '가만히 있지 않겠다'는 자세를 말과 행동으로, 집단적으로 보여주는 것이 중요하다. 수십만 명이 함께 광장에 나와 저항을 하면 벌금 폭탄이라는 경제 살인의 흉기도 무력해질 것이다.

차별의 왕국, 천민 대 양민

국내에서 비정규직을 차별하고 그들의 투쟁에 좀처럼 연대하려 하지 않는 정규직의 모습은 도대체 어떻게, 어떤 이데올로기로 정당화할 수 있을까? 차별 기제가 작동하면 지배자에게 이로운 방향으로 타자를 배제하거나 괴롭힌다. 대부분의 차별은 어떤 가시적 차이를 배경으로 작동한다. 예를 들어 러시아에서 'r' 소리를 제대로 발음하지 못하는 유대인이나, 일본에서 탁음을 어려워하는 재일 조선인, 노르웨이에서 피부가 까무잡잡하고 이슬람식 이름을 쓰는 사람 등이 모두 바로 가시적 타자다. 이들에 대한 편견의 역사는 아주 깊어서 근대적 지배자는 그 역사를 활용하여 적절한 수준의 분리 통치책을 쓴다. 종족적, 종교적, 문화적 타자와는 어느 정도 다르지만 젊은이나 여성에 대한 차별의 역사도 아주 오래되었으며, 이 역시 어떤 가시적 차이를 배경으로 한다.

그러나 비정규직 차별에서는 이런 가시적 차이가 뚜렷하게 보이지 않는다. 비정규직 교원은 정규직 교원과 같은 학교를 나오고, 같은 학위를 받았으며, 같은 학술지에 글을 싣고, 같은 학회에 다닐 가능성이 높다. 단지 서면 계약의 유무와 무기한이냐 유기한이냐의 차이가 있을 뿐이다. 그 차이가 이마에 낙인처럼 찍혀 있는 것도 아니다. 물론 통계적으로 보면 국내의 비정규직은 여성이거나, 나이가 적거나 아니면 아주 많거나, 숙련도가 낮거나, 외국인 노동자일 가능성이 높다. 현대자동차에서는 비정규직과 정규직이 차별적인 작업복을 입고 식사를 하고 술을 마시지만, 학교에서는 어느 쪽이 정규직이고 비정규직인지 알 수 없다. 나이, 성별, 외모, 거주지까지 대략 비슷한 두 사람이 정규직인지 아닌지로 나누어지고, 한쪽이 다른 쪽을 차별하는 현실을 어떻게 생각해야 할까?

현대판 천민, 비정규직

　　　　　비정규직 차별의 근저에 깔려 있는 이데올로기는 대략 두 가지로 나눌 수 있다. 하나는 유사 전통적 이데올로기로 전통 사회에서 적자와 서자, 문중 내외, 문중 내 계통을 구분하던 것과 맥이 닿아 있다. 다른 하나는 근대적 차별주의로 대체로 박정희 시대의 능력주의나 최남선(崔南善, 1890~1957)류의 자조론과 연결되어 있다. 그 구체적인 사례를 살펴보자.

1997년 봄, 한 사립대학의 비정규직 강사로 채용된 나는 그때 '비정규직'이라는 사실을 제대로 인식조차 하지 못했고, 계약 기간이 끝나면 자동으로 연장될 것이라 생각했다. 근무 첫날에 나와 같은 해에 채용되어 같은 대학에서 최종 학위를 받은 한 동료가 거의 반말투로 하대했다. 옆에 있는 한 나이 든 교수가 "이러시면 되느냐"고 말리자 그 동료는 자신은 무기한 계약직임을, 즉 전임임을 밝히고 나를 가리켜 "저 친구는 3년짜리"라고 말했다. 근대의 보편적 이성의 차원에서 본다면 말이 안 되는 일이지만, 한국 자본주의의 성공 비결 중 하나는 바로 이미 쓰레기가 다 된 온갖 전통 유산을 무제한 재활용하는 것이다. 그렇게 해서 아랫것들이 함부로 목소리를 내지 못하게 견제하는 것이다.

한편 나는 국내 한 유수 대학의 원로 선생님과 대화를 나눈 적이 있는데, 그는 비정규직을 정규직화하는 것 따위를 아주 우스운 사이비 평등주의로 보았다. 능력이 안 되는 인간들까지 왜 평생 보장을 받고 안심하고 게을러도 되는지를 이해할 수 없다는 것이었다. 능력의 기준이 무엇인지 따져보면 영어 발표, 논문 작성 능력부터 말한다. 사실 이런 고급 언어 구사력은 적어도 70~80퍼센트는 개인의 능력과 무관한, 출신 성분의 문제일 뿐이다. 강남에서 태어나 어릴 때부터 교수나 재벌 임원, 고급 공무원인 부모와 함께 미국을 드나들고, 거기에서 일찍부터 살아보고 공부한 사람에게는 어쩌면 한글 논문보다 영어 논문이 더 쉬울 수도 있다. 실질적으로는 능력보다 계급의 문제인데, 한국인 다수의 머리를 아직도 지배하는 것은 박정희 시대의 자본주의적, 적자생존적 실력주의 이데올로기다. '하면 된다', '가난은 죄다', '하늘은 스스로 돕는 자를 돕는다', '억울하면 출세하라, 못하면 자신의 무능력부터 탓하라'는 말이나, 출세 못한 모든 이를 무능력자로 규정하는 것은 이 이데올로기의 골자다. 무능력자라면 마음대로 짓밟고 착취하고 차별해도 되니, 정말 한국형 정글 자본주의에 이 이데올로기는 안성맞춤이다.

외모, 언어, 나이, 성별이 전혀 다르지 않아도 고용 형태 하나로 살 인적 차별을 할 수 있을 만큼 대한민국은 이미 이데올로기적 무기가 완비되어 있다. 줄도 백도 없고 내부자도 될 수 없는 방계나 서자 격 의 타자를 마음대로 배제하고 그 위에 군림해도 되는 전통적인 대가 족주의와 문중주의, 여기에 무능력자를 멸시하는 박정희 식 이데올 로기가 가미되면서 비정규직은 현대판 천민이 되었다.

그런데 이 차별의 왕국은 영원할까? 지금까지 비정규직의 투쟁은 사업장별로 당면 현안을 중심으로 산발적이고 고립적으로 진행되었 다. 오늘날 비정규직 노동자가 자신의 후손이 어쩌면 대대로 이 차별 의 지옥을 탈출하지 못할 수도 있다는 점을 제대로 파악하기만 한다 면 곳곳의 개별적 투쟁은 하나의 커다란 현대판 천민의 반란으로 승 화될 수 있을 것이다. 그리고 그 시점에서 현대판 양민이라 할 정규 직의 일부라도 제대로 연대해준다면 이 나라의 모습은 크게 달라질 수 있을 것이다.

한진중공업과 우리의 희망

한진중공업 사태는 국내 노동운동사에서 하나의 커다란 전환점이자 이정표로 기억될 것이다. 그 핵심은 '노동운동의 대중성'과 '노동운동과 시민운동의 연대'로 요약된다. 1980년대 말에 매우 불완전하게나마 최소한의 제도적 민주주의가 점차 도입되기 시작한 것은, 학생 등 중산 계급 예비 구성원이 노동운동의 흐름과 연결되었기 때문이다. '학출' 활동가들이 국가 기간산업이라고 할 수 있는 공장에서 파업을 주도하고, 또 학생이나 화이트칼라가 주도한 1987년 6월 투쟁과 발을 맞추어서 곧바로 노동자 대투쟁이 일어나면서 군부 세력은 더 이상 버틸 수 없게 되었다. 무리하게 버텼다가는 훨씬 더 큰 폭발이 일어날 수도 있다고 본 것이다. 바꾸어 말하면 중산 계급의 젊은 전위와 노동자 세력의 협공에 군사정권이 무너진 셈이다. 이승만 정권이 중산 계급의 전위에 의해서만 몰락했음을 감안한다면 그만큼 역사가 상당히 진보했음을 느낄 수 있다.

그런데 노학 연대가 통치자에게 위협적이었던 만큼 그 연대를 해체하기 위한 정권의 노력도 비상했다. 특히 김대중과 노무현 정권 시절, 주로 학생 운동가 출신으로 구성된 시민사회 단체 등은 국가로부터 프로젝트를 받아 수행하거나 자문 기구에 참여했는데, 그 결과 불온한 반체제적 성격을 상당 부분 잃고 말았다. 김대중 정권은 2001년 2월에 대우자동차 부평 공장 파업 현장을 폭력으로 진압하는 등 노동자에 대한 각종 야만적인 행각을 주저 없이 저질렀다. 그럼에도 시민단체 활동가 다수에게 김대중은 여전히 민주주의의 화신이었다.

이와 함께 수세에 몰려 있던 노동계는 점차 고립되었다. 그나마 1996~1997년의 노동법 개악 반대 총파업은 시민사회로부터 많은 지지를 받았다. 하지만 김대중 정권이 들어선 이후 민주주의의 화신인 김대중과 그 측근이 열심히 유포해온 신자유주의 이데올로기는 시민 계층(안정된 직장을 가진 대졸이나 중소기업인 등) 사이에 깊은 뿌리를 내렸다. 노동자의 절박한 투쟁을 집단 이기주의로 매도하는 보수 언론의 레토릭도 잘 먹혀들었다. 2002년 봄 민영화에 반대하면서 일어난 발전노조 파업은 노동계 안에서는 지지를 받아도 시민사회의 연대를 끌어내지는 못했다. 노동자와 시민 사이에 보이지 않는 벽을 민주적 정권이 성공적으로 쌓은 셈이다.

노동자와 시민, 손을 잡다

그때부터 지금까지의 상황은 사실 절망적이었다. 특히 비정규직은 처절한 싸움을 벌였지만 바깥으로부터 충분한 지지를 받지 못하면서 쉽게 패배하거나 매우 부분적인 승리만 거두거나 장기화되기 일쑤였다. 국가와 사용자 측이 소모전을 통해 분쇄한

KTX 여승무원의 파업이나 6년이나 걸린 기륭전자의 파업은 시민의 연대가 미약한 상황에서 불안한 위치에 놓인 노동자의 투쟁이 얼마나 어려운지를 잘 보여준다. 시민들이 노동에 그다지 적극적으로 연대하지 못한 만큼 노동도 시민들의 운동에 별로 적극적이지 않았다. 2008년의 촛불사태는 노동운동과 결합하지 못하고 오로지 시민들만의 투쟁으로 이어지다가 결국 국가와의 소모전에서 지고 말았다. 1980년대 말의 노학 연대를 해체한 통치자가 거의 쾌재를 부를 만한 상황이었다.

그런데 이러한 상황은 이명박 정권을 경험하고 세계 공황의 영향까지 가세되면서 바뀌기 시작했다. 한진중공업 사태 때에는 대다수의 시민이 확고히 영도조선소 노동자의 편에 섰다. 시민층의 동향을 잘 반영하는 진보적 신부님의 가두 미사 봉헌이나 희망버스, 수많은 선남선녀의 영웅이 된 김진숙의 압도적인 카리스마는 상황이 과거와는 달라졌음을 잘 보여주었다. 배당금을 늘리면서 노동자의 생계와 산업 기반을 파괴하는 주주 자본주의의 약탈성에 노동계뿐만 아니라 수많은 시민까지 눈을 뜬 것이다.

정리 해고, 산업 이전, 주주 배당금 우선주의, 국가와 언론에 대한 자본의 철저한 통제 등을 특징으로 하는 이 사회에 아무런 미래도 없다는 것을 이제야 눈치챈 것이다. 한진중공업 사태는 1996~1997년 이후 거의 처음으로 노동자와 시민이 손을 잡은 사건이다. 이와 같은 연대가 지속된다면 중장기적으로 역사의 흐름을 바꿀 수 있을 것이다.

노동자와 시민의 연대는 한국형 신자유주의를 넘어서게 하는 힘의 원천이다. 이 싸움에서 노동자와 시민의 연대가 이기거나 상당한 성과를 거둔다면 자본주의 자체가 돌연히 몰락하지는 않는다 해도 적어도 삼성 공화국이라는 이 국가의 병리적 형태를 해체할 수 있을지도 모른다. 이것이야말로 지금 우리의 희망이다.

이 시대의 투쟁 문법

암울하기만 하던 이명박 정권을 돌아보면 두 가지 사건이 특히 기억될 만하다. 하나는 서울시장 선거에서 진보라고 하기는 뭐하지만 국가보안법 비판서를 쓴 적도 있는, 양식 있는 중도 보수인 박원순이 당선된 일이다. 다른 하나는 약 300일간의 고공 농성 끝에 한진중공업 해고 노동자의 투쟁이 불완전하지만 일단 승리로 일단락된 일이다.

이 두 사건은 극우 정권의 점차적인 와해를 상징하는데, 특히 후자의 의미는 아주 깊다. 이것은 2003년 화물연대의 통쾌한 승리 이후 신자유주의 시대에서는 아주 보기 드문 노동자의 대대적인 승리였다. 해고 노동자의 수는 비록 많지 않았지만, 이 투쟁에 대한 전례 없는 관심과 각계각층의 지지와 부산권 경제에서 한진중공업이 차지하는 위상은 이 승리를 매우 특별한 것으로 만들었다. 그러면 암울한 극우 정권의 시대에 아주 전근대적이고 악질적인 재벌을 상대로 한이 투쟁이 극적으로 승리를 거둔 것은 무엇 때문이었을까?

한진중공업 투쟁이 말해주는 것

첫째, 올드 레프트의 화려한 귀환. 이 투쟁을 상징하는 두 사람인 김진숙과 송경동 시인은 대표적인 1980년대형 올드 레프트, 즉 정통 좌파 노동운동가다. 계급의 이해관계를 깊이 체화한 유기적 지식인*인 그들은 언제나 계급의 이름으로 투쟁한다. 송경동은 자연미를 노래하는 전통적 서정 미학도, 원자화된 개인 의식의 심연을 파편화된 시선으로 고찰하는 포스트모던적 미학도 추구하지 않는다. 그는 말 그대로 투쟁의 아픔과 절규와 연대의 기쁨 속에서 태어나는 종류의 미학을 추구한다. 지향은 약간 다른 부분도 있지만 송경동은 김남주(金南柱, 1946~1994) 시인의 문학적 적자요 계승자다.

그런데 이 투쟁을 이끈 올드 레프트는 훨씬 더 소프트화되고 인권적 감수성이 성숙한 새 시대의 코드에 알맞게 투쟁을 디자인했다. 쇠파이프와 화염병 대신에 평화적 시위를 절대적으로 강조함으로써 오히려 경찰과 극우 단체(어버이연합 등)의 폭력성을 부각시켰다. 또한 형식화되고 획일화된 율동과 구호 대신에 다양한 걸개그림, 퍼포먼스, 공연이 등장했으며, 아동작가 등 여러 창조적인 지식인의 참여도

• 이탈리아의 혁명가인 안토니오 그람시(Antonio Gramsci, 1891~1937)는 지식인을 '전통적 지식인'과 '유기적 지식인'으로 나누었다. 자본가들은 그 등장과 함께 자본주의의 발전에 적합하게 사회를 조직하는 지식인층을 창출했다. 그람시는 이와 같이 지배 계급과 긴밀하게 결합되어 있는 지식인을 '유기적 지식인'이라고 부르고, 무산계급도 자신의 계급과 유기적으로 결합된 지식인을 창출해야 한다고 주장했다. 말하자면 그들은 지배 계급에 대항하여 피지배 계급을 지식적, 기술적, 사상적 측면에서 지원하는 혁명적 지식인에 해당한다.

이어졌다. 투쟁은 시청각적 표현을 즐기고 다양성을 존중해주는 새 시대의 지향에 맞게 재기발랄하고 절대 심심하지 않았다. 마치 시위를 하기 전에 남녀 간 공개 키스를 한다든지 다양한 음악을 즐기는 칠레 학생들을 보는 듯했다. 한진중공업 투쟁은 현재 세계적으로 좌파 투쟁의 중심이 된 남미의 시위 문화와 많이 닮았다. 포스트모던 시대의 무의미한 늪에 빠지지 않고도 올드 레프트가 잘 진화하여 새 시대와 코드를 맞출 수 있다는 것을 이 투쟁은 잘 보여주었다.

둘째, 도덕적 명분 선취. 대한민국의 유일한 진짜 국시는 약육강식의 무한 경쟁이다. 각자 자신의 잇속과 식구 정도나 챙겨줄 뿐 나머지 세상에 대해서는 그다지 신경 쓰지 않는다. 이것은 이 나라에서는 아주 정상적인 삶의 방식이다. 그런데 또 그런 사회인 만큼 식구가 아닌 타인을 위해 스스로 희생하는 사람은 큰 존경을 받고, 도덕 없는 사회에서 도덕적 명분을 차지하게 된다. 많은 사람이 안중근(安重根, 1879~1910)을 존경하는 것은 오직 민족주의 때문일까? 그보다는 일본 유학을 다녀와 통감부 혹은 총독부에서 주사직이나 군수직을 맡을 수도 있었던 부유한 지주의 아들이 모든 것을 버리고 불특정 다수를 위해 목숨까지 던진 것은 우리로 하여금 숭고함마저 느끼게 한다.

이 나라의 정글 같은 분위기 속에서 김진숙은 우리에게 진정한 사람이란 무엇인지 입체적으로 보여주었다. 직접적 인연도 없는 동료를 위하여 목숨을 버릴 각오로 철탑에 올라간 드라마틱한 운명의 이 여성 활동가 대 부를 세습한 악덕 재벌. 이 대립 구도에서 선악은 너무나 분명하고, 노동운동에 관심 없던 시민마저도 영향을 받지 않을 수 없었다.

셋째, 폭넓은 연대. 임금 노동자는 이 사회에서 약 70퍼센트일 정도로 다수이지만, 조직 노동자는 9퍼센트에 불과하다. 그중에서도 특히 전투적인 조직 노동자 활동가는 아주 극소수다. 이런 상황에서 고립되지 않고 승리하자면 연대는 생명이다. 이념과 이해가 얼마간 달라도 적어도 이런 싸움에서 우리와 같은 진영에 서줄 사람이라면 무조건 최소한의 공통분모를 찾아 데려와야 한다. 이 투쟁에서는 노암 촘스키(Noam Chomsky)라는 세계적인 운동권 거목부터 한진중공업의 착취를 당하는 필리핀의 동료에 이르기까지, 또한 국내 야당 정치인부터 미술인과 작가에 이르기까지 다양한 사람이 경계를 초월하여 연대했다. 여기에 박원순 당선으로 표현된 신자유주의와 극우 정권에 대한 총체적인 거부 반응도 크게 작용했다.

이 투쟁은 끝이 아닌 시작이다. 이 나라에는 아직도 몇 년째 투쟁을 이어가는 많은 노동자가 있다. 그들에게도 사회 전반의 연대가 절실하게 필요하다. 한진중공업 투쟁 승리가 자양분이 되어 개별적 직장을 넘어 전국적으로 비정규직 투쟁이 조직되기를 기대해본다.

고독한 싸움을 위로하는 희망버스

신자유주의가 구미권에서 수십 년 동안, 그리고 국내에서는 거의 15년 동안 건재한 것은 노동자 계급을 철저하게 분산하고 파편화할 수 있었기 때문이다. 지금 우리에게는 과연 단결 투쟁을 함께할 수 있는 노동자 계급이 있을까?

　다소 심한 경우이지만 대학교라는 지식 경제의 한 중요한 공장을 보자. 10여 년 전, 사립대 정교수의 평균 연봉은 1억 5,468만 원 정도였다. 그러니까 한 달에 약 1,300만 원 정도를 받은 것이다. 이에 비해 비정규직 시간 강사의 월 평균 수입은 120~130만 원 정도였다. 동일한 박사 학위를 가지고 동일한 노동을 하지만 보수에서 열 배의 차이가 난다면 과연 같은 노동자라고 할 수 있을까? 게다가 전임교수에게는 지배층으로 포섭되는 기회가 있다. 이것까지 계산하면 적어도 대학에서는 노동자 계급의 최상위가 이미 체제 안으로 완벽하게 편입되었음을 확인할 수 있다. 이와 같은 포섭이 가능한 것은 바로 시간강사에 대한 초과 착취로 얻는 잉여를 전임교수에게 줄 수 있기 때문이다.

그렇다면 시간강사의 노조 조직 비율은 왜 1.8퍼센트에 불과할까? 아무리 힘들어도 시간강사는 청소 노동자 같은 최말단 비정규직과는 달리 언젠가 귀족화될 확률이 있기 때문이다. 혹은 귀족은 안 되더라도 정부 연구직 공무원이라도 될 수 있기 때문이다. 시간강사 수입의 60~70퍼센트가 될까 말까 하는 월급을 받는 저학력 말단 비정규직에게는 그런 희망마저도 전무하다. 그렇기 때문에 학교에서 가장 치열하게 투쟁하는 주체는 바로 비정규직 청소 노동자일 수밖에 없다.

　한국에서 차지하는 교수의 특수한 위치를 고려한다면 대학은 좀 특별한 경우에 해당한다. 그러나 이러한 경향은 일반 공장에서도 매한가지다. 사립대 정교수라면 몰라도 현대자동차 정규직 노동자를 귀족이라고 부르는 것은 어불성설이다. 그들은 심하면 1년에 3,816시간이나 일해야 한다. 이는 미국이나 일본의 자동차 공장 노동자가 일하는 시간에 비해 두 배나 많다. 궁극적으로 현대자동차 노동자는 회사 주주들의 돈벌이를 위한 인간 기계에 불과하다. 그래도 현대자동차 정규직 노동자는 살인적 노동의 대가로 한 달에 280만 원 가까이 받는다. 그 정도면 귀족은 아니더라도 적어도 자녀를 대학에 보내고 가끔 동남아 등지로 휴가를 다녀올 수 있는 등 중산층 하층부에는 편입될 수 있는 수준이다.

　그러나 비정규직은 정규직과 똑같거나 더한 살인적 노동을 하면서도 한 달에 100~150만 원 정도밖에 받지 못한다. 거의 두 배 이상의 차이가 난다. 그 노동자는 중산층 하층부가 아닌 도시 빈민에 속할 것이다. 신자유주의 시대에는 같은 노동자라 하더라도 그 안에 이미 여러 가지 서로 다른 세계가 존재한다. 자본이 노동자 계급을 파편화하고 단결 투쟁을 원천 봉쇄하려고 하는 것은 불문가지의 일이다.

희망버스의 의미

　　　　　그렇다면 희망버스의 의미는 무엇일까? 무엇보다도 이와 같은 자본과 국가의 파편화 전략에 맞선다는 의미가 있다. 정규직, 비정규직, 사무직, 생산직, 저학력층, 고학력층 따질 것 없이 노동자들이 다 같이 하나의 함성으로 자본가에게 '*Basta*(그만)'라고 외쳐보자는 것이다. 대법원을 포함한 모든 공공 기관의 정규직 전환 관련 판결까지 무시하는 최악의 '갑질'을 그만두라! 비정규직 임금 착취로 그만 배를 채우라! 노동자의 생명과 건강을 그만 무시하라! 노동자를 기계처럼 취급하지 말라! 우리는 기계가 아니다!

우리는 아직 힘이 미약하다. 우리에게는 아직 대중적인 노동자 정당이 없다. 그 대신에 아직도 종파주의에서 완전히 벗어나지 못한 군소 좌파 정당 세 군데가 사회의 주목을 거의 받지 못한 채 고전을 면하지 못하고 있다. 노동자의 정치력은 어느 건설업 업주 조합 하나에도 미치지 못할 것이다. 그래도 희망을 잃지 말아야 한다. 각자에게는 다 버거운 일상과 어려운 사정이 있다. 그래도 희망버스가 보여준 역사적 의미를 감안하여 어렵더라도 연대의 버스에 타야 한다. 결국 이와 같은 연대와 만남 속에 생명의 힘이 있을 것이다.

문명사회와 은폐된 폭력

110~120년 전 일본이나 개화기 조선에서 가장 유명한 서구 철학자는 적자생존의 논리로 알려진 허버트 스펜서(Herbert Spencer, 1820~1903)였다. 그는 찰스 다윈(Charles Darwin, 1809~1882)의 자연 도태설을 인간 사회에도 적용하여 '국가는 자연스럽게 도태되는 빈민을 절대 구제하지 말아야 한다'는 특유의 친자본적 가혹성을 보였다. 하지만 산업혁명 초기의 자유주의자답게 그는 산업사회의 발전이 사회를 훨씬 덜 군사적이고 폭력적으로 만들 것이라고 보았다. 그가 생각한 사회 진화는 결국 '점차적인 비폭력화'를 의미했다. 적자생존을 노골적으로 내세우는 것은 제2차 세계대전 이후로는 별로 인기 없는 일이 되었다. 하지만 지금도 상당수의 온건 자유주의자들은 스펜서의 가설대로 산업사회의 문명화가 점차적인 비폭력화로 이어질 것이라고 믿는다.

하버드대학의 스티븐 핑커(Steven Pinker)는 《우리 본성의 선한 천사: 인간은 폭력성과 어떻게 싸워왔는가》에서 폭력 감소 추세를 통계적으로 뒷받침하려고 노력했다. 하지만 핑커의 논리는 폭력을 너무 좁게, 즉 살인으로만 규정한 데 문제가 있다. 후기 자본주의 사회의 사람도 살인을 하지만 그는 주로 세계 체제 주변부의 자원 지대에 가서 한다. 미군이 아프가니스탄의 원주민을 토벌하는 데 열을 올린 것도 그러한 예다. 게다가 한국군, 노르웨이군, 핀란드군 같은 이른바 문명국 군대도 여기에 가세했다. 결국 아프가니스탄의 원주민 광신도에게 사실상 패배를 당한 꼴이지만, 좌우간 그 과정에서 미군은 원주민을 아주 요긴하게 이용했다. 미군에게 아프가니스탄의 원주민은 신종 무인 폭격기를 시험해보기 위한 일종의 인체 실험 재료에 불과했다. 하지만 이것은 자원 지대의 이야기이고, 제조업 국가인 우리와는 관계가 멀다.

핑커의 주장과 달리 우리 사회에서 폭력은 전혀 수그러들지 않았다. 그 주된 폭력의 형태는 자본의 횡포, 이른바 갑질이다. '갑'은 파견 업체를 통해서 1년 계약의 비정규직을 모집해서 정규직과 같은 라인에서 일하게 한다. 비정규직은 정규직과 동일하거나 오히려 더 힘든 일을 한다. 그들이 비정규직 보호법에 의거해서 정규직 전환을 요구하기만 하면 갑은 바로 계약을 해지하고 그들은 내보낸다. 직장 이외에는 사실상 어떤 복지도 존재하지 않는 사회에서, 실업 수당을 최장 10개월간 받고 나면 그저 굶어 죽을 수밖에는 없는 사회에서, 갑의 이러한 횡포는 그 자체가 폭력이다. 무엇보다도 가장 기초적인 정의를 모조리 짓밟는 강자의 부당 대우는 바로 광의의 폭력에 속하지 않을까?

이런 시각에서 본다면 핑커의 주장과는 정반대로 우리 사회는 비폭력화되기는커녕 오히려 신자유주의적 패악질이 누적됨에 따라 더

더욱 폭력화되고 있다. 그리고 그 폭력화 과정의 중심에는 비정규직 문제가 있다.

진정한 폭력자는 누구인가

폭력이 성립하자면 꼭 몽둥이를 들고 누구를 향해 돌진해야 하는 것은 아니다. 비정규직이 아니더라도 주 60~70시간 이상 일하고 몇 년이 지나면 태심한 골병으로 고생하는 노동자는 여전히 많다. 재벌 기업은 노동자에게 가하는 엄청난 신체적 폭력의 대가로 몸집을 키워간다. 여기에서 파생되는 일상의 온갖 부수적인 폭력을 생각하면 더욱 착잡하다. 기업의 이윤 극대화를 위해 바치는 인생의 무의미함과 서러움을 잊기 위해서 마시는 술이 내 몸에 가하는 폭력, 술기운에 가족과 주변 사람에게 저지르는 폭력, 세계 최장 시간 노동으로 인해 아이들에게 충분한 애정을 주지 못한 데서 비롯되는 학교 폭력 등. 정규직 노동자도 폭력을 먹고 사는 이 사회에 온몸으로 노출되어 있지만, 밥통마저도 언제나 아주 부당하게 빼앗길 수 있고 아무리 더 힘들게 일해도 동료로 취급받지 못하는 비정규직 노동자가 체감하는 폭력의 수위는 어느 정도일까?

보수 언론은 울산 현대자동차 공장으로 간 희망버스를 폭력으로 매도했다. 국가는 여기에 편승하여 희망버스 조직자에 대해 구속 수사 등으로 위협했다. 애당초부터 정규직으로 고용해야 할 사람들을 임금을 착취하기 위해 비정규직으로 고용하여 그 피땀을 쥐어짠 자본의 폭력성은 아예 관심 밖이었다. 정규직 전환에 대한 대법원의 판결마저도 무시한 현대자동차 자본의 온갖 불법적 행태는 폭력의 정의에 들어 있지 않은 모양이다. 희망버스 참석자들이 사측이 고용한 용역이 던진 돌이나 그들이 발사한 분말기에 머리가 깨지고 얼굴이 찢어지고 피를 흘리는 등 직접적인 폭력을 당해도 모두 무시당한다. 대부분의 피해자는 자신의 이름을 밝히고 구급차에 실려 병원 가는 것조차 극도로 피할 정도로 국가와 자본의 보복을 우려했다. '을'이 맞아 터져도 갑의 보복이 두려워서 아무 말도 하지 못하는 것이 우리의 현실이다.

국가와 자본의 폭력은 은폐되어 논외로 다루어지고, 사측이 고용한 용역에 맞선 희망버스 참가자의 행동만이 폭력으로 규정되는 상황, 이것이야말로 폭력성의 극치다. 자본은 진작 정규직이 되었어야 할 사람을 10년 넘게 불법적으로 비정규직으로 고용해왔고, 그의 조합 활동을 계속 탄압했으며, 정규직으로 전환하라는 대법원의 판결까지도 무시했다. 이런 상황에서 절망에 빠져 깃대를 잡고 발버둥치는 을을 문제 삼기 전에 지금까지 갑이 무엇을 해왔는지를 소상히 밝혀야 한다. 사업주는 노동자들을 악질적으로 쥐어짜 약 10년간 수천억의 누적 배당금을 챙기고, 교육 관료는 학생이나 직원을 언제 사고가 나 죽을지도 모르는 해병대 캠프에 보내 인간을 병기화하며, 노동자들은 절망에 빠져 항거하지만 오히려 폭력자로 규정되는 이런 사회에서 을이 생존하는 것은 불가능할 것이다.

불행한 역사의 압축판, 밀양

서울의 아파트촌, 수도권 명문대의 얄팍한 글로벌리즘, 휴대폰을 만지지 않고서는 1분도 버티지 못하는 서울의 외로운 군중에게 그어떤 특정한 현지성이 있을까? 하나의 시장이자 도살장이 되고, 나아가 인류의 커다란 무덤이 될 이 글로벌한 세계에서 현지성은 오락이나 취미나 재미 이상의 가치를 갖지 못한다. 돈부터 언어까지 가장 중요한 부분은 초국가적이고 초지역적으로 균질화되어 있기 때문이다.

밀양에서 한국전력, 공무원, 경찰이 벌이는 폭거는 어떻게 보면 최근 약 100년간의 한국사를, 아니 어쩌면 아시아사 전체를 상징한다. 아시아 근현대사를 설명하는 무시무시한 키워드인 '개발'을 좀 더 정확하게 해석하자면 농촌에 대해 도심 엘리트가 거둔 완승이자 농촌을 폭력적으로 해체하는 과정이다. 이와 같은 일이 밀양에서 벌어지고 있다.

한국 민중의 암흑기이자 이 땅의 자본주의 여명기이던 일제 강점기, 이병철(李秉喆, 1910~1987)은 정미소에서 나온 이득으로 마산 근방의 땅을 사재기했다. 그리고 작인들을 쥐어짜 거두어들인 돈으로 1938년에 미쓰보시(三星)상회를 설립했다. 그 이름에는 미쓰비시(三菱), 미쓰이(三井)처럼 크게 되겠다는 포부가 담겨 있다. 이병철의 자손은 이제 일본어보다 영어에 능통할 것이고, 위대한 황군에 군납하는 대신 세계적으로 휴대폰 장사를 해서 그 이름을 오대륙에 날렸다. 하지만 그의 밥이었던 마산 근방 소작인의 이름을 아는 사람은 없다. 그들에게서 얼마의 소작료를 받았는지도 알 수 없다. 김요협(金堯莢, 1833~1909), 김기중(金棋中, 1859~1933), 김성수(金性洙, 1891~1955) 일가의 경성방직, 동아일보, 보성전문학교도 부안과 고창 농민들에 대한 악질적 착취 위에 세워진 것이다. 착취한 쪽은 선구적인 지주와 애국적 사업가로 불리게 된 반면, 착취당한 쪽은 그 이름조차도 역사에서 지워졌다.

도시의 식민지가 된 농촌

　　　　일제 때에도 그러했지만 박정희의 개발도 농촌 쥐어짜기에 불과했다. 물론 그것은 새마을운동 같은 선심을 가장한 미봉책으로 호도되었다. 그 결과 저곡가 정책으로 도농 격차는 아예 고질화되었는가 하면, 과거 소작의 악폐도 되살아났다. 또한 농촌의 저임금 노동력이 도시로 몰리면서 농촌은 피폐해지고 고령화되었으며, 군부대에 의한 토지 강제 수용으로 농민은 계속 울어야 했다. 강군화와 공업화 정책에 몰두한 정권 아래에서 토지 수용 보상이란 쥐꼬리만 한 것이었고, 최소한의 불만 표시도 무시무시한 국가 폭력을 불렀다. 한국은 근대화와 산업화에 성공했다고 외치는 뉴라이트 따위는 밀양에 가서 그 성공의 진면목을 직접 구경해보기를 바란다.

그런데 밀양의 비극은 과연 역대 정부와 공무원 집단과 한전만의 만행일까? 원전은 식민지 백성 격인 지방 사람의 생명을 담보로 한 것이다. 거기에서 나오는 전기 덕에 윤택한 삶을 즐기는 사람은 바로 중심부 중산층에 속한 우리 자신이다. 우리는 컴퓨터와 휴대폰 없이는 잠시도 지낼 수 없을 만큼 전기 제품에 중독되어 있다. 또한 하루에 서너 시간 이상 바보상자를 보는가 하면, 승강기와 에어컨에 길들여져 있다. 의식적으로 전자 제품 사용을 자제하고 필요할 때 필요한 만큼만 써보는 것은 어떨까? 결국 원전에서 나오는 전기를 써대는 우리 역시 밀양 주민에게는 가해자일 것이다.

2부

요동치는 세계, 딜레마에 빠진 세계

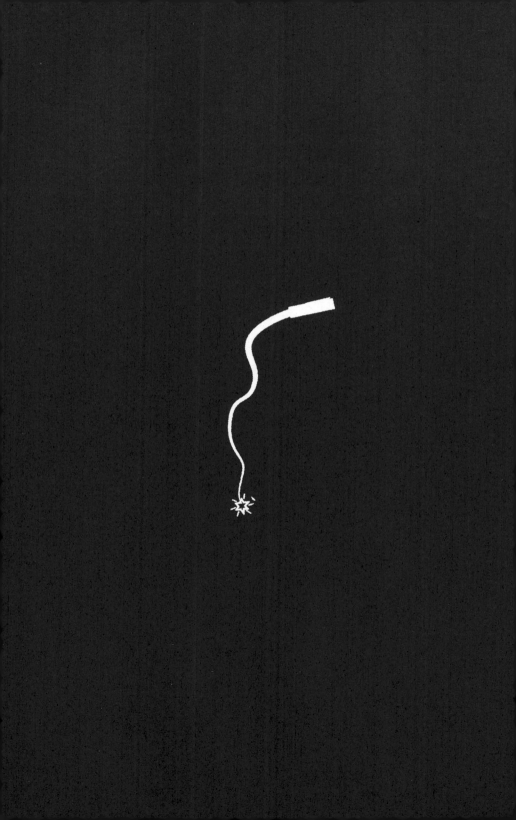

신자유주의는 몰락하는가

신자유주의의 세계적 몰락

대한민국은 기본적으로 선박 같은 특정 자본재와 중간급 소비재 수출로 유지된다. 독재 시절 말기 대략 60퍼센트에 불과하던 무역 의존도는 신자유주의적 민주화 과정을 거치면서 거의 80퍼센트 이상이 되었다. 남한의 국민총생산에서 수출이 차지하는 비율은 43퍼센트다. 우리와 산업 구조가 흡사한 일본의 수출 의존도는 11퍼센트에 불과하다. 수출 의존도 차원에서 볼 때 남한과 가장 유사한 나라는 사우디아라비아 같은 석유 수출국이다. 독일이 아무리 최근 10년간 노동자 임금을 억제하고 저가 상품 수출을 통해 성장을 도모하는 등 한국과 비슷한 길을 걸어왔다 해도 아직까지 수출 의존도는 33퍼센트 정도다.

한국이 일부 자본재와 자동차, 휴대폰 등 특정 소비재를 팔아서 사오는 것은 에너지와 식량이다. 2010년 기준 한국의 식량 자급률은 일본보다 약간 높은 51퍼센트이지만, 곡물 자급률은 거의 산업화된 세계에서는 보기 드문 26퍼센트에 불과하다. 쌀을 제외하면 한국은 자급률을 운운할 것도 없다. 가령 밀 자급률은 0.4퍼센트밖에 안 된다. 우리가 평소에 잘 인식하지 못하지만 한국 농정의 총체적인 실패는 가히 재앙적인 수준이다. 북한의 식량 자급률은 약 75퍼센트 정도다. 1990년대 초반 소련에서 거의 공짜에 가까운 가격으로 공급받던 석유가 끊기면서 식량 위기로 무수한 인민이 굶어 죽기도 했다. 하지만 에너지 대외 의존도는 남한이 북한보다 심하며, 식량 자급률도 훨씬 낮다.

지난 10년간 한국 경제(최근 같으면 북한의 경제까지도)를 뒷받침해온 중국의 급속 성장은 이제 끝나간다고 보아야 한다. 미국과 유럽, 일본의 침체로 수출을 통한 성장 전략은 위기를 맞이했다. 여기에 자본주의 경제의 고질병인 과잉 중복 투자, 부동산 거품 등이 가세하면서 전망은 더욱 불투명해졌다. 사회주의가 사문화되면서 실제로는 성장, 개발, 경제 성공으로 그 정통성을 유지해온 공산당은 과연 이 새로운 상황에서 계속해서 높아지는 인민의 불만을 잠재울 수 있을까? 10년 전만 해도 중국과 한국 간 지역적인 분업 구조는 우리 경제를 성장시키는 확실한 요인으로 인식되었다. 하지만 지금은 중국과 연동된 성장의 한계부터 뚜렷하게 보인다.

새로운 경제적, 사회적 모델을 위하여

중국이 그나마 성장하는 것은 국가가 주요 은행을 소유하여 부실 문제를 나름대로 해결해주고 엄청난 규모의 부양책을 쓸 수 있는 현실 사회주의의 유산 덕분이다. 하지만 신자유주의가 한층 공고하게 뿌리를 내린 유럽은 당분간 유의미한 성장을 기대하기란 어려워 보인다.

유럽연합은 유럽의 공업화된 핵심부(독일, 네덜란드, 벨기에, 프랑스, 북부 이탈리아, 스칸디나비아) 자본과 상품을 그 주변부(남유럽, 동유럽)로 자유롭게 이입시키고 주변부 노동력을 착취하는 모델이다. 그러나 역사적으로 좌파 운동이 강한 남유럽에서부터 이 모델에 대한 대규모의 반란이 시작되고 있다. 한편 대주변부 수출을 최대화하기 위한 핵심부 노동자의 임금 억제는 내수 침체 요인으로 작용하여 경제의 총체적 부실을 낳았다. 결국 유럽연합은 실업과 무제한적 착취에 노출된 주변부 노동자에게도, 계속되는 임금 억제와 비정규직화에 노출된 핵심부 노동자에게도 그저 재앙일 뿐이다.

이것을 완전하게 인식하는 데에는 시간이 걸리겠지만 유럽에 민주주의가 약간이라도 남아 있는 한 유럽연합은 분명 파열하고 말 것이다. 파쇼 독재 정도가 아닌 한 이 괴물을 장기적으로 유지할 힘은 없다. 그러나 미래가 어떻게 되든지 앞으로 남유럽은 전 세계의 신자유주의적 질서를 계속 교란하는 태풍의 눈으로 남아 있을 것이다.

중국 같은 준주변부에서든 유럽 같은 핵심부에서든 신자유주의적인 세계 질서는 점차 몰락을 향해 가고 있다. 그 몰락이 아직은 시작 단계이지만 장차 가속화되면 무역에 절대적으로 의존하는 한국 경제에는 사형 선고가 내려질 수도 있다. 비정규직, 하도급 노동자를 무자비하게 쥐어짜 특정 품목을 수출함으로써 재벌의 배를 불리는 지금과 같은 경제 모델은 반민중적이고 비도덕적이다. 그뿐만 아니라 그 모델은 하등의 지속성도 없고, 세계 상황의 변화에 따라 내파되기가 매우 쉽다. 말하자면 그것은 저 침몰한 타이타닉호와 다를 것이 없다. 쥐꼬리만 한 임금을 받는 계약직 선원, 1등과 3등 객실 간의 천양지차, 그저 신화에 불과한 침몰 불가능성, 이것이 타이타닉호의 실상이었다.

신자유주의의 몰락에 대한 유일한 대응책은 경제적, 사회적 모델을 바꾸는 것이다. 즉 주요 대기업, 은행, 교육, 의료 같은 주요 부문을 사회화함으로써 사회적 격차를 줄이는 데 초점을 맞추어야 한다. 무엇보다 친환경 에너지를 개발하여 석유와 가스 소비를 대체하고 탈핵을 모색해야 한다. 또한 농업 발전에 사회의 모든 자원을 집중하고, 비정규직을 정규직화하며, 저임금 노동자의 임금은 대대적으로 인상하여 내수의 기반을 다져야 한다. 이러한 인간 중심의 계획적이고 사회적인 경제만이 궁극적인 대안이 될 수 있을 것이다.

신자유주의의 위기와 유럽 좌파의 대응

거시적 시각으로 본다면 2008년 이후 불어닥친 세계 자본주의의 위기 중심에는 유럽이 있다. 여기에는 몇 가지 중요한 이유가 있다.

첫째, 유명한 마르크스주의 논객인 사미르 아민(Samir Amin)이 지적한 대로 세계 체제의 또 다른 축인 미국이나 일본과는 달리 유럽은 단일한 국민국가가 아닌 국민국가의 연합 형태다. 미국이나 일본에도 저임금 노동 착취나 시장 이용을 용이하게 하는 지역적, 경제적 편차가 존재하지만, 이곳의 사회 복지 제도는 주변부에까지 적용된다. 또한 지자체가 부도 위기에 몰리면 중앙 정부가 어느 정도 봉합할 수 있다. 반면 유럽에서는 독일식 사회 복지 제도가 그리스를 포용하지 않는다.

둘째, 달러와 달리 유로는 아직 기축통화의 역할을 하지 못하고 있다. 기축통화 인플레와 국채 남발로 인한 위기 봉합을 미국에서라면 할 수 있어도 유럽에서는 할 수 없다. 2013년 유로의 세계 시장 점유율은 22퍼센트에 불과한 반면, 달러의 시장 점유율은 62퍼센트 정도였다.

셋째, 동아시아의 핵심부(일본)와 준핵심부(한국, 대만)는 중국과 일부 동남아시아 국가의 고성장으로 직접 투자와 무역을 통해서 이득을 볼 수 있었다. 또한 중국과 분담하는 구조로 인해 세계 경제 위기에서 어느 정도 비껴 있을 수 있었다. 반면 유럽의 주변부인 중동과 구소련은 고성장과 하등의 관계가 없다. 결국 북유럽의 자본(특히 프랑스, 벨기에와 광의의 독일권인 독일, 오스트리아, 네덜란드 등)이 만들어낸 유로존이라는 유럽식 신자유주의의 구조물은 세계적 신자유주의 체제의 취약한 고리가 되고 말았다.

한국과 다른 유로존의 특징이라면 전통적으로 노동운동이 매우 강세를 보인 지역이라는 것이다. 일본에서는 1991년 신자유주의로 정책을 전환할 때 고이즈미 준이치로(小泉純一郎)의 자민당 정권으로 대변되는 극우파가 주도했다. 미국과 한국에서는 각각 빌 클린턴(Bill Clinton)과 김대중이라는 우파적 자유주의자가 주도했다. 반면 유럽에서는 노동운동 진영의 신뢰를 받던 사민주의자가 나섰다. 영국의 토니 블레어(Tony Blair), 프랑스의 리오넬 조스팽(Lionel Jospin), 독일의 게르하르트 슈뢰더(Gerhard Schröder)가 그런 이들이다. 이런 점에서 볼 때 유럽의 신자유주의는 사민주의적 신자유주의라고 규정할 만하다.

유럽이 신자유주의의 길을 걷게 되면서 무엇보다도 사민주의가 노동자에게 호소할 수 있는 핵심인 복지는 뒤로 밀려났다. 그 대신 생산력 기반에 대한 소유 관계나, 주변부적 노동을 둘러싼 사회적, 정치적 관계가 개악되었다. 예를 들어 슈뢰더의 사민당은 무상 의료와 무상 교육 개악은 아직 미미하지만, 거의 500만 명에 이르는 노동자로 하여금 미니잡을 갖도록 했다. 한 달에 400유로(약 60만 원)만 벌면서 세금은 전혀 납부하지 않고 최저 생계선까지의 남은 금액을 사회 복지 제도로 받았다. 복지국가가 존재하지 않았다면 이와 같은 상상을 초월한 비전형 노동에 대한 초과 착취도 불가능했을 것이다. 바로 여기에서 복지주의와 신자유주의 간의 연결 고리를 실감할 수 있다. 오늘날 독일에서 저임금 노동자는 약 20퍼센트 정도 된다. 이는 이탈리아보다 두 배 이상 높은 수치다. 이와 같은 개악이 사회적 내파로 이어지지 않은 것은 결국 사민주의자들이 어느 정도 보존한 복지 제도 덕분이다.

급진적 정당 건설은 왜 어려운가

예전에는 볼셰비키가 사민주의자를 개량주의자라고 비판했지만, 오늘날 유럽의 사민주의는 그 어떤 개량과도 무관한 신자유주의의 첨병 세력으로 둔갑하고 말았다. 이와 같은 상황에서 좌파는 사민주의보다 더 왼쪽에 있는 것으로 자리매김되었다. 일면 최근 위기의 깊이로 보나, 유럽 급진 운동의 전통으로 보나, 사민주의보다 더 왼쪽에 있는 급진적 좌파 정당 건설은 그리 어려운 일이 아닌 것으로 보인다. 그러나 실제로는 다음과 같은 문제가 있다.

첫째, 사회적 지지 기반. 전통적으로 유럽 좌파는 노동운동을 정치 세력화한 데서 나온 결과물이다. 그러나 백인, 고숙련, 중년층 이상, 공공 부문이나 대기업 노동자 위주의 기존 노조는 사민당의 우경화를 비판하면서도 대부분은 사민당을 여전히 조직적으로 지지한다.

일종의 비판적 지지라 할 수 있다. 그런데 왜 이와 같은 포획 장치에 상부의 노조 관료뿐만 아니라 상당수의 일반 조합원도 들어가는 것일까?

우리가 한 가지 깨야 할 것이 있다. 그것은 노동계급의 단일성 신화다. 생산 시설을 소유하고 관리하는 데서 소외당하는 이상 모든 노동자는 하나의 계급을 이룬다. 하지만 노동계급 안에서의 여러 계층 간 관계는 상호 모순으로 점철된다. 예를 들어 독일의 한 레스토랑이 미니잡의 형태로 터키 여성을 웨이트리스로 고용하고, 인건비 절약 효과로 맥주와 소시지의 값을 50센트~1유로 정도 내렸다고 가정하자. 제품의 가격 인하로 판매량이 제고되고 여기에서 발생되는 잉여는 일차적으로 레스토랑 주인이 가져갈 것이다. 하지만 좀 더 싼 값에 외식을 할 수 있게 된 백인 정규직이자 노조 조합원인 철도 기관사는 고객으로서 기분이 나쁠까? 그리고 미니잡과 육아와 가사로 정신없이 바쁜 그 터키 여성으로서는 조합에 가입해서 조합비를 내는 것이 과연 쉬운 일일까? 같은 계급 안에서도 고용 형태, 성별, 인종, 조직화 여부, 연령 등으로 다양한 차이와 모순이 존재한다. 지배자는 이러한 차이와 모순을 효과적으로 이용하여 노동계급을 분리한다. 이와 같은 상황에서 급진 좌파가 과연 고숙련, 백인, 남성, 중년 이상의 조직 노동자들에게 호소하는 것이 쉬울까?

둘째, 사민주의 세력과의 관계 정리. 사민주의는 정책상으로는 반동적이라 해도 그 지지 기반은 급진주의자와 일부분 겹친다. 그런 만큼 두 진영은 자연스럽게 연합을 말한다. 그러나 독일 베를린의 급진 좌파당과 사민당의 연합 정부는 오랫동안 긴축 정책을 강행하는 등

반노동적 정치를 펼쳤다. 따라서 이와 같은 연합은 좌파 세력이 사민주의의 자장 안으로 포획되는 것을 의미할 가능성이 매우 높다. 실패한 연합 중 가장 유명한 사례로는 영국의 사회주의 노동당과 주요 야당인 노동당의 좌파인 조지 갤로웨이(George Galloway) 의원의 존경연합(Respect Coalition)을 들 수 있겠다. 이 연합은 결국 분열하여 지금은 하나의 군소 정당이 되고 말았다.

셋째, 극우 세력과의 경쟁. 유럽의 극우는 소부르주아지에서 출발하지만, 오늘날 프랑스의 국민전선이나 노르웨이의 진보당(이름과 달리 극우 계열의 정당이다)을 지지하는 절대 다수는 이민자와 경쟁해야 하는 하급 저숙련의 백인 남성 노동자다. 급진 세력은 이들 저임금 백인 남성 노동자를 놓고 극우와 경쟁해야 하는데, 충분히 호소력이 있는 비전을 제시할 수 있을지는 의문이다.

넷째, 비자본주의적 미래의 비전. 몇 해 전 독일 좌파당의 한 당직자는 한 신문에 기고한 글에서 현재 독일의 절차적 자유민주주의만으로는 친환경적이고 민중 본위의 미래 사회를 만들지 못할 가능성이 크다고 지적했다. 그는 '민주주의를 부정하느냐?' '동독식 공산주의로 회귀해야 한다는 것이냐?' 등의 공격을 받았다. 하지만 투표만으로는 자본주의를 넘어설 수 없다는 것도 엄연한 사실이다. 그렇다면 투표 이외의 수단으로는 어떤 것이 있는지, 미래의 민주적 사회주의는 구체적으로 무엇을 의미하는지 급진적 정당의 지식인은 답해야 한다.

무엇을 할 것인가

　　　　　독일 좌파당이나 그리스 급진 좌파 연합인 시리자의 경험으로 볼 때, 그들의 핵심 지지 세력은 청년, 실업자, 연금 생활자, 자기 능력만큼 더는 취직을 할 수 없는 고학력 하급 사무직 노동자, 일부 조직 노동자 등이라 할 수 있다. 좌파 정당은 대체로 주변부 노동을 급진화함으로써 중심부 조직 노동의 급진화를 견인해야 한다. 좌파 정당이 사민당의 일선 당원을 급진화하려고 노력한다거나, 특정한 사안을 두고 사민당과 전술적 연합을 할 수는 있다. 하지만 무엇보다도 조직의 독자성과 급진적 비전에 대한 비타협적 태도를 견지하는 것이 중요하다.

　좌파 정당은 극우에 맞서 부유층에 대한 증세, 공공 부문 일자리 창출, 저임금 노동자에 대한 사회적 보호 강화 등을 비전으로 제시함으로써 승부를 겨루어야 한다. 그리고 특히 환경 문제는 자본주의가 존속하는 한 해결할 수 없음을, 혁명이란 유혈을 위한 유혈이 아니라 지구를 보존하고 기아와 전쟁을 지우기 위한 대중적 행동임을 강조해야 한다.

그리스에 대한 단상

유럽인 중에서도 그리스인에게 해외 휴가는 일상적인 일이 아니다. 이것은 최고 상류층과 일부 중산층에만 해당할 뿐이다. 그리스의 최고 상류층은 여느 주변부, 준주변부 국가의 최고 상류층과 마찬가지로 일상에서 그리스어가 아닌 영어를 쓰고, 아테네가 아닌 런던이나 뉴욕에 거주한다. 그들을 제외한 대다수의 그리스인에게 해외행은 휴가가 아닌 이민을 의미한다. 최근에는 1년에 약 7~8만 명의 그리스인이 영원히 고향을 떠나 독일이나 호주 같은 핵심부 국가로 가고 있고, 그 추세는 계속 늘어나고 있다. 그들은 주로 식당 노동자, 웨이터, 청소 노동자 같은 저임금 노동을 담당한다. 현재 약 55퍼센트에 이르는 그리스 청년 실업자의 꿈은 혁명이나 이민이다. 1940~1960년대 그리스는 유럽에서 가장 가난한 주변국 중 하나였다. 그때의 상황이 지금 그대로 재현된 듯한 기시감마저 든다. 한때 나라를 발전시킬 것으로 보이던 자본주의는 결국 그리스 현대사의 시계를 거꾸로 돌려놓고 말았다.

　그리스는 지금 높은 실업률로 전례 없는 고통을 받고 있다. 학교에서는 빈민이 된 부모의 아이가 수업하다가 배가 고파 기절하고, 병원에서는 의약품 부족으로 환자가 죽어간다. 놀랍게도 그들은 이렇게 무서운 재앙이 어디에서 왔는지 잘 알고 있는 듯하다.

그리스의 유럽연합 가입은 자국의 취약한 제조업에 대한 보호관세와 보조금 지급 등을 불가능하게 했다. 대신 독일 등에서 들어온 물건을 원활하게 유통하기 위하여 국산을 고사시켰다. 또한 유로존 가입으로 인해 적당한 인플레 정책을 통한 경기 부양도 할 수 없게 되었다. 한편 여러 국제 은행은 쉬운 돈을 벌 셈으로 앞다투어 경쟁적으로 그리스에 차관을 제공했다. 게다가 유럽연합과 국제통화기금은 상환 능력도 없는 나라에 구제 금융이라는 미명 아래 새로운 차관을 강요하다시피 떠안겼다.

모두 이구동성으로 이렇게 말한다. "국제 은행이 우리를 레몬처럼 쥐어짜낸다", "아무리 돈을 벌어도 어차피 다 차관 이자로 날아가고 우리는 영원히 빈민으로 남는다", "유럽연합과 국제 은행 사업가는 우리를 사실상 약탈한다"라고. 비록 마르크스주의적 용어로 표현하지는 않더라도 그리스 같은 유럽의 주변부 국가는 결국 중심부 열강의 대자본 축적 과정에서 이용만 당하고, 지금은 그 대가를 치르고 있다는 사실을 모두 직감하고 있는 것 같다. 물론 텔레비전이나 보수 일간지에서는 이와 다르게 말한다. 하지만 모두 이렇게 직감하고 있다는 것은 그만큼 매체를 통한 위로부터의 세뇌가 한계에 이르렀음을 뜻한다. 망가져가는 세상에서는 위에서 하는 거짓말이 종전처럼 더는 통하지도 않는다.

흔들리는 자본주의

이런 상황에서 그리스 공산당은 유럽연합에서 완전히 탈퇴하는 것과 일자리를 창출하는 국가 주도의 계획 경제를 비전으로 제시한다. 하지만 그들에 대한 지지율은 11~12퍼센트에 머물러 있다. 그들보다 약간 오른쪽에 있는 급진 좌파 연합인 시리자는 약 40퍼센트까지 지지를 받는데, 공산당은 왜 통 지지를 받지 못하는지 자문해볼 수 있다. 신자유주의적 자본주의가 그리스에서는 이미 상상 이상의 재앙으로 귀결했는데도 말이다.

조직 노동자나 실업으로 가장 많은 고통을 받고 있는 젊은이야 급진 좌파를 쉽게 지지한다. 하지만 약간이라도 재산을 가지고 있는 중소 부르주아나 자영업자, 중간 관리자 등은 유럽연합 탈퇴와 같은 그야말로 혁명적 조치는 두려워하는 것 같다. 약 20~30년 전부터 어느 정도 잘 살게 되었지만 이제 다시 하락 곡선을 타게 된 약소국의 시민으로서는 섣불리 혁명적 조치에 동의하기 쉽지 않을 것이다. 나름대로 성장해온 지난 몇 십 년간 저축한 것도 있고 하니 행여 전부 잃을까 봐 무서운 것이다.

위기가 깊어짐에 따라 몰락하는 중산층의 이러한 조심성 혹은 보수적 공포심은 절로 극복될 것이다. 아직 일부 그리스인은 유럽연합에 대해 실낱같은 기대를 가지고 있다. 하지만 장차 불황의 늪이 더 깊어지고 실질 소득이 감소하며 유럽연합과 국제 은행가의 요구가 비현실적이 되면 국민 다수는 결국 좌절과 분노의 끝을 볼 것이다. 그리고 그 끝에서 새로운 희망을 볼 것이다.

그 희망이란 바로 지금까지 체험한 자본주의와는 다른 종류의 사회적, 경제적 모델이다. 물론 현재 그리스가 걷고 있는 것처럼 자본주의적 환상에서 벗어나는 일은 아주 고통스럽다. 이윤 추구의 시스템이 다수에게 안정적이고 여유 있는 삶을 가져다준다는 인류 최악의 거짓말의 실체를 보기 위해서는 그와 같은 고통이 역사적으로 필연적인 모양이다. 한국의 수출 위주 경제 모델이 내파될 때 국민이 느낄 고통은 그리스보다 훨씬 무거울 것이다. 그리스에는 그나마 약간의 복지 제도라도 존재하기 때문이다.

현대 유럽의 전체주의

내가 13년 전 노르웨이로 이주했을 때는 일반 자본주의 국가보다 훨씬 더 살기 편한 사민주의 국가에 산다는 자부심이 있었다. 살기 편한 것이야 여전히 사실이지만, 이 편함 속에서 일종의 전체주의적인 실체를 여실히 느낀다. 보통 소련이나 북한을 가리킬 때 쓰는 전체주의라는 말을 세계에서 인간 계발 지수가 가장 높은 나라에다가 쓰다니 망언이 아니냐고 반론할 수도 있다. 그러나 세상의 통념과 달리 국가와 자본이 피지배자의 모든 것을 통제하고, 피지배자는 지배 관계에 대해 전혀 반발할 수 없다는 의미에서의 전체주의는 꼭 높은 생활수준과 상관있는 것은 아니다. 오히려 그 반대로 높은 생활수준이야말로 진정한 전체주의의 중요한 전제 조건이라고 볼 수도 있다.

배가 많이 고팠던 1930년대 말의 소련에서는 전지전능하다는 그 국가도 모든 것을 지배할 엄두를 내지 못했다. 말단 노동자나 농민은 질 나쁜 가제(家製) 보트카를 마시면서 "이 관료 새끼들"하며 온갖 육두문자를 썼고, 할 수만 있다면 공장이나 집단 농장에서 무엇을 훔쳐내려 했다. 그렇게 많은 사람이 수용소로 끌려간 것도 그만큼 말단 노동자의 태업식 저항에서부터 지식인의 비판에 이르기까지 스탈린 주의에 대한 반발이 상당히 많았음을 반증한다. 스탈린주의는 전체 주의라기보다는 전형적인 좌파적 권위주의일 뿐이다. 즉 그것은 혁명을 계승했으면서도 혁명의 정신을 부정했고, 민중의 신분 상승을 가능하게 하면서도 잔혹한 수단을 통해 공업화를 초고속으로 이루려 했다. 전체주의를 시행하기에 스탈린 시대 소련의 지배자는 피지배자의 기초적인 물질적 요구마저도 제대로 충족해주지 못한 데다가, 사회에는 혁명의 계몽주의적이고 해방적인 유산이 여전히 강하게 남아 있었다.

선진형 전체주의의 특징

이와 달리 노르웨이 등 후기 자본주의 선진국은 명실상부한 전체주의를 실시하기에 좋은 상황에 놓여 있다. 일단 선진형 전체주의의 특징을 간단히 살펴보자.

첫째, 국가와 자본의 완벽한 대민 통제 능력. 후기 자본주의의 핵심부 사회는 당연히 초고속 공업화를 추진할 필요가 없다. 따라서 소련이나 북한처럼 자원 총동원 차원에서 경제를 완전히 국유화할 일도 없다. 그 대신 국가는 각 개인의 모든 경제적 활동을 빠짐없이 포착한다. 이는 과세 차원에서 필요한 일이기도 하다. 세무서에서는 모든 주민의 은행 계좌를 다 파악하고 있다.

예를 들어 책을 쓰는 것이 주요 소득원인 사람이 그 밖의 어떤 부업을 할 경우에는 반드시 세무서에 신고해야 한다. 그의 계좌에 갑자기 일정한 액수 이상의 돈이 들어오거나 빠져나갈 경우에는 그에 대한 세무 조사가 뒤따른다. 구소련이나 북한에서라면 텃밭에서 기른 오이를 팔아서 그 돈으로 옷을 몇 벌 살 수도 있지만 노르웨이에서는 불가능하다. 자유로운 농민 시장도 없거니와, 농업 관련 관청에 등록하지 않고 농작물을 생산한다거나 세무 신고를 하지 않고 판매하는 것은 상상할 수가 없기 때문이다.

모든 사람의 소득과 경제 활동을 완전하게 파악하고 통제하는 것은 복지국가 운용에 필요한 일이니 그렇다고 치자. 하지만 국가나 자본이 한 개인에 대해 아는 것은 이 밖에도 천만 가지다. 사회보장번호(주민등록번호) 없이는 약국에서 아주 일상적인 약품 이외에는 다른 약을 살 수 없다. 국가는 필요하기만 하면 은행의 데이터베이스에 남아 있는 카드 사용 내역이나 통신사가 가지고 있는 휴대폰 통화 내역 등을 통해 그 사람의 관계망부터 공간 이동에 관한 모든 정보를 입수할 수 있다. 그는 일종의 투명 인간인 것이다.

둘째, 지배 체제에 대해 피지배자가 보이는 긍정 일변도의 태도. 모든 사람이 완전한 투명 인간이 된 데 대해 다수가 경각심이라도 가지고 있으면 몰라도 노르웨이에서는 이런 우려를 찾아보기 어렵다. 여론 조사를 할 때마다 대체로 75~85퍼센트의 노르웨이 사람이 자신이 행복하다고 생각한다. 신문에서 노르웨이를 세계에서 가장 행복한 나라라고 칭할 때 이에 대해 반발하는 사람도 거의 없다. 재벌이나 정부가 무엇을 해도 절대 다수는 우리 민주 사회에서 권력 악용이란 있을 수 없다고 생각하고 넘어간다. 노르웨이판 삼성이라고 할 국영 석유 회사 스타토일(Statoil)이 알제리, 앙골라, 아제르바이잔 등 최악의 독재 국가에서 독재자와 손잡고 자원 약탈에 일익을 담당해도 거의 아무도 관심을 두지 않는다. 노르웨이 폭격기가 리비아에서 수만 명의 민간인을 비참하게 살해했다는 보도가 나와도 이에 대한 이야기도 거의 들을 수 없다. 만약 이러한 구조가 어떤 위기 상황에서 파쇼화된다면 국가가 이슬람 신자를 죽음의 수용소로 보내더라도 아무도 반대하지 않을 것이다. 마치 파쇼 독일에서 유대인 학살을 아무도 반대하지 않았듯이 말이다.

후기 자본주의의 3대 법칙

후기 자본주의 세계에는 세 가지 법칙이 있다.

첫째, 자본에는 국경이 없다는 점이다. 북한의 이동 통신 시장은 이집트 재벌이 장악하고 있고, 레닌그라드도 국제 자본의 메카다. 길을 가다 보면 한국 자동차 전용 기술 센터 홍보 포스터가 보이고, 식료품점의 물건은 상당 부분 해외 식량업 재벌의 러시아 현지 법인 공장에서 생산된 것이다. 단순 수입품도 많다. 러시아 담배 시장의 약 70퍼센트 이상은 외국 자본이 차지하고 있는 바, 외국 재벌의 현지 기업이 생산한 것 말고는 거의 보이지 않는다. 해외 투자 신탁이 러시아 대기업에 대규모 투자를 한 것까지 생각하면 사실 현지 자본과 해외 자본의 경계선 자체도 희미하다. 후기 자본주의 세계에서 중간 규모 이상의 자본은 거의 필수적으로 국제적이다. 핵심부 자본이 중진국 자본을 통제하고, 중진국 자본은 주변부 시장을 통제한다. 이러한 연쇄야말로 후기 자본주의의 특성이다.

둘째, 핵심부와 준주변부–주변부 간의 기술 시차가 거의 없다. 이 글로벌리즘 시대에 자본은 순식간에 국경을 넘고, 새 기술은 폭풍처럼 지구를 휩쓴다. 준주변부 국가인 러시아는 기술을 생산하는 핵심부와는 거리가 멀지만, 이곳의 젊은이는 돈만 있으면 최신 모델의 아이폰을 가지고 다닌다. 오히려 후발 주자인 만큼 빨리 배우고 핵심부를 앞지르기도 한다. 예를 들어 미국과 한국에서는 아직도 해외 방문객의 입국 신고서를 손으로 작성해야 하지만, 러시아에서는 이를 전산화하여 입국 심사관이 필요한 데이터를 출력한 뒤 방문객에게 준다. 후기 자본주의에서는 바로 이러한 추월이 가능하다. 이와 같은 논리의 연장선상에서 본다면 북한은 국가의 집중 투자만 있으면 중국 시장을 겨냥하는 최신 IT 상품을 개발하는 중심이 될 수도 있다.

셋째, 자본에는 없는 국경이 노동에는 엄연히 존재한다. 기술이 자유롭게 국경을 넘나드는 세상에서 자본은 무엇으로 초과 이윤을 창출할까? 바로 국경이 보장하는 노동력의 기동성 억제와 지역별 임금 차별이 그것을 가능하게 한다. 후기 자본주의 세계에서 자본이야 자유롭게 이동하지만, 자본가급이 아닌 사람의 이동은 극도로 억제되어 있다. 투자자, 즉 자본가라면 대부분의 나라에서 합법적으로 영주권을 획득하는 것이 바로 가능하다. 일정액 이상 현지에 투자만 한다면 말이다. 하지만 자본에 필수적인 일부의 전문가군 이외의 노동은 여전히 국경에 묶여 있다. 노동자가 받는 임금은 그 노동의 질이나 양보다는 그가 서 있는 지리적 위치에 우선 달려 있다. 포장이 안 좋고 교통도 계속 막히는 레닌그라드의 버스 운전사는 노르웨이의 버스 운전사보다 훨씬 많은 기술을 발휘하고 신경을 써야 한다. 하지만 그가 받는 임금(약 100만 원)은 노르웨이 운전사 임금의 4분의 1이 될까 말까 한다. 임금 격차가 이 정도로 현저하기에 서방 재벌이 러시아로 진출하는 것은 그들에게 초과 이윤 획득의 원천이 될 수 있다.

지리적 위치 이외에 임금을 결정하는 중요한 것은 국적으로, 이는 바꾸기가 어렵다. 러시아 노동 시장에서 구소련공화국 출신(주로 중앙아시아인)의 임금은 현지 러시아인에 비해 60~70퍼센트밖에 되지 않는다. 이러한 지리적, 신분적 격차를 철폐하기 위해서는 무엇보다도 만국 노동자의 단결이 필요한데 현실은 정반대다. 러시아의 상당수 노동자는 중앙아시아 출신의 이민 노동자를 노동 단가를 떨어뜨리는 경쟁자로 볼 뿐이다. 여기에다가 정부가 교묘하게 은근슬쩍 지원해주는 우파 조직의 인종적 선전까지 먹혀드는 형국이다. 그 결과 최근 모스크바에서 일어난 인종 폭동처럼 러시아 노동자가 이민 노동자를 집단 학대하는 비극까지 발생했다. 한마디로 자본은 연결되어 있지만, 노동자는 지리적 위치와 국적의 벽으로 서로 격리되어 있다. 노동은 자본의 분리 통치책에 의한 임금의 위계질서 속에서 서로서로 경쟁자라 여기며 백안시한다. 자본의 글로벌한 단결, 노동자 간의 격리, 노동자에 대한 지배자의 이간질, 이것이 러시아에서 극명하게 볼 수 있는 후기 자본주의의 실체다.

돈에 중독된 사회

자본이 노동자 간에 차별을 두어 초과 이윤을 얻고 그들이 단결하지 못하게 하는 이러한 상황을 타개할 수 있는 유일한 묘법은 결국 '계급'밖에 없다. 여기서 말하는 계급이란 생산수단을 보유하지 못하고 결국 자신의 노동력을 팔아야만 입에 풀칠할 수 있는 임금 근로자들의 공통된 처지를 말한다. 임금이 많고 적고를 떠나서, 고용 형태가 정규직인지 비정규인지를 떠나서, 자신의 노동력을 팔지 않고는 생계를 유지할 수 없는 사람은 결국 하나의 계급에 속한다. 이와 같은 의미의 계급은 '민족'보다도 훨씬 일차적인 문제다. 우리가 분명히 알아야 할 것은 이미 민족 자본이 존재하지 않는 이 시대에 어떤 어용 민족주의자의 선전 선동도, 그리고 어떤 '우리의 위대한 민족 문화' 타령도 결국 노동자 사이를 이간질하는 역할을 한다는 사실이다. 그만큼 민족을 운운하는 것은 반동성이 심하다. 어쩌면 전쟁으로 갈지도 모르는 우크라이나와 러시아의 노동자도 그 모든 사람의 유일한 조국은 바로 미래의 소비에트공화국이라는 점을 이해하지 않고서는 앞으로 나아갈 수 없다.

미국은 어떻게 보수화되었는가

타자를 만날 때면 먼저 그 타자성, 즉 다름에 착안하는 법이다. 그런 면에서 미국이 여타의 나라와 다른 것은 바로 좌파가 없다는 점이다. 물론 좌파가 있다고 해서 그 좌파가 꼭 우리가 바라는 만큼의 힘을 갖는 것도 아니고, 우리가 바라는 방향으로 힘을 쓰는 것도 아니다. 민주노총은 기본적으로 좌파이지만 오랫동안 비정규직 문제를 거의 방기하고 전투적 투쟁을 피했다. 러시아연방 공산당은 한국의 자주파와 비슷한 반제국주의 투쟁 위주의 민족 좌파이지만, 가끔씩 그 좌파 민족주의적 요소가 전투성을 다 죽이는 듯한 느낌을 준다. 독일의 좌파당은 확연히 전투적 계급 좌파이지만, 의회주의의 틀 밖으로 나가 투쟁을 전개할 만큼의 힘과 의지는 결여되어 있다.

하지만 설령 문제가 있다 하더라도 대중적 좌파가 있는 사회와 아예 없는 사회는 서로 완연히 다르다. 미국에 좌파가 없다는 사실은 일상 속에서 순간순간 실감할 수 있다. 월급을 아예 받지 않고 팁에 의존하는 식당 웨이터의 아부적인 태도에서도, 길거리마다 보이는 배고픈 노숙자에 대한 일반인의 절대적 무관심에서도 그런 것을 느낄 수 있다. 또한 노조가 없는 대학의 교수들 모습에서도 마찬가지다. 그들은 임금을 올리기 위해 더 많은 학술 논문이나 일반인으로서는 접근하기도 어려운 책을 펴냄으로써 다른 대학에서 취직 제안을 받고, 그 제안을 가지고 자신의 대학 경영자와 개별적으로 협상한다. 교수들은 자신의 연구 영역 이외에 대해서는 아무것도 모르는 극도로 개인 중심적인 태도를 보인다. 그뿐인가. 대학이 아무리 인문학 같은 돈이 안 되는 학문을 줄여나가고 수익 사업에만 열을 올려도, 또한 축구팀 육성에만 안간힘을 쓰고 그 코치에게는 대통령의 봉급보다도 더 많은 돈을 주어도 전혀 항의할 줄 모르는 얌전한 학생들의 삶에서도 그런 특징을 엿볼 수 있다.

미국, 좌파가 없는 나라

좌파가 없기에 일부 제조업을 제외한 대다수 민영 기업이나 대학에는 노조가 없고, 빈곤 인구의 대량 아사를 유일하게 방지하는 푸드 스탬프(food stamp)*도 지금처럼 줄일 수 있는 것이다. 정치적으로 볼 때 미국은 극우파와 보통 우파가 자웅을 겨루고 있는 형국이다. 어느 당도 '밑'의 이해관계를 대변하지는 못한다.

미국은 어떻게 해서 산업화된 국가 치고 거의 유일하게 이런 괴물적인 사회적, 정치적 형태를 띠게 되었을까? 100년 전의 미국은 노

• 식량 교환권. 생활 보호 대상자를 위한 일종의 식량 확보 제도로 미국 아동의 절반 정도가 한 번쯤은 의존한다.

동운동과 사회주의가 힘차게 성장하는 극히 정상적인 산업사회였다. 1912년 사회당의 득표율은 6퍼센트였다. 이는 비록 독일이나 프랑스의 사민당이 총선에서 얻은 득표율에는 못 미치는 수준이기는 하지만, 당시 세계산업노동자동맹(IWW) 같은 급진적 노동운동의 사회적 위상은 높았다. 우리에게도 많이 알려진 잭 런던(Jack London, 1876~1916) 같은 미국 작가는 대표적인 사회주의적 지식인이었다. 이렇듯 100년 전의 미국은 러시아나 독일의 사회주의자에게 전혀 이상하게 보이지 않을 정도로 정상적인 사회였다.

미국이 보수화되기 시작한 것은 1930~1950년대 세계 체제의 패권 국가로 부상하면서부터다. 1930년대의 뉴딜 정책은 노동운동을 민주당에 복속시킴으로써 사회당의 지지 기반을 파괴했다. 또한 1940년대 말에서 1950년대까지 불어닥친 매카시즘은 공산당 같은 급진 좌파를 전멸시켰다. 좌파적 사회 운동은 베트남 침략 반대 운동의 질풍노도 속에서 다시 등장했지만, 정치 세력화로 이어지지는 못한 채 결국 쇠미해지고 말았다. 그 잔존 세력은 학계 좌파로 흘러들어 좌파 사회 운동의 명맥을 간신히 유지했다. 그러나 학계 좌파는 실질적인 민중적 반자본 운동과 유기적으로 연결되지 못함으로써 결국 담론 연구에만 매몰되고 현실과 만나는 접점을 잃어버렸다. 궁극적으로 그들은 1990년대의 포스트모더니즘의 파도에 휩쓸려 계급투쟁의 지향성 자체를 완전히 상실하고 말았다. 오늘날 미국의 좌파는 촘스키 같은 자유주의적, 아나키스트적 비판자들이 대표한다. 급진 사회주의를 전체주의라고 비난할 만큼 급진성이 결여된 촘스키마저도 미국 국내보다는 국외에서 오히려 더 많이 알려져 있다.

미국과 북한의 유사성

자본에 대한 실질적인 반대파가 없는 초강대국 미국은 세계 체제에서 낙오한 북한과 어떤 의미에서 유사하다. 미국에서와 마찬가지로 북한에서도 체제 반대 세력의 정치적인 결집이 불가능하기 때문이다. 북한의 이와 같은 구조는 오랫동안 이어져온 비대칭적인 반(反)대미 관계 속에서 공고화되었다.

미국은 공산주의자나 전투적 흑인 해방 운동가 같은 이들을 궤멸하고 상당수 노동운동가나 학자를 체제 내로 흡수할 만큼 충분한 여력을 가졌다. 북한 체제만큼이나 무좌파적 미국 체제는 공고하다. 세계 대공황이 벌써 몇 년째인데도 미국에서는 '점령하라!' 운동 같은 즉흥적 분노 표출만 있을 뿐, 민주당과 공화당 양당 독점 체제에 도전하는 어떤 급진적 정치 세력도 나타나지 않았다. 사실 민주주의라고 말할 수도 없는 이 체제는 지난 70~80년 동안 굳어졌기에 그리 쉽게 달라지지는 않을 것이다. 그러므로 우리는 미국이 체제 반대파의 존재를 전제로 하는 민주주의와 무관하다는 점부터 간파해야 한다. 미국은 비민주적인 자본 독재의 사회다. 그런 만큼 우리는 미국에 대해 신중해야 한다.

혁명에 대한 단상

〈더 이스트(The East)〉(2013)라는 영화를 보면 미국의 비교적 젊은 유식층이 혁명을 어떻게 상상하는지를 어느 정도 엿볼 수 있다. 이 영화의 주인공인 제인은 무술 등에 능한 전사형 여성으로 민영 탐정 회사의 직원이다. 그녀는 '이스트'라는 조직으로 침투하여 자료를 수집하라는 지령을 받는다. 이스트는 악덕 제약 재벌 등 환경 파괴적인 대기업을 응징하는 무정부주의적인 환경주의 단체다. 제인은 활동을 하면 할수록 정체성의 혼란을 느끼는 가운데, 자본가다운 냉혈성의 극치를 보여주는 고용주에 실망한다. 우리가 말하는 총자본 혹은 자본가계급 내부는 그야말로 '인간이 인간에게 늑대(Homo homini lupus est)'인 사회와도 같다. 만인이 만인의 적이 되는 것이다. 결국 제인은 이스트의 수령과 사랑에 빠지고, 지금까지의 죄스러운 인생을 스스로 정리한다. 그리고 동료들에게는 환경적이고 무정부주의적인 혁명의 편에 서주기를 설득한다.

이 영화의 사회적 의미는 무엇일까? 분명한 것은 이스트의 혁명가는 선(善) 그 자체라는 점이다. 사실 이것은 미국 영화에서는 이례적인 묘사다. 미국 주류 영화에서 선한 공산주의자를 찾는 것은 북한 주류 영화에서 착한 미 제국 놈을 찾는 것만큼이나 극히 희귀하다. 이 영화에서는 혁명가가 무정부주의적 환경주의자이기 때문에 선인으로 묘사하는 것이 가능했다. 무정부주의자는 자본주의 국가 체제를 실제로 무너뜨린 적은 없다. 그러므로 자유주의적 사회의 공식 담론에서 그들은 공산주의자보다는 덜 나쁜 이들로 통한다. 환경 문제가 매우 심각하기 때문에 환경주의는 미국의 공식 담론에서 단순히 배제되기보다는 그것에 어느 정도 포섭된 측면이 있다. 이 때문에 긍정적으로 그려지는 무정부주의적 환경주의자도 출현하게 된 것이다.

체제를 위협하지 않는 혁명

그러니까 미국의 주류는 일단 체제를 위협하지 않는 혁명을 상상한다. 이스트는 악덕 재벌의 노동자나 지역 주민을 조직해서 대중 혁명을 일으키려고 하지는 않는다. 그 노동자나 주민이 피해를 보는데도 말이다. 이스트 동맹원은 주로 중산층이나 유식층 백인이다. 그들은 기업계의 원흉에 대해 개인적으로 응징하는 방식을 택했다. 이런 권선징악의 방식은 그것이 아무리 드라마틱해 보여도 체제를 혁명적으로 바꾸는 데 이를 리는 만무하다. 그러나 이스트는 굳이 체제 변화까지 도모하려는 것 같지는 않다. 구성원의 대부분은 부유한 집안의 자녀들이다. 그들은 수천만 명이 중노동을 하면서 가난하게 사는 나라에서 황금 같은 아동기를 보낸 자신들의 원죄에 대해 속죄하려고 하는 셈이다. 그들은 속죄하는 귀족 유형에 속하는,

1870~1880년대의 러시아 인민주의자와도 흡사하다. 하지만 인민주의자의 목표는 분명 제정(帝政) 타도와 사회주의 실현이었다.

〈더 이스트〉에서 그려진 혁명은 매력적이고 멋지지만 체제 변화와는 무방하다. 그 혁명이 정말로 체제에 위협이 되는 것이었다면 영화로 만들어지지도 않았을 것이다. 여기에서 묘사된 혁명은 사실 혁명이라기보다는 몇 명의 백인 엘리트가 사회에 대해 속죄하고 자유를 모색하는 과정이라 할 수 있다. 그럼에도 재벌과 범죄가 동의어로 통하는 영화가 절찬리에 상연되었다는 점은 모종의 분위기 변화를 의미한다. 대공황이 장기화되면서 자본주의는 그 명분을 잃었다. 어차피 진정한 의미의 혁명이 불가능한 세계 체제의 중심부에서라면 차라리 개별적인 소집단의 탈주와 지배자에 대한 응징이 선전 효과가 있을 것이다. 일제에 의한 식민화를 이미 막을 수 없는 시점에서 안중근의 의거가 있었다. 그러나 의거가 아무리 존경스러워도 대중에 의한 혁명을 대신할 수는 없다.

02

혼란과 저항의 소용돌이에서

아랍권 혁명과 제국의 황혼

아랍권에서 혁명이 번지면서 자나 깨나 내 모든 생각은 이집트, 예멘, 모로코, 알제리로 향해 있다. 다수의 주민이 절대 빈곤선인 1일 2달러 소득도 올리지 못해 가난에 허덕이고, 정부는 말 그대로 도둑 정치(cleptocracy)의 전형을 보여주는 곳이다. 튀니지와 이집트에서 일어난 혁명이 계속해서 번져감으로써 새로운 보수 정권 창출 시도가 좌절되고 아래로부터 급진화의 압력이 올라온다면 세계는 크게 바뀔 것이다. 혁명의 노도는 아랍권의 다른 친미 정권까지 타도할 가능성이 크다. 그 결과 미국의 세계적 패권과 이스라엘의 지역적 패권은 치명적 위기에 처할 것이다. 아랍에서 미국의 패권이 불안정해지면 유가는 올라갈 것이고, 중심부에서는 공황이 심화될 것이다.

한편 아랍의 혁명적 분위기는 유럽연합 총인구의 4~5퍼센트를 차지하는 아랍 출신의 이주민을 급진화할 수 있다. 유럽 사회에서 이들은 대부분 하층민에 속한다. 이들이 급진화되면 유럽의 변혁 운동에서 중요한 우군이 될 가능성이 크다.

베네수엘라에서 일어난 평화적 혁명, 볼리비아를 비롯한 남미 여

러 나라에 수립된 급진적 정권, 브라질에 수립된 사민주의적 정권 등
으로 남미에 대한 미국의 영향력은 급속도로 줄어들었다. 심지어 속
지 격인 멕시코에서도 현존하는 친미 정권은 마약과 전쟁을 벌였지
만 실패로 돌아가면서 치명적인 위기에 처했다. 이런 판국에 미국은
이제 아랍까지 잃어야 할지도 모른다. 그야말로 '제국의 황혼'을 보
는 듯하다. 그렇다고 이것이 꼭 계급적 해방으로 바로 직결되는 것은
아니다. 하지만 노동계급에게 최악의 적인 미 제국의 위기는 분명 만
국의 사회주의자에게는 복음으로 들릴 것이다.

민중 운동의 두 가지 과제

　　　　　튀니지와 이집트 같은 준주변부 나라의 내파에 대
해 많은 이들이 빈부 격차를 그 이유로 든다. 하지만 계급적 불평등
으로만 설명되지 않는 부분도 있다. 굳이 지니계수(소득이 어느 정도
균등하게 분배되는지를 나타내는 수치)로 따진다면 이집트(0.34)는 러시
아(0.39), 미국(0.40), 중국(0.46)보다 덜 불평등한 사회로 나타난다.
남미는 거의 모든 나라가 이집트보다도 불평등 수치가 높게 나온다.
　한편 이집트 호스니 무바라크(Hosni Mubarak)의 독재는 개발 독재
모델과 비교할 때 그 구조나 효능이 상당히 다르다. 이집트의 개발은
주로 경공업과 일부 중공업의 발전에 머물렀다가 최근 신자유주의의
악영향으로 공업화 진척이 거의 둔화되었다. 하지만 관광업과 통신
업 등이 나름대로 선전함으로써 최근 공황에도 불구하고 이집트는
4~5퍼센트의 성장률을 보였다. 게다가 이집트 재벌은 해외 확장까

지 꽤 성공적으로 시도해왔다. 가령 평양에서 '고려린크'라는 현지 합작 회사를 통해 휴대폰 서비스를 제공하는 오라스콤이라는 세계적 통신업체도 바로 이집트 기업이다. 하여간 이집트는 개발 독재도 아니지만 개발 실패의 케이스도 전혀 아니다. 튀니지 역시 마찬가지다. 그렇다면 하필이면 왜 튀니지와 이집트에서부터 친미 정권의 내파 과정이 시작되었을까?

이를 해명하기 위해서는 약간의 이론적 접근이 필요하다. 20세기 이후 세계 체제 주변부에서 일어난 민중 운동은 두 가지 과제를 동시에 수행해왔다. 그 하나는 반제국주의로, 주변부를 침탈해서 장악해온 제국주의를 밀어내려고 했다. 다른 하나는 계급 해방으로, 살인적 불평등과 참정권 박탈 상태에서 스스로 해방되고자 했다. 식민지에서 전자는 민족적 과제라고 부른다. 식민지 조선의 공산주의자는 민족주의를 원리상으로는 배격했지만, 사회주의 혁명의 전제로 조선 해방과 독립 쟁취를 민족적 과제로 이야기했다.

그런데 지금 주변부와 준주변부 세계를 조감해보면 이 두 과제를 수행한 정도는 지역마다 나라마다 각기 다르다. 가령 중국 같으면 적어도 반제국주의 과제는 아주 성공적으로 수행했다. 남한의 보수주의자는 한국전쟁 참여를 지금도 긍정적으로 보는 원자바오(溫家宝) 등 중국 지도부를 욕한다. 하지만 이는 미 제국과 비교적 성공적으로 무장 대결을 한 것이 반제국주의 과제를 수행하는 데 얼마나 중요한 역할을 했는지 이해하지 못한 소리다. 중국은 큰 희생을 치러 혈맹 북한을 지켜냄으로써 미 제국주의의 영향권에서 완전히 벗어나 독립적인 정치 세력이 되었다. 마찬가지로 인도만 해도 냉전 기간에 소련과 미국 사이에서 독립적인 양다리 실리 외교를 펼칠 정도로 반제국주의 과제를 나름대로 잘 해결했다. 남한은 미국의 군사적 보호령으로 남아 있는 만큼 반제국주의 과제가 늘 해결되지 않은 상태로 있다. 이는 남한 정권의 정당성을 떨어뜨린다.

한편 계급 해방 과제를 수행한 정도를 보면 중국은 마오쩌둥(毛澤東, 1893~1976) 시절에 비해 지금 현저히 떨어졌다. 마오쩌둥 때는 그래도 그 방향으로 시도라도 해보았다. 그럼에도 중국 공산당 정권은 반체제 과제를 성공적으로 수행한 만큼 아직까지는 비교적 튼튼하다. 물론 지금처럼 양극화가 빨리 진행된다면 미래를 예측할 수 없지만 말이다.

외세에 빌붙은 정권

그렇다면 튀니지나 이집트 등의 문제는 무엇인가? 이집트는 가말 압델 나세르(Gamal Abdel Nasser, 1918~1970) 정권 때 반제국주의 과제를 해결하려고 시도했지만 좌절되고 말았다. 결국 이스라엘과 맺은 굴욕적 평화와 무바라크 친미 독재의 공고화는 사실상 일종의 신식민화를 뜻했다. 튀니지의 지배층 역시 반프랑스 해방 투쟁의 경력이 없었으며, 사실상 프랑스의 지대한 영향 아래 있었다. 반제 과제를 해결하지 않는 한 양쪽 정권은 하등의 정통성도 확립하지 못한다. 민중의 처지에서는 그 모두 외세에 기댄 도둑들일 뿐이다. 동시에 최근 신자유주의적 조치는 재분배의 정의마저 짓밟음으로써 정권의 권위를 완전히 무너뜨리고 말았다. 이집트 민중에게 무바라크는 그저 미국 원조를 갉아먹고 세금을 훔치는 악질 도둑일 뿐이다. 식민성은 정권의 아킬레스건이었다. 이와 비슷한 성격의 예멘 정권도 향후 같은 운명에 처할 가능성이 농후하다. 미 제국주의의 노복임을 열심히 자처하는 한국의 지배자는 이것을 보고 무엇을 배울까?

좌파 민족주의를 어떻게 볼 것인가

진보 진영이 의회 정치를 하려면 진보 표를 대거 끌어올 수 있어야 하는데, 국내에서는 1980년대 말 NL의 후예인 좌파 민족주의자들이 이 역할을 거의 주도한다. 그러므로 운동 사회의 주류인 그들과 적절한 관계를 설정하지 않고서는 의회 정치를 하기가 어렵다. 진보 진영이 의회 정치를 하지 않는다면 장외의 노동자, 청년, 빈민 세력을 조직하는 가시밭길을 걸어야 하는데, 이것은 의회 정치를 이미 충분히 경험해본 사람에게는 대단히 어려운 일일 수 있다. 이렇듯 운동 사회에서 좌파 민족주의자들이 매우 강력한 영향력을 패권적으로 행사하는 것은 과연 한국만의 특징일까?

러시아의 실질적인 전투적 형태의 반정권 활동은 블라디미르 푸틴(Vladimir Putin)의 독재로 금지되어 있다. 대신 지하로 들어간 민족볼셰비키당이 그 역할을 하고 있다. 당명에서 '민족'이란 세계 제국주의와 자본주의와 매판 세력의 포로가 되어서 각종 모욕과 권리 침해를 당하고 점차 소멸되어가는 러시아연방의 인민을 의미한다. 또한 '볼셰비키'는 1917년의 위대한 계급 혁명을 계승한다는 뜻을 나타낸다. 이름에서도 알 수 있듯이 이 당은 민족과 계급을 동시에 지향한다.

민족볼셰비키당은 1992년에 설립되었다. 초기의 이념가인 알렉산드르 두긴(Alexandr Gelyevich Dugin)은 유라시아주의자로서 국가주의적인 성향을 보였다. 그의 영향에 따라 민족볼셰비키당은 소련을 대신할 새로운 러시아 제국 건설을 강령에 담는 등 극우적 색채를 띠었다. 그러나 두긴이 당을 떠나 푸틴 진영에 합류한 뒤로 민족볼셰비키당은 한국이나 남미나 중미의 좌파 민족주의의 원형에 가까워졌다. 이 점은 당의 우두머리이자 유명 작가인 에두아르드 리모노프(Eduard Limonov)가 대통령 선거에 출마하면서 내건 핵심적 공약에도 잘 나타나 있다. 그 공약은 에너지와 관련된 모든 기업과 건설업을 국유화하고, 국가가 저가 주택을 건설해서 공급하며, 농민에게 비료나 에너지를 지원하고, 자본이 국외로 유출되는 것을 금지하며, 물가를 동결하고, 누진세율을 도입하는 것을 골자로 한다.

이런 좌파적 의제는 민족적 의제와 유기적으로 결합되어 있다. 가령 리모노프는 이미 서방으로 유출된 러시아 대자본가의 돈을 안보 기관에서 찾아내 다시 가져와야 한다고 주장했다. 서방과 매판 자본주의 세력의 반대편에 바로 러시아와 그 안보 기관이 있는 것이다. 리모노프가 푸틴 정권에 항거하는 것은 부자들이 독재하기 때문이기도 하지만, 근원적으로는 그 정권이 친서방적인 반민족 친외세 집단이기 때문이다. 물론 푸틴 정권은 표피적으로는 반미 제스처를 보이지만 진정한 반미 항쟁에는 나서지 못한다. 리모노프의 활동은 국내 NL의 모습과 어딘지 많이 닮지 않았는가?

하지만 리모노프와 그 동지들의 항거가 민족적이라고 해서 그 진정성을 부정하지는 않는다. 지금 러시아의 여러 반독재 민주화 운동 세력 중에서는 리모노프의 무리야말로 가장 대중적이고 서민적이며 열정적이고 자기희생적이다. 리모노프 자신은 2001~2003년에 독재의 포로가 되어서 양심수 중 한 명으로서 옥고를 치른 바 있다. 또한 현재 적어도 열 명 정도의 당원은 각종 조작된 혐의로 감옥신세를 지고 있으며, 세 명 이상의 당원은 경찰의 살인적인 고문과 암살로 이미 세상을 떠났다.

민족보다 계급적 연대가 먼저다

민족볼셰비키당의 당원이 된다는 것은 체포와 고문을 감내해야 하는 일이다. 혹은 불구자가 되거나 쥐도 새도 모르게 살해되는 것도 각오해야 한다. 그럼에도 수많은 젊은 투사가 주저 없이 그 길을 택한다. 그들 중 대다수는 저임금 노동자 가정의 출신이다. 빈부 격차가 이미 브라질 이상이 된 자본주의적 러시아에서 그들에게는 어떤 미래도 없다. 바로 이 점이 투쟁에 나서는 주요 동기일 것이다. 또한 경찰과 보안 기관의 상상을 초월한 부정부패와 불법 고문, 민중 시위를 초강경으로 진압하는 당국에 대한 의분, 독재 정권과 유착하여 강도와 같은 방법으로 자본을 증식하는 신흥 부유층에 대한 증오 등도 그들을 투쟁의 길로 들어서게 했을 것이다. 민족, 민중, 민주 진영에 합류한 과거 운동권 학생들의 마음 풍경과도 다를 것이 없다.

그러면 이들의 항거가 상당히 계급적 성격을 띠는데에도 불구하고 왜 하필이면 이토록 민족적 사유와 수사로 포장되어 있을까? 일언이 폐지하자면 이는 세계 체제의 주변부나 준주변부에서 보편적으로 나타나는 현상인 것 같다. 한국에서든 러시아에서든 투쟁에 나서는 열혈 분자는 그 지배층이 세계 자본, 미국, 일본에 종속되는 것은 수치이자 민중 본위의 사회 건설을 방해하는 장애물로 인식한다. 물론 이러한 인식 자체가 완전히 틀린 것은 아니다. 하지만 세계 체제의 중심부와 주변부를 망라하는 계급적 연대에 대한 관점이 부족한 것은 분명 결함이다. 이러한 연대가 없으면 이 위계 서열적인 세계 체제 전체를 무너뜨리기란 요원하다. 계급 본위의 연대적 관점이 부족하고 국가와 민족에 대한 비판 의식이 결여되어 있다 보니 좌파 민족주의자는 자신의 민족이 억압의 주체가 되는 경우에 대해서는 전혀 반성할 줄 모른다.

그런데 이처럼 계급의식이 제대로 성장하지 않은 상태에서 민족의식으로 대체되는 것은, 객관적으로 볼 때 노동운동의 침체와 경제 투쟁에만 몰입하는 상태와도 직접적인 관계가 있다. 현재 한국이나 러시아의 노동조합은 주로 수세적 처지에서 경제 현안과 관련된 투쟁에만 집중한다. 또한 상당히 관료화되어 있고, 전투성도 결여되어 있다. 이러한 상황에서 급진적 청년 지식인이 노동운동에 기반을 둔 계급의식을 발전시키기는 쉽지 않다. 그리스, 스페인, 포르투칼 같은 나라에서는 노동자들이 정치 파업을 계속하고 시위에서도 전위로 나선다. 운동 진영 내에 반미 의식이 아무리 강하다 해도 그들은 언제나 계급을 본위에 두며, 국경을 넘는 연대에도 적극적이다. 반면 한국과 러시아의 많은 노동자는 개별적인 경제 이익에만 몰입하며 범인민적이고 반자본주의적인 저항에는 나서지 못한다. 이러한 상황에서는 민족 좌파라는 기형이 생기지 않을 수 없다.

좌파 민족주의라는 병을 고칠 수 있는 유일한 묘약은 노동운동의 급진화와 계급정당의 성장이다. 계급정당이 모든 난관을 뚫고 제대로 성장한다면 적어도 일부 민족 좌파는 민족 본위의 인식이 가진 허위성을 이해하고 그들과 함께할지도 모르겠다. 하지만 이는 결코 쉽지 않은 일이다. 러시아와 마찬가지로 한국에서도 민족 좌파는 이미 하나의 전통이 되었기 때문이다.

제국주의, 혁명을 포섭하다

국내에서 무상급식 주민 투표라는 촌극이 벌어질 때 국외에서는 역사적인 사건이 연이어 일어났다. 세계 자본주의의 공황은 날로 심각해지고, 미국 달러의 입지는 약해지는 가운데 세계적인 재벌로 성장한 리비아의 카다피가는 권력 상실의 위기에 처했다. 리비아 사태의 뇌관은 상당수 기층 민중 사이에 누적된 불만이다. 소속된 지역이나 부족에 따른 차별은 여러 불평등을 부채질했고, 이는 불만 누적으로 이어졌다. 그러나 이 사태가 반군의 정부 기관인 과도국가위원회가 집권하고 카다피가가 완전히 몰락하는 것으로 일단락된다 하더라도 과연 리비아 민중의 상황이 크게 나아질까? 내가 보기에는 민중을 위한 사회민주주의가 아니더라도 형식적 민주주의라도 어느 정도 모양이 잡히기는 어려울 것 같다.

근래의 카다피 정권은 세계 지배자들의 주구일 뿐이었다. 리비아 해군은 아프리카 북안을 돌면서 유럽으로 가려는 불법 이민자들을 단속했다. 석유로 거두어들인 돈은 런던정치경제대학 같은 신자유주의의 아성을 지탱하는 데 들어갔다. 다만 카다피가는 유전을 사유화하는 것과 외국 자본에 매각하는 것을 반대했다. 이에 서방 열강은 유전을 매각할 가능성이 있는 과도국가위원회의 손을 들어준 것이다.

1969년에 집권한 무아마르 카다피(Muammar Gaddafi, 1942~2011)는 원래 자칭 이슬람 사회주의자였다. 그는 이집트의 진보적 민족주의자인 나세르 대통령과도 가까운 친구였다. 카다피 집권기에 국내에서는 외국 자본의 이권이 몰수당했고, 국외에서는 여러 반제국주의 급진 단체가 리비아로부터 지원을 받았다. 카다피 정권의 수혜 집단으로는 유럽의 아일랜드공화국군, 아시아의 필리핀 공산당 게릴라 투쟁 부대, 오세아니아의 마오리족 급진 운동, 호주 원주민 운동 등이 있다. 그 목록은 흡사 1970~1980년대 급진 투쟁 단체를 종합해 놓은 것 같다.

1986년 서베를린의 한 나이트클럽에서는 리비아 정부 특무의 소행으로 추측되는 폭탄 테러 사건이 일어났다. 이를 계기로 미국은 리비아에 대한 폭격을 감행했다. 한편 리비아는 1980년대 중반 한때 학교에서 영어 교육을 전면 폐지하고 대신 러시아어를 가르친다는 계획을 세우기도 했다. 이와 같이 카다피 정부는 급진적 반제국주의 노선의 대표 주자로 인식되었다. 미 제국주의에 맞장 뜨는 전형적인 제3세계 지도자에 가깝던 카다피는 그러나 1990년대로 접어들면서 돌연히 전향했다.

그 배경에는 소련과 동유럽권의 붕괴 이후 가중된 제국주의 진영의 압력 이외에도 또 다른 중요한 요인이 있었다. 즉 카다피 일족은 자신들이 가진 행정력을 금전으로 맞바꾸기 위해서는 제국주의 진영과 화해하고 국내의 중앙 집권적 계획 경제를 어느 정도 사유화해야 한다고 본 것이다. 그들은 국제적인 큰손으로 거듭나기를 원했다. 리비아에는 국제적 정의 대신 이윤에 관심이 더 많은 지도층의 친자본적 행각을 견제할 만한 노동계급 조직이 없었다. 이 때문에 카다피는 동유럽권 붕괴와 걸프전 이후 미 제국주의 중심으로 세계 질서가 새롭게 재편되면서 비교적 손쉽게 친미파로 전향할 수 있었다. 그는 1994년부터 제국주의와 화해하려고 도모했다.

이로써 카다피는 혁명가에서 국제 재벌가로 변신했고, 결국 이것이 그 정권을 무너뜨리는 데 일조했다. 해외에서 초호화 부동산을 사재기한 카다피가의 큰손 행각은 차별을 받는 리비아 동부 지역 주민들의 분노를 부추겼으며, 반카다피 투쟁의 선두에 선 이슬람 급진주의 세력의 명분을 더욱 공고하게 해주었다. 구미의 지배자들 역시 리비아의 유전을 전부 사유화해서 해외로 매각하려고 하지 않는 카다피 정권을 마냥 지지하지는 않았다. 결국 카다피는 자국 민중에게서도 지지를 받지 못하고, 세계 자본과 완전하게 결탁하는 데도 실패함으로써 안팎으로 외면당하고 말았다.

계급적 연대 없는 반제국주의의 한계

카다피의 전향은 수십 년에 걸쳐 진행된 것이다. 반면 민중 운동을 전유하며 그를 추방하려고 하는 반군 지도부 요인들은 굳이 전향할 이유가 없을 정도로 이미 서방 열강의 국제 자본과 결탁되어 있다. 이러한 비극의 근본 원인은 리비아 노동계급이 취약한 데 있다. 숙련공, 지식 노동자, 전문가의 다수는 정치에 참여할 수 없는 외국인들이고, 정치 참여가 가능한 리비아인들은 대개 자영업, 국가 관료, 전통적인 목축업에 종사한다. 후자에게는 근대적인 계급의식이 거의 없다시피 하여 정부가 어떤 반동적인 신자유주의 정책을 펴도 이를 비판하고 저지할 만한 힘이 없다. 석유로 벌어들이는 소득 수준에 비해 민중의 생활수준은 높지 않으며, 사회적 차별에 대한 불만이 많아도 이를 계급적으로 인식해서 조직할 수 있는 상황은 아니다. 그러니까 설령 반제국주의적 성향의 지도자가 권력을 장악하더라도 희망적이지만은 않다. 그가 나중에 그 권력을 자본화하여 스스로 재벌로 탈바꿈해도 리비아 민중은 막을 수 없기 때문이다.

반제국주의 그 자체는 당연히 적극적으로 옹호하고 수긍해야 하는 것이다. 이런 차원에서 볼 때 1970~1980년대의 북한은 분명 진보적 국가의 면모를 지니고 있었다. 당시 북한은 팔레스타인 해방 운동이나 사회주의적 경향을 띠는 아프리카의 여러 신생 정부를 적극적으로 지원했다.

그러나 계급적 내용이 충분하지 않은 반제국주의는 결국 소기의 목적을 달성하지 못한다. 제국주의를 이기려면 제국주의 나라의 민중은 물론 그 피해자들과 계급적으로 연대해야 한다. 안타깝게도 카다피도 북한의 지도자도 그렇게 하지 못했다. 결국 그들의 반제국주의는 국가 대 국가 간의 대립이라는 성격을 띠었다. 그러한 대립에서는 약체인 제3세계 국가가 이기기는 힘들다. 우리에게 필요한 것은 국가 대 국가 간 대립이 아니라, 국제적인 계급 대 계급 간 대립이다.

제3차 세계대전의 가능성

제1차 세계대전이라는 소나기가 내리기 전, 그 전조는 아마도 1890년 대 말 남아프리카에서 일어난 보어전쟁(Boer War, 1898~1902)일 것이다. 이 전쟁은 영국과 친독 성향의 보어공화국 간에 일어났다. 보어인은 남아프리카에 정착한 유럽인으로 대부분이 네덜란드인의 후손이며, 네덜란드어의 일종인 아프리카안스어를 사용했다. 그러나 실제로 보어공화국의 배경에는 신흥 제국인 독일이 있었다. 그러므로 보어전쟁은 독일의 입장에서는 일종의 대영 대리전이었다. 이 전쟁은 영국과 독일 두 제국이 남아프리카 식민지 건설 과정에서 충돌함으로써 빚어졌다. 당시 영국은 아프리카에서 급속도로 식민지를 넓혀가고 있던 독일에 위기감을 느꼈다. 그리하여 1898년에 독일의 영향권에 있던 보어공화국을 대대적으로 침략함으로써 그에 응수했다.

이 침략은 전쟁으로 점철된 20세기의 역사에 결정적인 영향을 미쳤다. 기관총 등을 대대적으로 사용함으로써 엄청난 사상자가 발생했고, 민간인을 수용소에 집어넣는 종족 청소의 버릇이 생겼다. 무엇보다도 영국의 침략은 독일에서 군사주의적 분위기가 일어나도록 하는 계기가 되었다. 또한 영국은 남아프리카에서 고전하게 되자 군 현대화 프로젝트에 착수했다. 말하자면 1914년에 부딪힌 두 대마(大魔)는 이미 그때부터 본격적인 싸움 태세에 들어간 것이다. 1896년에 영국인의 국지적 침공을 잘 격퇴한 보어공화국 대통령에게 축전을 보냄으로써 영국의 여론을 들끓게 한 독일 황제는 이 싸움이 불과 18년 뒤 무엇으로 이어질지 알고 있었을까?

그다음에는 빗방울이 마구 떨어지기 시작했다. 조선 독립의 가능성을 거의 원천 봉쇄한 1902년 영일 동맹, 1906년 또다시 아프리카에서 이권을 둘러싸고 일어난 제1차 모로코 위기, 프랑스와 독일 간 전쟁론 부상, 1911년 제2차 모로코 위기(1차보다 훨씬 지독했다), 같은 해 7월 27일 당장이라도 일어날 것 같은 영국과 독일 간 전쟁……. 1910년대 초 세계 곳곳에서 발발한 위기와 국지전은 당시 사람들에게 일상과도 같았다. 1913년 드디어 친러의 세르비아와 친독의 불가리아가 최악의 대리전을 벌였을 때(제2차 발칸전쟁), 유럽의 중론은 언젠가 '영국-프랑스-러시아-일본'과 '독일-오스트리아' 간의 충돌이 불가피하다는 것이었다. 다만 이 소나기가 그렇게 빨리 올 줄은, 그리고 그토록 엄청난 파괴력을 가졌으리라고는 예상하지 못했다.

변하지 않는 제국주의적 본질

그렇다면 두 거대 블록 간 충돌이 점차 가까워지고 국지전과 위기가 연이어 발발하던 그때와 최근 몇 년간의 타임라인을 비교해보자.

2010년: 친중 북한과 친미 남한 간 군사적 긴장 고조. 연평도 포격 사건 발발.

　2011년: 친미와 친유럽인 남수단이 친중 수단에서 분리 독립. 친중 성격의 리비아 카다피 정권 붕괴. 나토가 리비아를 폭격. 리비아에는 친미와 친유럽의 새로운 정권이 등장. 친중과 친이란의 시리아 정권에 대한 무장 저항이 시작됨. 이 저항에 대해 서방측은 재정적, 외교적 측면에서 대대적으로 지원.

　2012년: 시리아 내전이 본격화됨. 러시아와 이란은 시리아 정권에, 미국의 지역적 동맹국은 무장 저항 세력에 무기를 공급. 미국과 유럽의 주도 아래 이란에 대해 경제 전쟁에 준하는 제제를 가함(석유 수입 중단 등. 한국과 일본은 부분적으로 참여한 반면 중국은 불참).

　2013년: 말리에 프랑스 군대 투입. 아프리카로 파견하는 미군 규모가 확대됨(2013년 현재 약 3,000명). 친중 북한과 미국-일본-한국 간 군사적 긴장 고조. 시리아 정권이 화학 무기를 썼다는 주장에 따라 시리아에 대한 미국의 침략 가능성 시사. 미국이 무장 저항 세력에 무기를 공급하기로 결정.

　놀라운 것은 열강의 이해관계가 충돌하는 지역이면 예나 지금이나 돌아가는 상황이 대체로 같다는 점이다. 엄청난 자원을 보유한 아프리카(남아프리카, 모로코, 리비아, 말리 등), 지중해 지역의 동쪽(발칸반도, 러시아 해군의 유일한 기지가 있는 시리아), 중국과 일본 사이의 완충 지대(산둥, 랴오둥, 조선반도) 등이 그런 곳이다. 19세기 말 독일이 아프리카 경영에 나섰을 때 영국 언론은 히스테릭한 어조로 반응했다. 마찬가지로 오늘날 중국이 아프리카로 진출하자 유럽과 미국의 주류 언론은 광적인 논조마저 띠며 경계한다.

열강 간 무력 충돌의 가능성이 계속 커져가고 있지만, 그렇다고 도살장에 끌려가는 소처럼 그저 지배자의 총알받이 노릇을 할 필요는 없다. 무엇을 바꿀 수 있을 때 들고 일어나서 평화 투쟁을 해야 한다. 총알받이가 되어 우리를 착취하는 자를 위해 죽을 필요도, 누구를 죽일 필요도 없다는 사실을 사람들에게 설명해야 한다. 또한 세계 각지에서 벌어지고 있는 갈등과 위기 이면에 있는 제국주의적 본질을 설명하고 행동으로 저항할 것을 촉구해야 하지 않을까?

우크라이나, 혁명으로 가는 길

러시아 정부는 부인하고 있지만 러시아 군인들이 다른 나라 영토에 무허가로 들어가 있는 것은 국제법적으로 침략이다. 이것은 사회주의자라면 어떤 상황에서도 받아들일 수 없는, 그래서 늘 반대해야 하는 것이다.

그런데 우크라이나 총인구의 17퍼센트는 러시아인이다. 수도 키예프만 해도 무려 13퍼센트가 러시아인이다. 키예프 주민의 다수는 비록 러시아 침략을 반대하지만, 그곳에 사는 러시아인에 대해서는 여전히 호의적인 태도를 보인다. 또한 여론 조사에 따르면 러시아에서는 대체로 70퍼센트 안팎의 응답자가 우크라이나에 들어선 새로운 친서방 정권을 부정적으로 생각한다. 그러면서도 우크라이나인 전체에 대해서는 여전히 호의적이다(약 69퍼센트가 우크라이나를 호의적으로 생각한다).

두 나라 사람들 모두 정부의 지배자와 국민 일반을 구별하려는 태도가 역력하다. 러시아 쪽에서도 우크라이나인보다는 친서방 파쇼를 문제 삼는 듯하고, 일부 극우파를 제외한 우크라이나인 역시도 푸틴과 러시아 국민을 구별한다. 다행히도 국민 간 감정 대립은 아직 없다. 그래서인지 크림반도에서는 러시아 침략군과 우크라이나군이 비록 대치하고 있기는 하지만, 어느 쪽도 교전을 벌일 뜻은 없어 보인다.

좋은 자본주의에 대한 환상

사실 두 나라 국민에게 적의가 있다면 그것은 위를 향한 것이다. 우크라이나에서도 러시아에서도 재벌이라는 말은 가장 더러운 욕 중의 하나다. 두 나라의 피지배층 대부분은 재벌이 조종하거나 재벌을 키워주는 국가를 그저 불신할 뿐이다. 도둑 대통령인 빅토르 야누코비치(Viktor Yanukovych)에 대한 우크라이나인의 대중적 증오는 그 좋은 예다.

러시아 민중의 태도도 본질적으로 그리 다르지 않다. 정부를 신뢰하는 사람은 30퍼센트에 불과하고, 경찰을 신뢰하는 사람은 18퍼센트밖에 안 된다. 푸틴 개인에 대한 지지도야 그보다는 높지만(국민 다수는 여전히 그가 미국에 맞서 러시아를 보호한다고 믿는다), 기본적으로 대다수 러시아인에게 현존하는 국가는 그저 믿을 수 없는 적대적 대상일 뿐이다. 세계보건기구에서 발표한 각국의 자살률을 보면 한국이 가장 높고, 우크라이나는 12위, 러시아는 13위다. 다수를 더 가난하게 만들고, 남미 수준의 사회 양극화를 낳으며, 사회의 모든 가치를 파괴하는 자본화는 수많은 서민에게서 살아갈 의욕을 빼앗고 말았다.

우크라이나와 러시아 두 나라의 대중은 자본화로 인해 고통을 받기도 하고 그 주범을 싫어하면서도 여전히 좋은 자본주의가 존재한다는 환상을 완전히 떨쳐버리지 못했다. 우크라이나 사태는 유럽연합과 관계를 수립하는 문제와 관련된 협정 체결이 무산되면서 발발했는데, 이것부터가 의미심장하다. 상당수 우크라이나인이 짓밟히고 도둑질을 당했음에도 그들에게는 아직도 유럽에 대한 꿈이 남아 있다.

자본의 이데올로기는 다른 측면에서도 작동한다. 국가나 정부 기관에 비해 기업은 여전히 훨씬 많은 신뢰를 받고 있다. 재벌이 아닌 자수성가형 중소 기업인에 대한 대중의 반감은 거의 없는 듯하다. 야누코비치 타도 시위를 도둑 정권의 과도한 상납 요구에 화가 난 기업인들이 지원한다는 것은 잘 알려진 사실이다. 대다수의 러시아인과 우크라이나인은 여전히 개개인이 열심히 하면 성공한다고 믿는다. 이것은 그들이 가지고 있는 기본 프레임이다.

전쟁의 가능성을 완전히 차단하려면 이러한 이데올로기부터 철저히 깨뜨려야 한다. '나의 성공'이라는 배타적 프레임이 아니라 '나와 너의 연대'가 사고의 중심에 들어서도록 해야 한다. 그렇게 될 때 우크라이나와 러시아의 민중 간 연대도 가능해진다. 그리고 이러한 연대를 바탕으로 권력을 잡고 있는 두 나라의 도둑들에 대한 저항으로 나아갈 수 있다.

전쟁의 위험을 막는 것은 혁명을 위한 길이기도 하다. 당장은 그 길이 보이지 않지만, '좌파적 전환'의 일부 가능성은 남아 있다. 즉 전쟁의 위기 속에서 상황이 계속 악화 일로로 치닫다 보면 러시아와 우크라이나의 민중은 문제의 본질이 바깥에 있지 않고 실은 내부의 권력 관계에 있음을 간파하게 될 것이다. 양국의 지배자가 사실은 그다지 다르지 않고 궁극적으로 이해관계를 같이한다는 사실을 파악하게 되면 민중은 급진화된다. 이것을 좌파적 전환이라고 한다. 우크라이나를 둘러싼 러시아와 서방의 대립이 전쟁으로 비화되지 않게 하는 가장 확실한 방법은 우크라이나와 러시아의 민중이 서로 연대하는 것이다. 이를 위해서는 일단 두 나라의 대중이 민중으로 전환되어야 하는데, 이것부터가 참 지난한 과제다.

혁명가에게 애국이란 없다

우크라이나를 둘러싼 위기는 여러 층위에서 살펴볼 수 있다. 키예프 독립광장에서 일어난 격렬한 데모는 일면 극도로 부패한 과두 재벌 정권에 대한 대중의 반발로 볼 수 있다. 한편 조직된 노동계급이 심 각한 위기에 빠진 상황에서 그 반발의 선두에 선 것은 극우 민족주의 세력이다. 그들은 부패한 야누코비치 정권보다도 더 무서운 반동 세 력이다. 야누코비치 정권은 대한제국의 고종(高宗, 1852~1919)처럼 이이제이(以夷制夷) 식으로 미국, 유럽연합, 러시아, 중국과 균형을 맞추어왔다. 그러나 이 정권은 대한제국으로 치면 이완용(李完用, 1858~1926), 박제순(朴齊純, 1858~1916), 송병준(宋秉畯, 1858~1925) 으로 조합된 체제다.

전운이 고조될 때마다 좌파는 위기 국면에 처한다. 그럴 때면 언제 나 한편에는 '비국민'이라는 지탄을 면하고자 하는 온건 사민주의 세 력이 있고, 다른 한편에는 애국주의적 태도를 취하며 지배자 대열에 하급 파트너로 합류하려는 이들이 있다. 러시아연방 공산당은 사실 상 푸틴 정권의 이중대 노릇을 자처하려는 듯하다. 그들은 러시아군이 크림반도 등지로 진출하는 것을 두고 "러시아인이 세계를 각성시키다"라고 하는가 하면, 우크라이나를 사실상 합병한 것을 두고서는 "소련의 부활이 시작되었다"라고 하며, 국회에서 푸틴의 교서가 낭독될 때는 "진정한 단결의 시간"이라고 아부를 떤다. 러시아연방 공산당은 자국 정부의 전쟁 도발적 행위보다는 상대(서방 세력과 우크라이나의 친서방 지배자)의 문제점을 훨씬 중시한다. 이것으로 볼 때 그들 역시 여전히 애국주의의 자장 안에 머물러 있는 듯하다.

애국주의의 덫

나는 서방 세력과 그들의 주구도 전혀 좋아하지 않지만 러시아와 유관한 만큼 과거 러시아의 전쟁 도발적 행각과 나아가 자본제를 일차적 비판과 투쟁의 대상으로 삼아야 한다고 생각한다. 나는 인간이 인간을 죽이는 꼴을 절대 보고 싶지 않기에 모든 전쟁을 반대한다. 특히 내가 태어난 나라가 벌이려는 침략전을 반대할 임무를 절실하게 느낀다.

110년 전의 러시아와 프랑스가 영국과 미국의 지원에 힘입은 일본에 비해 약체였다 하더라도, 오늘날의 러시아와 중국이 서방 세력에 비해 약체라 하더라도, 그래도 그 본질은 제국주의 세력이다. 약소민족의 해방전을 부득이한 것으로 이해하고 응원할 수는 있어도 어떤 제국주의 세력의 침략전은 절대로 지지할 수 없다. 또한 과거의 소련이라면 비자본주의적 사회였기 때문에 애착을 느낄 수 있어도 오늘날의 러시아는 자본주의적 야수 국가나 마찬가지여서 그것에 대해 애국적 감정을 느낀다는 것은 사회주의자로서는 도저히 받아들일 수 없는 일이다. 우크라이나와 러시아 두 나라의 국민이 살 길은 오직 지배자들의 전쟁질에 반대하고 지배 체제를 함께 무너뜨리는 것이다.

현실 사회주의 말기의 소련은 자유무역에서 자유로웠기 때문에, 다시 말하면 계획 경제의 구도 속에서 복지 정책이나 과학 발전에 중점을 둘 수 있었기 때문에 기술을 생산할 수 있는 사회였다. 반면 오늘날 러시아의 수출품에서 기술 집약적 상품이 차지하는 비율은 5퍼센트에 불과하다. 자유무역의 구도 속에서는 매장 자원을 약탈적으로 수출해서 돈을 벌어들이는 재벌이 경제를 좌우한다. 이런 상황이라면 러시아는 주변부로 자원을 수출하는 나라이거나 완제품 소비 시장 이외에는 어떤 다른 역할을 할 수가 없다.

자본주의적 국가인 러시아는 다시 혁명을 거쳐야 한다. 그것만이 민중이 살 길이다. 러시아 자본주의의 역사적 패배는 우크라이나 같은 구소련공화국뿐만 아니라 전 세계 노동계급에 분명 새로운 희망을 불어넣을 것이다. 그러나 푸틴 정권에 아부하면서 반전 운동마저도 절대 하려 하지 않는 지금의 러시아연방 공산당과 같은 태도로는 안 된다. 혁명을 하려는 사람들에게는 현존하는 국가에 대한 애국이란 없다.

최근 한 여론 조사에 의하면 과반수가 넘는 러시아인이 시장경제보다 계획 경제 모델을 선호한다고 한다. 러시아 제국주의의 야욕이 좌절되고 혁명을 통해 새로운 사회를 건설하는 것만이 그 신념이 실현되는 길을 열어줄 것이다. 러시아와 우크라이나의 민중이 전쟁을 막고 나아가 두 나라의 괴물 같은 자본주의 체제를 본원적으로 타도하는 길로 함께 나아간다면 훨씬 나은 미래를 위한 어떤 단서를 잡을 수 있을 것이다.

역사와 화해

우크라이나 서부에서 시작되어 중부까지 휩쓴 민족주의를 상징하는 두 개의 아이콘이라면 바로 시몬 페틀류라(Symon Petliura, 1879~1926)와 스테판 반데라(Stepan Bandera, 1909~1959)다. 페틀류라는 일종의 민족적 사민주의자로 출발했다. 그는 러시아 내전의 상황에서 서방 지향적인 우크라이나 인민공화국의 수반을 맡았으며, 주로 폴란드의 하위 파트너로서 소비에트 적위군과 교전하다가 결국 패주하고 망명했다. 반데라는 훨씬 심각한 문제를 가진 인물이다. 그는 우크라이나 민족주의자조직(OUN)의 우두머리로서, 처음에는 폴란드령 서부 우크라이나에서 테러리스트적 민족 해방 운동을 벌이다가 독일 파쇼 집단이 점령하자 그에 적극적으로 협력하면서 홀로코스트 같은 초대형 반인륜 범죄에 연루되었다.

페틀류라의 성향이 특별히 반러적, 반유대적이지 않았음에도 그가 이끈 무장 조직은 내전 기간에 러시아인에 대해서는 물론 유대인에 대해서도 소름 끼칠 정도로 잔혹한 학살을 벌였다. 그 조직은 군대라기보다는 차라리 깡패 조직에 가까웠다. 전체 피해자 수만도 정확하게는 알 수 없지만 4~5만 명에서 많게는 10만 명으로 추산된다.

반데라의 만행은 훨씬 심각했다. 페틀류라는 그나마 독립한 우크라이나를 다민족 국가로 생각할 정도로 이론적인 상식을 가지고 있었지만, 반데라는 철저한 단일 민족 국가론자였다. 그는 특히 유대인을 동화가 불가능한 민족으로 지목하고는 그것을 해결하는 방법으로 학살이나 추방만을 생각했다. 독일 파쇼 집단이 점령했을 때 그에 협력한 우크라이나 민족주의자조직은 더욱 과격해졌다. 그들은 유대인, 공산주의자, 소련 관계자뿐만 아니라 모든 폴란드계 주민을 추방도 아닌 고문과 학살의 표적으로 지목했다. 아이들을 환도로 토막 내는가 하면 임산부의 배를 총검으로 찌르던 우크라이나 민족주의자는 독일 파쇼의 눈에도 최악의 냉혈한으로 비쳤다고 한다. 2010년 우크라이나식 민족주의에 경도된 빅토르 유시첸코(Viktor Yushchenko) 대통령이 반데라에게 우크라이나 건국 영웅 칭호를 추서하자 러시아뿐만 아니라 폴란드와 국제 유대인 조직이 일제히 항의에 나섰다.

진정한 화해는 아래에서부터

지금 우크라이나에서는 사실상 동부와 서부 간 내전이 진행되고 있다. 이런 상황에서는 무엇보다도 양 진영 간 상호 이해와 화해가 필요하다. 그러기 위해서는 양쪽에서 모두 받아들일 수 있는 어떤 공동의 역사를 위한 윤곽을 잡아가는 한편, 기억과 화해해야 한다. 물론 양쪽 모두 노력해야 한다.

상당수가 러시아계이거나 러시아화된 우크라이나 동부 주민은 러시아 제국 안에서 우크라이나어 사용을 금지하는 등 그 문화를 탄압했다. 스탈린 이후 소련에서는 우크라이나 언어나 문화를 하위에 배치하며 '시골 문화'로 폄하했다. 그들이 서부와 화해하기 위해서는 이러한 역사를 반성해야 할 것이다.

그러나 역사와 화해하려고 아무리 노력한다 하더라도 동부 주민으로서는 한 가지 넘을 수 없는 선이 있다. 끔찍한 학살의 주범으로 기억되는 페틀류라와 우크라이나식 파시스트이자 제노사이드 이념가인 반데라, 이들을 우크라이나 동부 주민이나 마이너리티가 수용할 수는 없을 것이다. 저항적 민족주의에 정당성이 있다 하더라도 그들의 행위는 저항의 범위를 넘어 최악의 가해로 치달았기 때문이다. 비록 화해가 중요할지라도 파시스트적 범죄까지 눈감아주면서 화해를 추구할 수는 없다.

일제 강점기 위안부는 군에 의해 강제로 연행되기보다는 조선인 모집책에 의한 취업 사기로 인신매매를 당한 경우가 많았다. 황군과 조선인 모집책의 역할이 어떻게 분담되었든, 황군이 성 노예들을 어떤 방식으로 관리했든, 궁극적으로 군에 의해 여성들을 강제적으로 성 노예화한 일은 전례가 없는 초대형 전쟁 범죄임이 틀림없다. 일제 강점기 관료가 반공주의자로 변모하여 세운 대한민국이라는 나라는 그 피해자들에게 별다른 도움을 준 적이 없다. 특히나 피해자들의 요구를 계속해서 거절하는 일본과 어떤 화해가 가능할지 나로서는 회의적이다.

진정한 화해는 아래에서부터 시작되어야 가능하다. 언젠가는 우크라이나 동부와 서부의 가난뱅이가 서로 손잡는 날이, 또한 과두 재벌과 함께 투쟁하는 날이 올 것이다. 이미 강정마을-오키나와, 한국의 탈핵 운동-밀양 송전탑 반대 운동-일본의 탈원전 운동가, 한일 비정규직 운동가는 잘 연대하고 있다. 이런 화해와 연대는 결국 민족주의를 타파할 것이다. 그러나 진정한 화해를 위한다며 과거 국가가 저지른 범죄나 파쇼 극우 민족주의자의 소행을 합리화할 필요는 전혀 없다. 오히려 그런 과거에 대해 공동으로 단죄하고 재발을 방지하는 것만이 화해와 연대의 기반이 된다.

03

두 개의 국가, 평화로 가는 좁은 길

근대성의 빛과 어둠을 공유한 두 나라

노르웨이와 한국의 보수 신문을 비교하는 것은 상당히 어렵다. 아무리 같은 보수라 하더라도 노르웨이의 신문은 파업하는 지하철 노동자에 대해 '시민의 발목을 잡는다'라는 식으로 말하지는 않는다. 만약에 그랬다가는 시민들마저도 그 신문을 외면하게 될 것이다. 그런데 적어도 한 가지 사안에 대해서만큼은 노르웨이와 한국의 보수 신문은 물론이고 세계 대다수 주류 언론이 상당히 비슷한 태도를 보인다. 이들 신문은 모두 북한을 희화화하는 데 특기가 있으며, 그것을 주된 판매 전략 중 하나로 삼는다. 물론 그 방법에서는 상당한 차이가 있다. 남한의 보수 신문이 보이는 멸시와 희화화는 꼭 증오와 뒤섞여 있다. 반면 노르웨이 보수 신문은 북한을 그저 '세계와 담을 쌓고 사는 곳', '옛날 왕 같은 독재자가 다스리는 아시아 국가' 등으로 이국화하면서 재미난 볼거리로 삼는다.

그렇다면 국내외의 보수 신문이 북한을 증오의 대상이나 아니면 단순한 웃음거리로 만드는 것은 과연 정당한가? 북한은 적어도 1970년대까지는 남한에 비해 국력이 더 강했고, 그런 만큼 남북 관계를 리드

했다. 지금이야 북한의 연간 국내총생산액(약 260억 달러)이 삼성전자 연간 수익의 5분의 1 정도에 불과하지만, 적어도 유신 말기까지만 해도 남한의 지배자나 지식인은 은근히 북한을 참조하고 모방했다.

일란성 쌍둥이 체제

남북한 양쪽의 지배 체제가 공고해지는 과정을 보면 서로 상당히 닮았고 나란하게 진행되었다. 두 체제는 원하든 원하지 않든 유형적으로 비슷한 궤도를 밟았다. 이것도 분단 체제의 구조적 특징이라면 특징이다. 예를 들어 북한에서는 남로당에 이어 소련파와 연안파가 1958년에 거의 해체되었는데, 남한에서도 1950년대 후반 조봉암(曺奉岩, 1898~1959)의 진보당이 말살당했다. 진보당은 1956년 대선에서 무려 23퍼센트의 표를 얻은 바 있다. 북한이 박헌영(朴憲永, 1900~1955) 등을 죽여가면서 동유럽식 사회주의라는 대안을 매장했듯이, 남한은 조봉암 일당을 죽여가면서 공공성이 강한 국가 위주의 제3세계형 사민주의라는 대안을 매장하고 말았다.●

자신도 볼 줄 모르는 프랑스어와 라틴어로 쓰인 책을 참고 문헌으로 내세워 '박사님'이 된 이승만(李承晚, 1875~1965)은 '총잡이' 김일

● 박헌영과 조봉암은 해방 이전 공산주의 운동을 이끈 두 거목이지만, 해방 이후 정치적 소용돌이 속에서 각기 다른 길을 걷다가 결국 지배 체제의 희생양이 된 비운의 혁명가다. 박헌영은 평생 조선공산당의 정치적, 이론적 지도자로 살았지만 미국의 간첩이라는 죄목으로 김일성 정권에 의해 처형되었다. 조봉암은 조선공산당의 스탈린주의적 편향을 비판하며 민주적 사회주의 노선을 걸었지만 북한의 간첩이라는 죄목으로 이승만 정권에 의해 처형되었다.

성을 멸시했다. 하지만 두 체제는 많은 측면에서 일란성 쌍둥이 같았다. 1972년 남한에서는 유신 체제가 선포되었고, 북한에서는 주체사상이 지도 이념으로 확립되었다. 또한 북한이 1995~1998년 대기근 이후 시장경제를 부분적으로 도입한 것이나, 남한이 1997~1998년 IMF 경제 위기를 겪고 난 이후 본격적으로 신자유주의 노선을 걷기 시작한 것도 거시적 과정의 일부분이라 볼 수 있다. 여기서 말하는 거시적 과정이란 개발 국가식 조합주의[●]에서 시장주의로 전환되는 한반도의 상황을 뜻한다. 결국 북한을 멸시한다면 그것은 곧 우리 자신을 멸시하는 꼴이다.

북한은 한국의 스승?

북한은 소련과 중국의 힘에 크게 기대어 출발했지만, 그들과의 관계에서 민족적 자존심을 살리고 새 정부의 민족주의적 정당성을 입증하기 위하여 1950년대 초반부터 국학 진흥 프로그램을 가동했다. 특히 《조선왕조실록》이나 《고려사》 같은 주요 문헌을 국역하고 실학 같은 근대 맹아적 전통을 재발견하는 데 주력했다. 이승만 정권은 북한의 성과를 보면서도 대응할 능력조차 없었지만,

---

● 조합주의는 1920~1930년대 이탈리아 파시즘의 조합국가 이론에서 비롯된 말이다. 제2차 세계대전 이후 유럽은 미국과 다른 자본주의 체제를 구축했다. 즉 기업가-노동자-정부 연합이 주요 경제 정책을 결정하는 등 정부와 이익 집단 간의 공식 합의를 중시했다. 여기서는 제3세계나 후진 자본주의 사회에서 국가가 일방적으로 주도하는 이익 집단 대표 체제를 뜻한다.

박정희는 1965년이 되어서야 문교부 산하에 민족문화추진위원회를 두어 고전 국역 사업에 착수했다. 남한에서도 천관우(千寬宇, 1925~1991) 등이 일찍이 실학 재발견의 중요성을 강조하기는 했지만, 다산 정약용(茶山 丁若鏞, 1762~1836)에 대해 본격적으로 재조명하기 시작한 것은 북한보다 훨씬 늦은 1970~1980년대다.

그 밖에도 남한은 많은 면에서 북한을 따라잡기 위해 진땀을 뺐다. 박정희의 경제 개발 5개년 계획은 만주족 경험도 염두에 두었지만, 은근히 북한의 5개년 계획을 능가해보겠다는 일환으로 추진되었다. 포항제철을 건설하는 등 군수 공업의 기반이 될 산업을 진흥한 것은 분명 철강 생산이라는 전략적 부문에서 북한을 압도하려는 계산 없이는 불가능했을 것이다.

물론 모든 분야에서 북한이 먼저 발을 들여놓은 것은 아니다. 김일성이 1959년에 소련과 핵 연구 관련 협정을 맺은 것은 1956년에 남한과 미국이 핵 협력 협정을 맺은 것을 알고 남한에 압도당할 것을 우려했기 때문이다. 재미있게도 핵과 원자력의 분야에서는 남한이 오히려 처음에 훨씬 적극성을 보였다.

남북한은 한반도가 성취한 근대성의 빛(문맹 퇴치)과 어둠(전 사회 병영화)을 동시에 공유한다. 그만큼 서로 돕고 상처를 보듬어주는 데 지원하는 것이 정상이지 않을까?

남북한 비교론: 왕족 사회와 귀족 사회

영국에서 주로 고대 중동의 역사를 연구하고 가르치는 라이크 교수
는 모스크바에 있는 레닌의 묘에서부터 북한의 금수산 기념 궁전까
지 각국의 죽은 통치자에 대한 숭배를 종교학적 관점에서 비교 고찰
을 한 적이 있다. 그가 특히 관심을 기울인 것은 죽은 통치자의 묘 구
조나 영정이 가지고 있는 상징성이다. 이 부분에서 북한의 사례는 여
러 모로 특징적이다.

  금수산 기념 궁전은 레닌의 묘는 물론이고 마오쩌둥 기념당이나
쑨원(孫文, 1866~1925)의 묘와 비교해보더라도 가장 크다. 북한은
소련과 중국이라는 위압적인 우방과 국력을 겨룰 처지가 아니다. 하
지만 적어도 '선왕'에 대한 기념사업에서는 세계 최고를 기록한 셈
이다. 선왕의 표준 영정 역시 특이하다. 진지한 혁명가인 레닌의 사
진이나 초상화에서는 파안대소하거나 미소 짓는 모습은 전혀 찾아볼
수 없다. 혁명이란 무엇보다도 진지함과 자기희생을 요구한다. 이것
을 굳이 문화적 계통으로 따져본다면 복음서에 한 번도 웃었다고 기
록된 적 없는 예수의 진지함과도 일맥상통한다. 농촌 출신으로 대중

성이 강한 마오쩌둥의 사진에서는 간간이 웃는 모습을 볼 수 있지만, 역시 대부분의 표준 이미지에서는 진지해 보일 따름이다. 반면 금수산 기념 궁전에 걸려 있는 김일성의 표준 이미지에서는 그가 활짝 웃고 있다. 이는 진지한 혁명가보다는 '따뜻한 아버지', '백성을 어루만질 줄 아는 유교적 성군'의 이미지에 더 가깝다. 사실 이 유교 코드를 빼면 북한을 이해할 수 없다.

사회적, 경제적 측면에서 볼 때 북한은 강력한 중앙 집권에 바탕을 둔 스탈린주의적인 국가자본주의의 특징을 보인다. 반면 문화적, 정치적 측면에서 보면 유교적 유산을 가득 담고 있는 일종의 왕국이다. 강경한 민족주의의 성격을 띤 세습 통치가 그것을 잘 말해준다.

남한도 개발 국가 시절일 때, 특히 1970년대 유신 시절에 강경한 민족주의의 성격을 띤 종신 집권으로 방향을 돌린 바 있다. 친일파와 친미파에 의해 세워진 남한은 이때 2차 유교화 과정을 겪었다. 예를 들면 1972년 이후에 나온 지폐를 보면 세종대왕(世宗大王, 1397~1450), 퇴계 이황(退溪 李滉, 1501~1570), 율곡 이이(栗谷 李珥, 1536~1584)가 그려져 있다. 종신 집권을 도모하던 독재자는 이러한 현자들을 재발견하고는 남한의 미래를 위한 청사진을 제공하는 데 이용했다. 1970년대에 성장기를 보낸 이들은 현충사를 순례하여 성웅의 모습을 마음에 새겨야 했다. 텔레비전에서는 세종을 '전근대 개발 국가 지도자'로 만드는 드라마가 방영되었다. 국책 과목으로 지정된 국사 수업에서는 김유신(金庾信, 595~673) 장군의 헌신적 노력에 의해 삼국 통일을 이루었다는 수준의 내용을 가르쳤다. 이렇듯 장군, 성군, 성웅의 세계에서 성장기를 보낸 이들이 1980년대 운동권에서 유행한 주체사상에 관심을 갖게 된 것은 과연 우연일까? 북한 정권의 유교적 외피를 벤치마킹한 박정희의 퇴행적 독재로 말미암아 사람들의 의식에는 '인자하신 주인님'이라는 상이 새겨졌다. 물론 모두 그런 것은 아니지만 박정희주의에서 김일성주의로, 혹은 그 반대로 개종하는 것이 비교적 쉽다는 점은 분명하다.

남북한 어디에도 민중 본위의 근대는 없다

박정희는 경제력 증강 차원에서는 김일성을 능가했지만, 강경한 민족주의의 색채를 띤 종신 통치 수립 차원에서는 북한의 수준에 이르지 못했다. 지나치게 외부 의존적인 남한의 경제는 1979년에 과잉 중복 투자와 바깥에서 비롯된 쇼크로 심하게 삐딱거렸고, 결국 내분이 일어나 붕괴하고 말았다. 그 뒤로 무수한 굴곡을 겪은 남한은 이제 개발 국가라기보다는 신자유주의적 기업국가에 가깝다.

하지만 국가라고는 하나 공공성은 대단히 취약하다. 실제로는 그저 재벌의 심부름꾼에 불과하다. 공교육 제도가 있음에도 유치원생부터 40~50대에 이르기까지 거의 전 국민이 사교육의 신세를 져야 한다는 것은 이 나라의 수준을 단적으로 말해준다. 또한 사적 패거리와 각종 사회 귀족 중심의 나라이다 보니 죽은 통치자에 대한 숭배도 패거리 중심으로 행해진다. 제3차 세계대전이 일어나 남한이 완전히 소멸한다 해도 자유세계의 보루인 미국이 남을 터이니 별 문제가 없다고 장담한, 위대한 애국자요 건국의 아버지인 이승만을 기리는 소

집단이 있는가 하면, 유권자 중 적어도 15~20퍼센트는 지금도 박정희를 기리는 듯하다. 재벌마다 창업주 회장님을 숭배하는가 하면, 대학에서는 학맥마다 모 박사님, 모 교수님 등을 열렬히 숭배한다. 북한의 왕족이 '충성'을 중심으로 움직인다면, 남한의 귀족은 자신의 위대한 조상님에 대한 '효성'을 중심으로 움직인다.

그러므로 북한 왕실의 조상 숭배를 흉볼 것도 없다. 남한이 자랑하는 근대적 합리성의 수준은 북한과 그리 다르지 않기 때문이다. 초강경 중앙 집권인 북한에 비해 남한은 신자유주의적 기업국가인 만큼 권력이 어느 정도 분산되어 있기는 하다. 하지만 그 어떤 공공성도 합리성도 찾아볼 수 없다. 부하로 하여금 회장님의 어록을 달달 외우게 한다거나 부하를 야구 방망이로 때리는 사회 귀족이 거리를 활보한다는 것 자체가 이미 시대착오적이다. 그런 유형의 '호족' 혹은 '권문세가'는 마땅히 박제해서 역사박물관으로 보내야 한다. 북한의 권위주의가 스탈린 시대의 소련을 능가했다면, 남한의 기업국가는 어쩌면 미국 이상이라고 볼 수 있다. 남북한 어디에서도 민중 본위의 근대는 창출되지 못했다. 두 체제가 서로 대결을 접고 평화롭게 공존해야만 민중이 이 왜곡된 근대성을 바로잡는 작업을 본격적으로 할 수 있을 것이다.

북한, 피와 잔혹의 전제 왕국?

2013년 한국의 보수 매체는 북한의 장성택(張成澤, 1946~2013)* 숙청과 관련한 보도를 대대적으로 다루었다. 북한은 장성택의 운명과 무관하게 계속해서 중국에 의존하면서 자본화를 도모하고, 그럼으로써 정치적, 이념적 체제를 다져갈 것이다. 장성택이 숙청되면서 이제 북한의 대중국 거래 창구는 친정 체제로, 즉 정치적 독립성이라고는 전혀 없는, 최고 존엄자의 직접적 하수인으로 교체될 것이다. 대남 관계에서도 장성택의 운명과는 무관하게 계속해서 같은 노선을 견지할 것으로 보인다.

그런데 왜 그토록 이슈화된 것일까? 장성택 숙청과 관련하여 연일 쉴 사이 없이 쏟아지는 보도는 마치 포르노와도 흡사한 느낌마저 들었다. 성행위를 하지 않는 사람이 포르노를 보면서 기만적인 대리 만족을 느끼듯이, 장성택 관련 보도를 보면서 남한의 서민은 그나마 북

• 장성택(張成澤)은 김정일의 매제(김경희의 남편)이자 김정은의 고모부다. 북한의 국방위원회 부위원장이었으나 2013년 12월 12일 반당, 반혁명죄 등의 죄목으로 처형되었다.

한에서 살지 않아 다행이라는 대단히 허위적인 만족감을 느꼈는지도 모른다. 그들도 늘 생계 위협에 노출되어 있고 자녀 교육비 등으로 하루도 안심하지 못하면서 말이다.

남한 사람들에게 북한은 이제 모종의 비정상적인 에로티시즘을 내포하고 있는, 잔혹한 피로 얼룩진 동양적 전제 왕국으로 다가온다. 오랫동안 우리 자신이 서구와 일본의 오리엔탈리즘에 피해를 보았듯이, 이제는 우리가 북한에 대해 섬뜩함과 아찔함을 느끼면서도 편안히 멸시한다. 우리만의 오리엔트를 찾아낸 셈이다.

장성택 숙청의 포르노화

한국은 자국사나 동양사를 애호하는 교양 대중이 많은 사회다. 이런 사회에서 장성택 사건을 단지 정치적 포르노 수준으로 취급할 뿐 역사적 맥락에서 깊이 있게 분석해보려는 시도가 없다는 것은 이해하기 어려운 일이다. 사실 장성택 사건은 동양사에서 흔히 볼 수 있는 훈척(勳戚) 숙청에 속한다. 대체로 새로운 왕조가 들어서면 자신과 친척만의 소왕국을 꾸미고, 지대 추구적인 경향*을 보이는 훈구파와 왕척 세력이 나타난다. 왕은 이들을 숙청하여 중앙 집권적 관료 국가의 단일한 관리 체계를 확립해야 한다. 조선 초기 태종(太宗, 1367~1422)이 개국 공신 민제(閔霽)의 자식인 민무구(閔無咎), 민무질(閔無疾), 민무회(閔武悔), 민무휼(閔無恤) 등을 과감하

• 관료들이 자신의 관직을 이용하여 부정부패, 부정축재 등을 일삼는 경향.

게 숙청한 것이 대표적인 예다. 이들은 태종을 도운 훈신들이었다.

그러나 이런 측면에서만 보면 북한은 부활한 전통 왕국밖에는 안 되므로 또 다른 측면에서 현대적 의미를 언급해야 할 것 같다. 전근 대적 요소라면 남한에도 북한에도 내재해 있다. 또한 두 나라 모두 농업 사회가 아니라 국가 주도로 산업화된 공업 사회인 이상 그 전근 대적 요소만을 보고 전부라고 생각해서는 안 된다. 남한의 재벌가에 서 왕자의 난이 일어나고, 부하 간 충성 경쟁을 벌이고, 회장님 어록 을 공부한다고 해서 재벌 자본주의의 속성(산업 생산이나 고용 노동 착 취를 통해 잉여 가치를 획득)이 없어지는 것은 아니다.

북한은 지금 '스탈린주의적 국가 관료 직접 지배의 경제'에서 점차 중국과 베트남 모델인 '국가 주도의 관료 자본주의'로 이동하는 중이 다. 그런데 지금 가장 위협이 되는 것은 자본 세력이나 외세와 결탁 한 고급 관료가 아예 국가 권력까지 넘본다는 사실이다. 예를 들면 소련 말기의 보리스 옐친(Boris Yeltsin, 1931~2007), 우크라이나의 토 호인 레오니드 크라프추크(Leonid Kravchuk), 지금도 카자흐스탄에 서 대통령을 하고 있는 누르술탄 나자르바예프(Nursultan A. Nazarbayev) 같은 친자본적 훈구 세력이 바로 그런 이들이다. 이들은 미하일 고르바초프(Mikhail Sergeyevich Gorbachyev)를 무력화하여 소련연방을 해체하는 데 앞장섰다. 고르바초프가 만약 소련연방을 계속 살릴 의지가 있었다면 덩샤오핑(鄧小平, 1904~1997)처럼 고관 들 단속부터 철저히 하고 일원적 권력을 공고히 하는 데 모든 힘을 쏟아야 했다. 김정은이 고르바초프의 실패와 덩샤오핑의 성공에서 아무것도 배우지 못했을까?

허위적 만족감에 사로잡힌 한국

깊이 있는 분석 대신에 값싼 선정적 선동에 치우친 남한 언론을 보면 그 수준이 한심할 따름이다. 물론 철도 파업 등으로 표현되는 민심 이반, 반정권 기운의 강화, 밑에서부터 올라오는 저항의 움직임, 이런 와중에 정권이 장성택 포르노로 무엇을 노리는지는 뻔하다. 나는 남한과 북한의 지배자에 대해 공히 반감을 가지고 있지만, 그저 북한의 민중이 망국으로 인한 고통을 받지 않기를 바랄 따름이다. 그런 차원에서 북한이 국가로서의 체제를 유지하여 미국, 일본, 남한 같은 포식자로부터 독립을 지켜낼 수 있기를 바란다. 나라의 독립을 지켜내고 남한에 흡수되는 것을 결사 저지하는 차원에서는 북한의 민중과 지배자가 이해관계를 공유한다. 하지만 아주 궁극적인 차원에서는 그 어떤 민중도 지배자와 이해관계를 공유할 리가 없다. 나는 북한을 포함하여 동아시아 지역 전체의 여러 문제에 대한 궁극적인 해답은 결국 자본주의와 국민국가 지배 체제를 벗어나는 데 있다고 확신한다.

국제법에 대한 사망 선고

1891년 에어푸르트 강령은 내가 가장 애호하는 옛 사회주의 운동의 문헌이다. 독일 사민당의 2차 강령인 이것은 제2인터내셔널* 시대 사민주의 운동의 핵심적 요구를 가장 잘 반영했다. 이 강령에서 안보나 외교 부분을 보면 지금까지도 전혀 해결되지 않고 있는 두 가지 핵심적 과제가 제시되어 있다.

하나는 상비군을 철폐하고 대신 전민에게 군사 교육을 실시한다는 군사 제도 민주화다. 다른 하나는 모든 국제 갈등을 법적으로 조절함으로써 평화적으로 해결한다는 것이다. 한 세기 전의 사민주의자들은 모병제든 징병제든 특권층에 속하는 장교가 위계 서열적으로 지휘하는 비민주적이고 폐쇄적인 조직인 상비군 그 자체를 극도로 불

---

* 1889년에 주로 유럽의 노동운동 지도자들에 의해 조직된 국제적 노동 단체로, 정식 명칭은 '국제사회주의자회의'다. 제1인터내셔널(1864~1876) 해산 이후 13년 만에 프랑스혁명 100주년을 기념하며 파리에서 결성되었다. 제2인터내셔널에서는 사회민주주의를 지도 이념으로 삼은 만큼 독일 사민당의 대표 주자인 카를 카우츠키가 중심 역할을 했다.

신했다. 그 대신 모든 인민의 무장 가능성, 즉 유사시 일종의 인민 전쟁을 가능하게 하는 무력 민주화를 추구했다. 이와 약간 유사한 것으로 '노동자 농민 군사 교육 제도(Всеобуч)'를 들 수 있다. 이것은 스탈린화가 되기 이전 초기 소련에서 부분적으로 실시되던 것이었다. 하지만 1930년대 중반부터 사실상 상비군이 부활함으로써 그것은 사라지고 말았다. 이처럼 옛날 사민주의자들은 극단적인 경우에 한해서 인민 전쟁이 불가피하다는 인식을 공유했지만, 원칙상으로는 민중에게 막대한 피해를 주는 전쟁 그 자체를 폐지하려고 했다.

사민주의자들이 전쟁의 대안으로 생각한 것은 국제법에 의거한 갈등 해결이다. 그러한 의미에서 카를 요한 카우츠키(Karl Johann Kautsky, 1854~1938)나 빌헬름 리프크네히트(Wilhelm Liebknecht, 1826~1900) 같은 당시 사민당 지도자들은 이마누엘 칸트(Immanuel Kant, 1724~1804)의 영구 평화론°을 계승해서 발전시켰다고 볼 수 있다. 칸트는 민주화된 사회 간에는 전쟁이 불필요하리라고 보고, 연방제의 국제적 조직이 갈등 해결 역할을 맡을 것이라고 예견했다. 초기 사민당 지도자들도 국제 사회를 상식과 법이 통하는 비폭력적인 공동체로 만들려고 했던 것이다.

• 1795년 러시아와 프랑스 사이에 체결된 평화 협정을 계기로 칸트가 세계의 영구 평화를 수립하기 위한 조건을 논한 것이다. 영구 평화를 위한 가장 이상적인 길은 단일한 세계 공화국을 건설하는 것이다. 하지만 현실상 그것은 불가능하므로 먼저 모든 나라가 민주적 법치 국가가 되고, 이어 이들 국가 간에 국제 연맹을 만드는 것이 유일한 방법이라고 칸트는 말했다. 그의 영구 평화론은 제1차 세계대전 이후 국제연맹과, 제2차 세계대전 이후 국제연합이 창설되는 데 큰 영향을 끼쳤다.

제1차 세계대전 이후에 나타난 국제연맹이나 제2차 세계대전 이후에 나타난 유엔도 그런 꿈의 연장선상에 있는 것이라 할 수 있지만, 계몽가와 사민주의자들이 꿈꾼 국제법적 세계 공동체 실현은 안타깝게도 실패하고 말았다. 철저하게 불평등한 세계 체제 안에서 자본주의 국가 사이는 모두 자국 지배 계급의 실리나, 강대국과 약소국간의 주종 관계, 최강대국의 패권 등에 의해 규정되었다. 이런 상황에서 칸트나 카우츠키가 꿈꾼 평화주의는 설 자리가 없었다. 국제연맹이 파시즘이 횡행하는 것을 전혀 억제하지 못했듯이 유엔도 미국이 북한, 북베트남, 캄보디아, 라오스 등에 대해 폭격을 가해도, 니카라과에 대해 무장 간섭을 해도, 쿠바나 북한에 대해 무역 제재를 해도 전혀 막지 못했다. 미국은 1990년대에 이라크 어린이를 100만 명이상 죽였으며, 거기에다가 범죄적인 무역 제재까지 가했다. 유엔은 허수아비에 불과했다.

제3세계 민중의 눈으로 본다면 국제법은 패권적 세계의 약육강식 같은 원리에 가깝다. 소련이 붕괴하면서 미국 패권이 절대화되었고, 자본주의적 세계화와 보조를 맞추어온 핵심부 언론의 시각은 획일화되었으며, 유고슬라비아에 대한 나토의 깡패 같은 공습으로 끝맺은 1990년대 이후로 국제법은 과거에 비해 더욱 빠르게 파괴되었다.

국제법은 죽고 주먹의 법만 남았다

2003년 미국이 주도하고 일본과 남한 등이 종범으로 나선 이라크전쟁을 보자. 세계의 헌법에 해당하는 유엔헌장에는 침략 전쟁이 불법이라고 명시되어 있다(무력 사용 금지 원칙, 1장 2조 4항). 제2차 세계대전 이후 유엔이 독일 파쇼와 일본 전범을 처리할 때에도 그들에게 적용한 가장 큰 죄목은 반평화 범죄, 즉 침략 전쟁을 일으켰다는 사실이었다. 좀 더 정확하게 말하자면 독일 파쇼와 일본 군벌 지도자에 대한 고소 고발의 법적인 근거는 전쟁 금지를 명시한 1928년의 켈로그 브리앙 조약이었다. 이를 보면 침략 전쟁은 중대한 국제 범죄이며, 미국 관료들도 그 범죄성을 십분 인식했을 것이다.

그러나 이와 무관하게 미군은 이라크를 짓밟았고, 그 책임을 추궁하려는 나라나 국제기관은 없었다. 이라크 침략은 사실상 미국의 패배로 끝났지만, 그 뒤 국제법의 파괴는 한층 가속도가 붙었다. 이제 열강이 국제법을 노골적으로 짓밟아도 어떤 자유주의적 매체도 그것을 반대하거나 지적하지 않는다. 2013년 유엔이 결의한 대북 제재만 하더라도 국제법 파괴 과정의 한 단계인 것 같다. 예를 들어 핵 개발과 관련 있다는 혐의가 있을 때 북한 외교관에 대해 선발 검색을 할 수 있다는 것은 외교관과 외교 공관이 누리는 치외법권을 명시한 빈 조약(1961)의 근본정신을 한순간에 무너뜨리는 처사다. 그것은 북한의 주권과 외교권 행사 가능성을 심각하게 침해하고 위축시킨다. 이와 같은 반국제법적 제재를 채택한 이들은 국제 조약의 내용을 알면서도 패권 국가에 감히 대드는 약소국에게는 그렇게 해도 무방하다고 판단한 듯하다. 이로써 보편적인 동등 주권을 골자로 하는 국제법은 무너지고 대신 강권주의가 그 자리를 차지했다.

국제법 파괴는 군사주의의 심화를 의미한다. 이는 군비 증강, 군사적 갈등 분위기의 악화를 예고한다. 국제법 파괴 과정의 끝에는 양차 세계대전과 같은 흉악한 대량 도살극이 기다리고 있을 것이다. 이런 비극을 막기 위해서는 국제법을 파괴하는 서방 열강의 행태에 대해 보편적이고 세계법적인 관점에서 제대로 비판해야 한다. 현존하는 국제법은 전혀 이상적이지는 않지만 거기에는 적어도 약소국의 법적 평등, 내정 간섭 금지, 무력 행동 금지 같은 상대적으로 진보적이고 제국주의의 전횡을 막을 수 있는 조항이 들어 있다. 그러므로 사회주의자라면 반제국주의적이고 평화주의적인 차원에서 국제법을 파괴하는 서방 열강의 행동을 소리 높여 규탄해야 한다.

자유주의자의 기준과 그 바깥 세상

북한을 바깥에서 가장 잘 이해해줄 수 있는 이들은 아마도 식민지 말기에 태어나서 한국전쟁과 그 이후 한반도 복구 과정을 직접 체험한 남한의 윗세대일 것이다. 그들 중 대다수는 정치적 보수가 되었지만, 그것만 아니라면 그들이야말로 북한을 이해할 수 있는 기본 조건을 갖추었다.

예컨대 식민지 말기를 경험한 사람이라면 북한의 대다수 사람이 항일 빨치산 김일성에 대해 가지고 있는 감정을 어느 정도 이해할 수 있다. 지금의 우리에게는 김일성이 항일 활동을 했든 박정희가 간도 특설대에 참여하여 항일 운동을 탄압했든 그저 듣거나 말거나 할 서사일 뿐이다. 하지만 식민지 학교를 다녀본 사람에게 빨치산 신화는 말 그대로 영혼을 살릴 수 있는 생명의 물일 수 있다. 극단적으로 억압된 상황에서는 그런 이야기를 듣는 것만으로도 진한 감동을 받았을 것이다.

혹은 거주지를 자의적으로 옮길 수 없는 북한의 인구 통제책에 대해서도 남한의 윗세대라면 이해할 수 있을 것이다. 1950년대 말까지만 해도 서울 총인구 중 약 3분의 1인은 달동네와 판자촌에 살았다. 그런 곳에서 직접 살아본 사람이라면 자원이 제한되어 있는 가난한 사회에서는 인구 이동 제한 정책이야말로 대도시 주변부의 슬럼화에 대한 현실적 대안이라는 사실을 잘 안다.

그러나 남한의 윗세대가 경험적으로 아는 것을 서방 사람에게 설명하기란 너무 어렵다. 서방 사람에게 북한의 현실은 자유주의가 금과옥조로 여기는 규준과는 다른 만큼 그저 악마화나 희화화의 대상일 뿐이다.

자유롭게 책을 살 수 없는 나라?

자본주의의 핵심부에서 나고 자란 사람에게 그 체제의 표준 이데올로기인 자유주의는 물과 공기와도 같다. 자유주의는 자본주의적 세계 체제의 발전 과정에서 탄생했으며, 그 체제의 바깥에서 독립적이고 비시장적인 근대화를 시도하는 사회에는 근본적으로 적용될 수 없다. 그럼에도 서구의 좌파조차도 이러한 사실을 선뜻 받아들이지 못한다.

예를 들어 그들은 북한에서는 외국 서적이나 영화 등을 자유롭게 구매하지 못한다는 사실에 격분한다. 그들은 돈만 있으면 무엇이든 구할 수 있는 유럽과 이념적인 제한이 강한 북한을 단순하게 비교한다. 그러고는 북한을 열등하다고 결론 내린다. 그러나 자본주의 세계 체제의 정점에 있는 노르웨이 노동자는 여느 평균적인 세계인보다 약 네 배나 많은 자원을 소비한다. 게다가 요즘 같은 공황기에도 그들의 임금은 해마다 2~3퍼센트 인상된다. 그런 나라라면 어떤 서적이나 영화가 유통되더라도 체제에 하등의 위협이 되지 않는다. 반면 세계 체제 바깥에 있는 약소국 북한이라면 당연히 세계 체제 내 이념 시장의 자유 경쟁 속으로 뛰어들기만 해도 바로 완패한다.

자유주의자는 그들의 이념이 제시하는 규준이 보편이라고 착각한다. 하지만 그 이념을 배태한 자본주의적 세계 체제 바깥에 있는 사회에다가 그 규준을 들이대고 준수하기를 요구하는 것은 그저 타자에 대한 폭력일 뿐이다. 남한도 기껏해야 유사 민주주의 사회라 할 수 있다. 마찬가지로 북한도 과거 비시장적인 근대화를 추구할 때에도 그렇고 오늘날 일부 시장화된 상황을 보아도 그렇고 사회주의와는 거리가 먼 사회다. 그러므로 북한이 비자유주의적인 사회라고 해서 열등하다거나 비정상적이라고 여길 것은 없다. 통일로 가는 문은 우리가 북한을 또 하나의 정상이라고 받아들이는 순간에야 열릴 것이다.

3부
배반과 혼란의 시대, 지식인을 향한 외침

01
그들을 믿지 말라, 지식인의 한계

교수가 휘두르는 무기

내가 속한 대학의 임상치과의학연구소가 추잡한 일로 노르웨이 일간 지를 크게 장식했다. 이 연구소의 박사 과정 학생이 성희롱을 당한 일로 말이다. 노르웨이의 직장 여성이라면 30~40퍼센트 정도가 평 생 한 번은 성희롱을 당한다고 한다. 상식적으로 볼 때 일반 직장보 다 더 깨끗해야 할 대학에서도 교수의 성적 압력이 존재한다는 사실 은 충격적이다.

치과대 박사 과정에 있는 여성 중 열 명 정도가 남성 지도 교수에 게서 심각한 성희롱과 성 상납 요구를 받았다고 폭로했다. 또한 이미 학위를 받은 이들 중에서도 박사 과정 때 지속적으로 그와 같은 요구 를 받고 끔찍한 정신적 상처를 입은 이가 있다고 한다. 그 일로 그녀 는 노동 능력까지 상실했으며, 결국 사회복지사무소의 신세를 져야 하는 정신신경과 환자가 되고 말았다. 성에 굶주려 양심과 상식을 잃 은 교수가 한 사람의 인생을 망가뜨린 셈이다. 치과대에서 이런 일이 하도 상습적으로 일어나다 보니 학교의 노동환경보호 책임자는 아예 해당 연구소를 폐소하겠다고 발표했다.

보통 이런 일이 터질 때마다 규정과 처벌 강화, 여성 교수 증원을 요구하는 목소리가 쏟아진다. 문제는 그렇게 한다고 해도 이성의 제자를 성적 만족의 수단으로 삼아보겠다는 인간을 막기에는 역부족이라는 것이다. 이런 일이 밝혀져 해당 교수가 해직되어도 그가 굶어 죽을 일은 없다. 그러므로 해직이 그의 탈선행위를 막을 만큼 충분하지는 않다.

현재 20퍼센트도 안 되는 여성 교수의 비율을 50퍼센트까지 올려야 한다는 것도 당연한 일이다. 하지만 여성 교수라고 해서 남성 제자에게 부당한 요구를 하지 않는다는 보장은 없다. 이것은 일차적으로 권력의 문제다. 교수란 사실 권력자의 다른 이름이다. 자본가의 자본 남용을 막기 어렵듯이, 전시에 군인의 민간인 학대를 막기가 거의 불가능하듯이, 교수의 권력 남용을 막는 것 또한 지난한 일이다.

권력자의 또 다른 이름, 교수

상아탑이니 진리 탐구니 하는 낭만적인 미사여구를 걷어내고 현실만을 냉정히 본다면 박사 과정 학생에 대한 지도 교수의 의무는 궁극적으로 자본주의 사회에 쓸 만한 고급 인력을 공급해주는 것이다. 노르웨이에서는 박사 논문을 작성할 때 머리말에서 '현실적 중요성(den praktiske relevansen)'을 꼭 밝혀야 한다. 관가에서든, 기업에서든, 비정부 기구에서든, 같은 학자 사이에서든 이 연구의 결과를 어떻게 써먹을 것인지를 제시하지 않고는 학위를 받지 못한다.

물론 인문학자의 연구는 보통 같은 분야의 학자에게 새로운 해석 틀이나 자료를 제시하는 선에 그치지만, 인문학 안에서도 나름의 규율은 존재한다. 유럽에서 인문학 치고 잘 팔리는 불교를 보면 그것에 대한 체계적 비판은 거의 없는 편이다. 서유럽에서 불교는 신비주의적인 현실 도피 수단으로 팔릴 뿐 그것에 대한 사회적, 정치적 비판은 터부시된다. 특히 서유럽 중산 계급이 가장 애완하는 티베트 불교에 대한 무비판적 접근은 거의 절대적이라 할 수 있다. '영적 생활의 낙원'이자 '중국 공산주의자들의 희생물'인 티베트의 치부를 안 건드리는 것이다.

이렇듯 박사 공부는 자본주의 체제가 요구하는 것에 맞추어져 있다. 그리고 지도 교수는 이 요구를 학생에게 전달하여 시행하게 하는 매개체이자, 학생에 대해 공적이고 사적인 권력을 휘두르는 존재다. 공적으로는 성적이라는 무기를 통해, 사적으로는 해당 분야의 네트워크에서 학생의 활동을 크게 방해함으로써 힘을 행사한다. 그렇다면 학생과의 관계에서 체제 그 자체를 대표하는 권력자로 하여금 그 힘을 남용하지 않게 하는 방법이 있을까? 하지만 체제 그 자체가 극도로 부도덕한 만큼 그것을 대표하는 사람을 도덕군자로 만드는 일은 유토피아적이다.

성추행 사건과 관련하여 규정을 강화하고 피해자 여학생을 괴롭힌 괴물에 대해 형사 책임을 묻는 것은 너무나 당연한 일이다. 하지만 그렇게 한다 하더라도 문제의 뿌리를 뽑을 수는 없다. 보통 노르웨이 같은 모범적인 사민주의 국가의 대학은 진보의 대명사로 여겨진다. 하지만 사실 대학만큼 상하 간 권력관계가 노골적이고 무자비하게 작동하는 공간도 없다. 물론 예외도 있지만 대개 교수라는 권력자는 미시적인 권력관계에서 진보적으로 처신하기가 어렵다. 진보적으로 처신하기에는 교수들이 그들을 키운 체제의 논리에 너무 길들여져 있다.

특권적 지식인과 책임 유기

노암 촘스키의 《제국적 야망*Imperial Ambitions*》(한국어 판 제목은 《촘스키, 우리의 미래를 말하다》)은 미국의 이라크 침략 직후 촘스키와 나눈 일련의 대담으로 구성되어 있다. 촘스키는 이 책에서 책임의 윤리에 대해 논하면서 책임은 특권에 정비례한다고 했다. 여기서 말하는 특권이란 광의의 개념으로 교육이나 사회적 위치도 포함한다. 가령 어떤 발언이나 비폭력적 정치적 행위를 저질러도 감옥이나 고문실로 잡혀가지 않는 곳에 산다는 것도 일종의 특권이다. 인류의 상당수는 표현과 정치적 행위의 자유가 억제되어 있는 체제 안에서 산다. 하지만 위에서 내려오는 압박이 없더라도 먹고 사는 일에 바쁜 절대 다수는 실생활과 직접적으로 관계가 있는 것이 아닌 한 정치를 사고할 여유 자체가 없다. 그러한 여유가 있다는 것도 하나의 특권이다.

  장시간 고강도 노동으로 언제 골병으로 불구가 될지도 모르는 하도급 업체 노동자가 옆에서 일하는 조선족 동료에게 폭언을 퍼붓는다면 그는 분명 가해자다. 하지만 그런 노동자보다 훨씬 무거운 책임을 져야 하는 이들은 권력 비판이라는 지식인 고유의 임무를 유기한

SKY 대학의 교수들이다. 그들은 한국의 이민자 정책이 범죄적이며, 중국이나 조선족과 관련한 국내 언론의 보도 태도가 혹세무민의 악선전에 가깝다는 지적을 하지 않는다. 그런 문제점을 십분 인지하고 체계적으로 비판할 수 있는 위치에 있음에도 말이다.

우리는 차별과 억압을 당하는 이가 나와 똑같은 인간임을 알 때 편견과 국경을 넘어 그들과 얼마든지 연대할 수 있다. 식민지 조선에서 급진적 노동운동을 벌이다가 경찰에 붙잡혀 옥고를 치른 이들 중에는 재조선 일본인도 십여 명 정도나 있었다. 투쟁의 현장에서는 식민자와 피식민자 간의 담이 무너질 수도 있었다.

그런데 자기도 모르게 차별이라는 범죄를 저지른 노동자는 어쩌면 회개할 수 있어도 사회적 비판의 의무를 유기한 특권적 지식인은 절대로 그렇게 하지 않는다. 명문대 교수와 같은 특권적 지식인을 생산하는 메커니즘 자체가 책임의 윤리를 애당초부터 원천적으로 봉쇄하기 때문이다. 실은 책임의 윤리 의식이 강한 사람은 특권적 지식인이 될 가능성이 거의 없기도 하다. 그리고 그 세계에 이미 들어간 사람이 책임의 윤리를 추구할 확률은 매우 낮다.

지식인 사회의 과도한 자기중심주의

수공업과 달리 현대 공업에서는 한 개인이 생산 단위가 아니다. 생산직 노동자들은 쉽게 연대한다. 같이 일하면서 하나의 생산 단위가 되는 것에 어느 정도 익숙해져 있기 때문이다. 농민에게는 '마을'이 존재하고, 자영업자에게는 그들의 단골이 되어줄

'동네'가 존재한다. 노동자 사이에서든 자영업자 사이에서든 약자에 대한 착취와 배제 같은 다양한 문제가 발생할 수도 있지만, 과도한 자기중심주의가 발전하기는 어렵다.

반면 지식인의 세계는 달라도 아주 다르다. 특히 인문학이나 사회 과학 분야에서 논문과 학술 저서를 생산하는 단위는 개인이다. 그 원자화된 개인 중심의 사회 안에는 출신 대학 같은 파벌이 존재하며, 그 파벌 안에서 만인은 경쟁자 아니면 상전이다. 정확히 말하자면 동년배나 선후배와 경쟁하면서 실세의 눈에 들게 해야 특권적 지식인이 될 최소한의 가능성이라도 보인다.

하지만 행운이 따라서 대학에서 전임 자리라도 얻는다 치더라도 경쟁이 끝난 것이 아니다. 오히려 이때부터 더욱 피 말리는 경쟁이 시작된다. 이제 승진 심사에서 탈락하지 않으려면 미국의 유명 학술지에 논문을 제출하는 전 세계의 동업자와 무한 경쟁에 돌입해야 한다. 이런 상황에서 국가의 범죄적 이민 정책이라는 자신과 직접적인 관계에 없는 사안에 대해 생각할 여유가 있을까? 책임은 타자에 대한 적극적인 인식을 전제로 한다. 하지만 경쟁에만 매몰되어 있는 이 나라의 지식인에게는 나와 가족 외에는 관심사가 없다. 경쟁의 세계에서는 타자가 들어설 자리가 없다.

착취 공장의 브레인 역할

촘스키는 미 제국주의가 전 세계에서 부리는 난동에 대해 동료인 특권적 지식인이 침묵하는 것을 한탄했다. 특권으로 치면 동방예의지국의 교수님은 촘스키의 동료보다 몇 배는 더 누릴 것이다. 특강할 때는 물론 학회에 참석할 때에도 돈을 다 지급하고, 외국의 저명한 학술지에 논문을 게재하면 학생들이 낸 등록금으로 그것에 대한 보상을 한다. 이런 나라가 세상에 또 어디 있을까?

요즘 개신교 일부 목사의 교회 세습이나 매매, 권위주의, 정신병적 극우주의 등이 여론의 도마에 오르면서 반개신교적 기류가 형성되었다. 반면 특권만큼이나 무책임으로 똘똘 뭉친 교수 사회는 여전히 거의 성역에 가깝다. 대한민국이라는 착취 공장을 운영하는 데 교수라는 브레인 집단이 그만큼 중요한 역할을 하기 때문이다. 실제로 한국만큼 권학 유착이 심한 곳도 없다. 이런 나라에서 교수들이 권력을 급진적으로 비판한다는 것은 어디까지나 자아비판과도 같다. 그들에게 자신을 비판적 분석의 도마에 올린 장 자크 루소(Jean Jacques Rousseau, 1712~1778)나 레프 톨스토이(Lev Nikolaevich Tolstoy, 1828~1910) 같은 지적 용기를 기대하기는 어려울 것이다.

지식, 해방 혹은 학살의 도구

한진중공업 김진숙이 크레인에 올라 고공 농성을 벌이는 것을 보면서 생각이나 정서를 십분 공유해도 행동은 하지 못하는 나 같은 사람은 과연 의미 있는 인생을 사는 것인가 하는 회의가 들었다. 유대교 문화에서도 그렇듯이 한반도 문화에서도 사람들은 대개 배움이라는 것에 절대적인 가치를 부여한다. 1970년대 동일방직 여공들은 "우리는 배우지 못했지만 똥을 먹고 살 수는 없다"라고 외쳤다. 여기에서 중요한 것은 "배우지 못했지만"이라는 전제다. 이것은 엄밀하게 말하면 개인 의지의 문제이기보다는 사회적 환경의 문제일 뿐이건만, 배우지 못한 사람은 애초부터 한 수 접고 배운 사람이 지배하는 사회 안에서 살아가야 한다.

이 사회를 지배하는 고급 관료, 기업 소유주와 임원의 대다수는 국내외 명문대 학위를 가지고 있다. 그리고 그들을 지성적으로 뒷받침해주는 교수들 중 약 40퍼센트가 화려한 외국산 학위를 가지고 있다. 지배자들이 가장 기대는 SKY 대학의 상경 계열과 사회 계열의 교수라면 80~90퍼센트가 미국의 최고 명문 대학에서 간판을 따고 유창한 내지어(영어)로 무장했다. 개화기나 박정희 시대의 구호대로 지식이 국력이라면 한국은 벌써 세계 최강의 반열에 올랐다고 할 만하다.

식민지 모국의 인증서가 붙은 지식을 보유했다는 것과 지배는 정확하게 겹친다. 상전들은 검증된 지식을 지배를 위한 확고한 명분과 도구로 삼는다. 백성들도 어떻게든 이러한 체제에서 살아남기 위하여 빚을 내서라도 필사적으로 자식에게 내지어를 가르치려 한다. 일제 말기 조선인 중에서 당시 내지어인 일본어에 능통한 사람은 약 15퍼센트 정도였다. 그때와 달리 지금은 간접적인 식민 통치를 받는 상황임에도 새로운 내지어인 영어에 능통한 사람은 늘어나고 있다.

지식 그 자체는 인간을 구하지 못한다

그런데 지배 체제가 요구하는 지식으로 인생이 갈리는 대한민국은 과연 덜 폭력적인 사회일까? 경찰이 유성기업이나 한진중공업 노동자를 대하는 방식만 보더라도 전혀 그렇지 않다는 것을 쉽게 알 수 있다. 감히 자본에 맞서 행동으로 권리를 주장하는 노동자에게 돌아오는 것은 1990년대처럼 원천 봉쇄, 묻지 마 연행, 초강경 진압, 살인적 손배 소송, 용역의 무자비한 폭행이다. 1980년대와 비교해도 고문이 없어진 것 빼고는 큰 차이를 발견할 수 없다. 지식으로 가득 차 있다 못해 이제는 그것이 거의 넘쳐나는 사회임에도 폭력성의 수준은 쉽게 달라지지 않는다. 그러면 지식 그 자체만으로는 사회를 개선할 수 없다고 보아야 하지 않을까?

사회적 차원에서도 그렇지만 개인적 차원에서도 지식 그 자체만으로는 인간을 인간답게 만들어주지 않는다. 체제가 아무리 악질적이어도 고급 지식을 가지고 있는 사람은 군대의 졸병 이상으로 그 체제에 잘 순치되는 경향을 보인다. 주변부 파시즘의 전형에 가까운 유신 체제 아래에서 대체로 저항을 주도한 사람은 함석헌(咸錫憲, 1901~1989)처럼 지식 그 자체보다 독특한 종교적 사고를 가진 이들이었다. 이들은 내지의 지식 인증서가 없는 야생마 같은 존재였다. 물론 송기숙 교수처럼 일부 제도권 지식인도 민중의 편에 섰다. 하지만 저항에 가담한 사람보다는 교수평가단에서 출세 가도를 달린 사람이 훨씬 많았다.

박정희가 어릴 때부터 흠모한 히틀러의 치하에서는 과연 달랐을까? 지식인의 꽃이라고 할 의료 권력자(의사)의 절반은 나치 당원이었다. 이것이 파쇼 독일의 실정이었다. 반전 운동을 계기로 행동하는 지식인의 삶을 걷기 시작한 촘스키는 베트남전쟁이 한창이던 1960년대 말만 해도 미국 대학 교수의 약 70퍼센트가 전쟁을 지지하거나 그것에 무관심했다고 회고했다. 미국 대학과 군수 복합체의 밀접한 관계를 생각한다면 결코 놀라운 사실이 아니다. 어쨌든 이러한 사례는 지식 그 자체가 인간을 구제할 수 없다는 것을 잘 보여준다.

인간 해방을 위한 지식

우리가 죽으면 뇌 속에 축적된 지식도 지워진다. 그러한 의미에서 지식인이란 너무나 유한한 것이다. 책을 통해 공동체 전체의 재산이 된 사회화된 지식은 그래도 오래 이어지지만 절대 영원하지는 않다. 그리고 수백 년이 지나고 나면 우리의 지식은 그저 역사학자에게만 관심사가 될 것이다.

그런데 사람이 죽어도 지워지지 않고 수만 년이 지나도 바래지 않는 것은 김진숙이 보여준 것과 같은 동류 사랑, 이웃 사랑이다. 이렇게 말하면 괜스리 종교적 냄새가 나기도 하지만, 노동운동판에서 김진숙이 보여준 실천은 그 어떤 종교인의 실천보다도 더 고귀해 보인다. 종교인의 이웃 사랑에는 권위주의적인 상하 관계가 내재해 있다. 예수는 단순히 한 명의 씨알이 아니라 주님의 아들로 기억된다. 부처는 설법을 들으러 온 사람들이 그 발에 입을 맞추어야 하는 세존(世尊)님으로 기억된다. 예수든 부처든 보통 사람에게는 절대적 권위를 가진 존재로 다가온다.

김진숙은 제도가 아닌 자신의 힘으로 지식인이 되었고, 그녀의 지식은 그 자체가 목적이 아니라 동류 사랑의 실천 수단이 되었다. 이것이야말로 지식을 올바르게 쓰는 유일한 방법일 것이다. 지식이란 일종의 칼이다. 누가 쥐고 있느냐에 따라 그것은 해방의 도구이기도 하고 학살의 도구이기도 하다. 칼을 절대시하는 문화는 해방보다 학살에 가깝다. 마찬가지로 지식을 절대시하는 문화 역시 전혀 해방적이지는 않다.

행동으로 이어지지 못하고 체제에 편입된 지식은 그저 악의 도구일 뿐이다. 지식을 전문적으로 다루면서 행동하지 못하면 결국 지배자 무리에 포섭되어 이 지옥을 관리하는 악마의 유순한 도구가 될 뿐이다. 김진숙을 보며 인간 해방을 위한 지식이란 무엇인지 배워야 한다.

자본의 노예가 된 학자들

한 개인이 속한 사회의 근본 구조는 그에게 절대적인 영향을 미친다. 소련에서는 국가가 자본을 대신해서 경제를 운영하다 보니 사회의 거의 모든 구성원에게 국가 복무자 심리 같은 것이 있다. 좋게 보면 의무감이라든지 동료에 대한 배려 등이 각인되어 있다. 나쁘게 보면 윗사람의 기분을 맞추거나 분위기를 파악해서 처신하는 순응주의가 만연해 있다. 구성원이 잘 바뀌지 않고 연공서열대로 움직이는 소사회가 본래 그런 면이 좀 있다. 단카이(團塊) 세대(제2차 세계대전 직후인 1946~1949년에 태어난 일본의 베이비 붐 세대)가 한창 활동하던 1990년대 이전의 일본도 그런 면이 강했다. 그래서인지 소련에서는 일본의 동시대 문학이, 일본 사회 일각에서는 소련 문학이 잘 읽혔다.

나도 작은 자본가다!

지금의 신자유주의 시대는 단카이, 즉 덩어리와 전혀 무관하다. 사회는 원자화되었고, 이 안에서 각자는 1인 기업처럼 스스로 경영해서 날마다 경쟁적인 서바이벌 게임에 몰두하지 않으면 안 된다. 옆에서 일하는 동료를 뛰어넘지 못하면 나의 1인 기업은 도태된다. 〈배틀 로얄(Battle Royale)〉(2000)은 동류를 죽여야 만 살아남을 수 있는 상황을 그린 일본 영화다. 어떻게 보면 1990년 대 이후 동아시아에 불어닥친 신자유주의적 현실을 담은 셈이다. 사회라는 것이 없어진 양 사람들은 이제 개인은 1인 기업 개업을 강요받는다. 대학이라는 이름의 최첨단 신자유주의적 기업체에 고용된 연구원이나 교수도 절대 예외가 아니다. 대학의 고용자는 '국민개상 (國民皆商)'을 주창하며 자신을 팔면서 살아야 하는 위대한 새 시대를 열어가는 데 앞장선다.

국내 대학은 지금 영어 논문의 전성시대를 맞이했다. 이러한 상황에서 교수가 민중이 어떻게 사는지, 시대의 요청이 무엇인지 따위를 고려할 여유는 전무하다. 대중적인 글로 독자를 상대할 여유도 없다. 오직 영어 논문으로 식민지 모국에서 자기만의 상표를 획득해야 비로소 학자의 반열에 오르고 그 밑천으로 장사를 할 수 있다. 이렇듯 대한민국은 지금 구시대의 유물을 발전적으로 해체하는 신자유주의적 후천개벽의 최전선에서 싸우고 있다.

노르웨이의 사민주의적 원주민이 감히 이것을 완전하게 흉내 낼 수 있을까? 그러나 근본적으로는 노르웨이도 마찬가지다. 가면 갈수록 학자에게는 인민에 대한 계몽의 의무는 없어지고 그저 자신만의 1인 기업을 무한정 확장해야 하는 일만 남았다. 2005년부터 도입한 논문 게재 점수 제도로 인해 학자들은 적어도 1년에 한 편의 논문을 검증된 학술지에 발표해야 한다. 그렇지 않으면 연구년 신청도 할 수 없고 임금 인상 협상에서도 퇴짜를 맞는 등 각종 불이익을 받는다. 물론 노르웨이에서는 대한민국처럼 권위지에 게재한 논문을 학생들의 돈으로 보상할 만큼 관리자들이 용감하지는 않다. 대학도 기업인 만큼 우수 사원에게 상금을 주면 어떠냐는 소리를 아직은 대놓고 하지 못한다. 하지만 일단 우수 사원에게 가용 자원을 몰아주는 분위기는 형성되고 있다. 한국의 모범적인 황민은 식민지 모국의 SSCI에 등재되지 않은 학술지는 아예 학술지로 취급하지도 않는다. 반면 노르웨이에서는 국가 기관이 학계의 조언을 따라 검증된 학술지의 목록을 독자적으로 만들었다. 운이 좋으면 한글 학술지도 포함될 수 있다. 그러나 노르웨이의 학자 역시 저마다 작은 자본가가 되어야 하는 압박에 시달린다.

구소련 시절의 학자에게는 인민 계몽이 명예로운 의무였다. 나의 당숙은 셈족 언어와 역사를 다루던 전문 학자였다. 그러면서도 당과 인민계몽기관의 요청에 따라 한니발 장군과 알렉산드로스 대왕에 대한 대중적인 평전을 집필했다. 그는 어떤 전문 서적보다도 그것을 더 자랑스러워했다. 그런 계몽적 학자의 시대는 이제 아름다운 꿈처럼 기억된다. 나는 그의 대중적인 저서를 읽으면서 자랐고, 그렇게 해서 역사를 사랑하게 되었다. 그런데 이 시대의 영어 논문을 미래의 소년이 읽는다면 역사 사랑이라는 달콤한 질환에 걸릴까? 우리는 스스로 자본의 노예 혹은 작은 자본가가 되어 자신의 영혼을 거세하고 있다.

02

승자 독식 세계와 인문학

인문학의 위기는 사회성의 위기다

요즘 거의 일상적으로 듣는 말 중의 하나가 '인문학의 위기'다. 그 의미는 나라마다 조금씩 다르다. 노르웨이에서 이 말은 세 가지를 의미한다.

첫째, 인문학에 대한 투자가 없다는 것이다. 노르웨이 학술진흥재단의 지원금 중 인문학에 투입하는 것은 3퍼센트에 불과하며, 교수 증원이나 연구 지원은 현저히 줄어들었다.

둘째, 학생들의 취직이 비교적 잘된다 하더라도 대개 전공과는 무관하다는 점이다. 가령 철학을 전공한 학생이 노동복지공단 사무원으로 취직했는데, 결국 3년간(노르웨이 대학의 학사 과정은 3년으로 축소되었다) 칸트와 헤겔을 읽은 것은 직장 생활 이전의 교양 쌓기 정도가 되고 말았다. 교양으로 충전하고 그다음 다소 재미없는 공공 부문 사무직으로 가더라도 나중에 틈틈이 철학 책이나 읽을 수 있다면 그것만으로도 인생의 낙이라고 여기게 된 셈이다.

셋째, 인문학 안에서 역학 관계가 바뀌었다는 것이다. 오슬로대학의 노르웨이와 스칸디나비아 역사 분야를 예를 들면, 그 유명한 바이

킹 시대나 중세보다는 현대사를 전공한 교수를 증원한다. 이제 노르웨이의 전근대사 분야는 찬밥 신세를 면하기 어려워졌다. 대체로 실용성으로 이해(혹은 오해)되는 현대성을 일방적으로 강요받고 있는 가운데, 한 과목의 기초를 이루는 부분은 뒷전으로 밀려나는 형국이다. 크게 보면 인문학 전체가 어려워졌지만, 그 안에서도 그나마 '시의적' 혹은 '현재적'이라고 평가받은 일부 분야는 자구책으로 고리타분하고 실용성 없는 분야를 주변화하면서 얼마 되지 않는 자본을 독점한다. 주류 사회의 관점에서 보면 모두 주변 분자이지만, 그중 일부는 주변 중의 주류가 되려고 안간힘을 쓴다.

귀족의 필수 학문에서 비효율적 학문으로

2010년 영국 미들섹스대학은 철학과를 폐지하고 교수 전원을 해고했다. 이에 철학과를 살리자는 국제 연대 운동도 일어났다. 해고당한 교수들은 결국 런던의 킹스턴대학으로 자리를 옮겼지만, 최고 점수를 받아온 한 인문학 기관이 하루아침에 없어질 수 있다는 사실은 공포로 다가온다. 해당 과는 인기가 높아 통상 적자가 아니었음에도 대학 경영층은 같은 돈으로 더 높은 수익을 올릴 수 있는 과를 지원하는 것이 효율적이라고 판단했다. 즉 존속시켜도 손해는 안 보지만 없앰으로써 이득을 보자는 것이었다. 이 사건은 영국에서 인문학이 당하는 이지메의 정도를 웅변적으로 보여준다. 서섹스대학, 켄트대학, 킹스칼리지대학 등에서는 학생들이 용감하게 막아섰다. 덕분에 철학과 교수들은 해고 위험에서 간신히 모면할 수 있었다. 어쨌든 광적인 긴축 분위기에서 철학과, 문학과, 언어과, 문헌학과의 교수들은 앞날을 내다보기가 어려워졌다. 기성 교수들 밑에서 의자가 흔들리는 상황에 처한 신참자들의 고생도 이루 말할 수 없다. 그나마 노르웨이에서는 인문학이 주변화되는 정도에 불과하지만, 영국에서는 무용지물 취급을 받으며 멸절의 위기감을 느끼며 살아야 한다.

이 사태의 본질은 결국 인문학의 사회적, 담론적 존립 기반의 문제다. 제2차 세계대전 이전의 강단 인문학은 소수 사회 귀족에게 최고급 교양을 제공하고 그들이 문화 자본을 축적할 수 있도록 지원해주는 위치에 있었다. 말하자면 귀족의 스승인 셈이었다. 1920년대까지만 해도 어느 정도의 사회적 지위를 바라는 서구인이라면 라틴어, 그리스어, 프랑스어 정도는 필수적으로 배워야 했다. 또한 적어도 늙어서는 회고록을 멋지게 쓸 정도의 모국어 문장 실력을 가지고 있어야 했다. 이를 가능하게 해주는 것이 바로 인문학이었다. 물론 소수의 인문학자는 급진적 성향을 가지고 있었다. 그런 사람은 대개 발터 베냐민(Walter Benjamin, 1892~1940)처럼 대학에서 임시직 이상으로 올라가기는 어려웠다.

강단 인문학을 규정하는 핵심어로는 '귀족성' 이외에도 '민족' 혹은 '국민'이 있다. 역사, 언어, 문화 등을 민족화하거나 국민화하는 것은 별로 어렵지 않았다. 하지만 철학처럼 보편성이 강한 학문이라 할지라도 대개 본국의 철학 전통을 계승하는 식의 민족적 색채를 띠었다. 가령 마르틴 하이데거(Martin Heidegger, 1889~1976)나 그의 일본인 친구인 니시다 기타로(西田幾多郎, 1870~1945), 그리고 그를 흠모한 박종홍(朴鍾鴻, 1903~1976)을 보면 알 수 있다.

그러다가 제2차 세계대전 이후 대학이 대대적으로 확장되고 진보적 담론이 대세를 이루면서 상황은 바뀌었다. 중산층이나 그 이하 계층 학생들의 새로운 스승은 헤르베르트 마르쿠제(Herbert Marcuse, 1898~1979)나 루이 알튀세르(Louis Althusser, 1918~1990) 같은 진보적 인문학자나 사회학자였다. 민족 문화 계승이라는 대의는 여전히 유효했지만, 이제 인문학은 소외를 극복하는 하나의 사회적 힘으로 작동하기 시작했다. 테오도르 아도르노(Theodor Adorno, 1903~1969)나 마르쿠제는 비록 얌전한 먹물 타이프의 지식인이었지만, 사실 강단에서 1968년의 혁명을 준비했다고 보아야 한다. 1970년대 서구에서 진보적 경향의 철학은 공부하기에 꽤 괜찮은 학문이었다. 조선을 분단시키고 전쟁이 일어나도록 제반 조건을 만들어놓은 미 제국주의의 범죄를 연구한 브루스 커밍스(Bruce Cumings) 같은 신진 사학자들은 열성으로 가득 차 있었다.

이렇듯 당시 인문학이 황금기를 구가한 데에는 무엇보다도 1945년에서 1974년까지 완전 고용을 보장해준 복지 자본주의가 정점에 있었기 때문이다. 또한 미래와 진보에 대한 대중의 열의가 높았기 때문이다. 자본주의도 자연스럽게 성장했지만, 그것을 극복하려고 서로 연대하는 젊은이들의 열기도 자연스러웠다.

이러한 분위기는 1980~1990년대에 이르러 결정적으로 바뀌었다. 성장은 둔화했고, 완전 고용의 신화는 깨졌으며, 사회가 원자화되면서 연대 대신 경쟁이 우선되었고, 사회의 미래보다는 개인의 미래에 대한 불안이 앞섰다. 그리고 범사회적으로 연대하는 미래 프로젝트가 없는 이상 개인뿐만 아니라 전체를 다루는 철학은 무용지물이 되었다. 또한 시공을 관통하며 전체의 변이를 탐색하는 사학도 마찬가지 운명에 처해졌다. 대신 개인의 불안과 소외를 잠재울 수 있는 각종 마취제가 나타났다. 원자화된 개인은 날마다 절에 가서 명상을 하든 웰빙으로 100세를 살든 파도가 높은 바다에 던져진 지푸라기일 뿐이다. 결국 인문학의 위기는 사회성의 위기다. 승자 독식의 사회에서 인문학이 들어설 자리는 없다. 그리고 사회 재건은 진보적인 정치, 즉 사회주의적 정치 없이는 불가능하다.

거대 담론을 위하여

집단적 광란은 꼭 국가나 민족주의에 의해서만 나타나는 것은 아니다. 2002년 월드컵에서 본 것과 같은 광란도 분명히 존재하지만, 그 어떤 집단 단결의 이데올로기가 개입하지 않아도 광란은 얼마든지 발생한다. 특히 역사가 일시적인 퇴보를 할 때 광란은 쉽게 일어난다. 반동 세력에게는 그런 광란이 완전한 승리를 쟁취하는 데 꼭 필요하다. 그렇기 때문에 언론계, 학계, 교육계의 힘을 총동원하여 광란을 부추긴다.

지금 생각해보면 사회주의 혁명의 마지막 껍데기라고 할 수 있는 동유럽이 1991년에 무너진 이후 약 10~15년은 그런 반동적 광란의 시기였다. 지금도 그 끝을 완전히 본 것은 아니다. 장기간 지속된 이 광란은 우리의 현실 인식 능력을 일그러뜨렸다는 점을 직시해야 한다. 그러므로 반동적 광란의 시기에 우리의 뇌리에 박힌 몇 가지 왜곡된 거짓에 대해서는 바로 거짓이라고 못을 박을 필요가 있다.

투쟁이나 저항이 기피 단어가 된 사회

1991년 이후 지식계를 휩쓴 반동적 광란이라면 무엇보다도 거대 담론에 대한 포스트모던적 회의와 부정이다. 이제 제국주의는 수탈, 착취, 파괴만을 의미하지 않는다. 그것은 식민주의자와 피식민지인 간 협상의 공간과 각종 회색 지대를 만드는 힘으로 재인식되었다. 뉴라이트는 이러한 재인식을 토대로 제국주의 긍정론을 발전시켰다. 한편 진보는 전체주의를 야기할 수 있는 위험한 개념으로 전락했다. 계급보다 각종 소외 계층에 대한 이야기가 일반화되었고, 투쟁이나 저항은 기피 단어가 되었다. '자본주의 비판'은 그것과 무방해 보이는 '근대 비판'으로 대체되었으며, 더 나은 사회에 대한 요구를 할 때는 '정의'보다는 '다양성' 같은 우회적인 개념이 일반적으로 사용되었다. 인류의 오랜 꿈인 해방은 이제 거의 말살당한 듯하다.

하지만 1991년 이후 통념화된 이러한 이야기를 다시 한번 냉정하게 검토해보자. 어떤 거대 담론도 오류의 위험성을 가지고 있다는 것은 당연하다. 하지만 총체적인 앎에 대한 요구는 과학계에서도 당연하게 여겨진다. 현대 천문학이나 생물학계의 진화론은 거대 담론이 아닌가? 총체적인 앎 없이 부분에 대한 학술적인 고찰이 과연 가능할까? 예컨대 한류 현상을 분석한다고 치자. 이때 한국 자본주의의 본질과 그것의 꽃인 노예 계약으로 유명해진 해당 기획사에 대한 총체적인 이야기를 빼놓고 분석다운 분석을 할 수 있을까?

다음으로 아프가니스탄에 대한 미 제국의 오랜 개입과 침략을 보자. 1978년 아프가니스탄에서 사회주의를 지향하는 혁명이 일어나고 친소련 좌파 정권이 들어서자 미국은 반정부 투쟁을 주도하는 이슬람주의자들을 지원하며 훈련시켰다. 그런 방식으로 미 제국은 30년 넘게 아프가니스탄에 개입해왔다. 수도 카불에 가보면 서방의 교육을 받아 침략군에게 기생하면서 나름대로 중산층 라이프 스타일을 누리는 회색 지대의 매판적 지식인이 있다. 그러나 수도를 제외한 나머지 땅은 회색 지대이기보다는 죽음의 지대다. 미 제국의 아프가니스탄 침략에는 대한민국을 위시하여 약 50개의 제후국이 참여했다. 그런데도 제국주의가 끝났다고 말할 수 있을까? 또한 제국주의의 반동성을 수정하려는 시도는 양심에 걸리지 않을까?

한편 비정규직이나 외국인 노동자에 대한 착취와 차별이 살인적인 대한민국에서는 노동계급 안에서도 소외된 계층이 수두룩하다. 그러나 주류 노동자라 하더라도 회사의 운명에 대해 하등의 발언권이 없으며, OECD 국가 중 최악의 산재율과 최장의 노동 시간에 눌려 살아야 한다. 현대자동차 정규직 노동자라 하더라도 장시간 고강도 노동에 시달리기는 마찬가지다. 그로 인해 가정불화와 각종 고질병과 만성 피로와 스트레스는 일찍부터 떼어놓은 당상이다. 대한민국에서 노동자로 산다는 것은 그 자체가 저주다. 이런 상황에서 계급을 폐기한다면 과연 무엇을 설명할 수 있을까?

2003~2004년에 약 56퍼센트에 이르던 비정규직 비율이 그 뒤로 적어도 크게 증가하지 않은 것은 기륭전자나 KTX 등의 비정규직 노동자들이 목숨 걸고 투쟁한 덕분이다. 어떤 투쟁은 승리를 거두지 못했지만, 그 과정에서 비정규직 문제는 사회적 이슈로 크게 부상했다. 그리하여 국가와 자본이 그 이상의 비정규직 양산은 억제해야 한다

는 의식이라도 폭넓게 공유하게 된 것이다.

남루하게 인식되는 투쟁과 저항, 그리고 지금도 사생결단으로 진행 중인 송전탑 농성 같은 영웅적인 반항이 우리를 그나마 살려준다. 그만큼 우리도 그 투쟁에 연대해야 할 의무를 느껴야 한다. 도덕적 의무 같은 말이 매우 구시대적으로 들리겠지만, 송전탑 농성을 벌이는 이들을 생각하면 그것 말고는 다른 말을 생각해내기란 어렵다.

포스트모던적 회의를 회의한다

근대는 각종 포스트모던 담론에서 강조하는 것처럼 감시와 처벌만 있는 것은 아니었다. 파리 코뮌처럼 대안 사회 건설을 위한 과감한 시도도 있었다. 양심적인 병역 거부 같은 것도 근대 초기인 16세기에 민중적이고 종교개혁적인 교파 사이에서 태어났다. 개인의 자유 개념이 없는 전근대 사회에서 양심적 병역 거부는 상상하기 어려운 일이었다. 또한 혁명 이후 내부의 왜곡, 반동, 형해화 등 여러 가지 복잡한 과정이 전개될 수 있겠지만, 계급 해방의 가능성 역시 근대가 남긴 미완의 약속이다. 계급 혁명은 단순히 거대 담론만은 아니다. 이것은 삶의 모든 영역에 걸쳐 영향을 미치는, 우리의 생존에 핵심적인 부단한 과정이다. 때로는 느리게 때로는 빨리 이루어지는 이 과정을 놓친다면 과연 현실을 제대로 파악할 수 있을까?

근대적 이성의 가치

탈근대는 'post-modern'을 일본식 혹은 한국식으로 옮긴 말이다. 한국에서 탈근대 논의는 얼추잡아 김대중과 노무현 집권기에 전성기를 이루었다. 그것은 온건 민주화 운동의 대표자들이 집권해서 주로 신자유주의적 의제를 실천할 때와 겹친다. 1990년대 초반 '탈자본주의'를 말하던 사람들은 자본주의 대신 근대라는 말을 집어넣고는 '탈근대' 담론의 장으로 이동했다. 탈자본주의를 말하면 왠지 지루하고 자칫하면 권위주로 흘러갈 수도 있다. 그것은 또한 현실적으로 상당히 고통스러운 노조나 전위당 건설까지 의미할 수도 있다. 하지만 탈근대 담론을 말할 때에는 더 이상 감옥행을 각오하거나 현장에서 고생할 필요가 없다. 문화 영역에서 아주 쿨하게 담론으로 근대를 넘어설 수 있었던 것이다.

당시 유행한 탈근대 담론 중에서 내게 크게 와 닿은 것은 탈민족주의 정도였다. 박정희 같은 지배자는 그 잘난 수출 주도 개발에 필요 불가결한 외국 시장에서 미국과 일본에 절대적으로 의존했다. 그러면서도 담론의 장에서는 충효 사상에서부터 가족국가적 발상에서 비롯된 파쇼적 종족주의까지 최악질의 민족주의적 망상을 다 이용했다. 자녀를 외국어고등학교나 미국으로 보내는 강남족이 제일 좋아하는 표현은 '국가 경쟁력'이다. 위선으로 가득 찬 국가 지상주의에 염증을 느낀 나는 탈민족과 탈국민 담론을 온 마음으로 받아들였다.

하지만 탈근대 담론이 꼭 탈민족, 탈국민에 국한된 것은 아니었다. 탈근대 담론은 민족보다 훨씬 긍정적이고 잠재력이 많은 개념까지도 모두 부정의 대상으로 간주했다. 가령 '합리성'이라는 개념이 그러하다. 이 개념은 여러 가지로 해석할 수 있는데, 근대의 부르주아적 합리성을 의미하는 것이라면 나도 억압적이라고 생각한다. 그것은 이윤을 최대화하기 위한 합리성으로, 말 그대로 사람 잡는 마귀일 뿐이기 때문이다. 가령 포스코가 인도의 오리사 지역에 지으려는 제철소는 임금, 근방 철광 매장량, 시장 잠재력 등을 고려할 때 합리적인 프로젝트로 보인다. 하지만 자기 땅에서 쫓겨나야 하고 반항하면 살해될 위협까지도 각오해야 하는 현지 피해자들에게 포스코의 합리성은 파괴와 폭력만을 의미한다. 크게 보아 자본주의적 근대를 비판하는 한도 안에서 나는 탈근대론에 거의 공감한다.

그런데 근대라는 개념 혹은 실천의 장은 국가와 자본의 운동에만 국한되는 것일까? 예를 들어 '보편적 이성'이라는 근대적 개념을 보자. 미셸 푸코(Michel Foucault, 1926~1984)는 이성은 이성의 이름으로 저질러온 억압에 불과하다고 주장했다. 과연 그러한가? 타자의 고통과 나의 고통이 서로 연관되어 있고, 내 고통을 최소화하기 위해서라도 타자의 고통을 방관하지 말아야 한다는 것도 보편적 이성의 규정에 포함된다. 설령 고통을 가하는 주체가 우리라고 생각하는 집단의 일원이더라도 말이다. 그러니까 인도 오리사 지역 주민에게 악몽인 포스코와, 한국의 비정규직 혹은 하도급 노동자에게 악몽인 무노조 경영의 왕국 포스코가 하나라는 점을 이해하는 것도, 그리고 각국의 포스코 피해자들이 연대해야 한다는 점을 이해하는 것도 어디까지나 근대적 이성에 의해서만 가능하다. 종교 집단이나 문화권 간 경계가 훨씬 절대시되었던 전근대라면 보편적이고 세계적인 저항의 연대가 과연 가능했겠는가?

러셀과 아인슈타인의 근대성

요즘 전근대는 중산층의 문화 소비 대상이 되어 아주 미화된 모습으로 다가온다. 문화재 답사기 같은 책에 등장되는 아담한 사찰 풍경 사진, 궁중 요리 붐, 조선시대 왕과 왕비의 이야기를 담은 대중적 저서, 교양인 행세라도 하려는 사람이면 꼭 읽는 추사 김정희(秋史 金正喜, 1786~1856)의 평전까지 전근대는 우리에게 새로운 문화적 소구 대상이 되었다.

물론 전근대를 안다고 해서 그 자체로 나쁠 것은 없다. 가령 한의학처럼 거기에서 쓸 만한 요소를 취하여 근대 과학과 접목하는 것은 당연히 필요한 일이다. 하지만 이런 생각을 한 번 해보자. 귀족 김정희와 교유한 옹방강(翁方綱, 1733~1818)이나 완원(阮元, 1764~1849) 같은 중국 지식인은 18세기 청나라가 약 100만 명의 중가르 유목민을 죽인 제노사이드 전쟁을 비판이라도 할 수 있었을까? 반전 투쟁까지는 아니더라도 최소한의 비판이라도 말이다. 천만의 말씀이다.

동아시아 전근대 사회에서는 지나치거나 불필요한 전쟁에 대해 비판한 예는 있어도 필요하다고 인정되는 정벌은 그저 천자의 신성한 '평천하' 행위였다.

그렇다면 수백만 명의 목숨을 짓밟은 이 '치국평천하' 행위에 본격적으로 맞설 수 있게 한 것은 무엇이었을까? 바로 근대적 이성 발견이다. 근대는 인류 역사상 최악의 전쟁이 벌어진 시대이기도 하지만, 동시에 전쟁을 먹고 사는 국가와 이윤을 추구하는 자본에 대해 최초로 조직적 투쟁을 벌인 시대이기도 하다. 그 배경에는 그런 국가와 자본을 넘어설 수 있다는 확신과 이념이 있었다. 따라서 근대를 비판하더라도 이러한 양면을 아울러 보아야 하지 않을까?

전근대에는 주인의 비인(非仁)을 억울하게 여겨 공개적으로 자살하는 노비는 상상할 수 있어도, 노동자가 스스로 주체가 되기를 갈망하면서 자신의 몸을 불태운 전태일은 상상할 수 없다. 전근대적 계급 사회에서 예속 관계에 얽매인 하위자는 주체가 될 수 없었다. 버트런드 러셀(Bertrand Russell, 1872~1970)은 이성을 가진 인간이 왜 굳이 종교를 가질 필요가 없는지를 제대로 설명했다. 알베르트 아인슈타인(Albert Einstein, 1879~1955)은 왜 사회주의만이 이 세계를 파탄에서 구할 수 있는지를 논리적으로 논의했다. 두 사람의 근대성이야말로 내가 지지하는 것이다.

신자유주의 시대 인문 지식계의 이데올로기

박정희 시대나 구소련을 경험한 이들에게 지배 이데올로기라는 말은
아주 위협적이고 묵직한 느낌으로 다가올 것이다. 국기 게양, 확성기
에서 울려 퍼지는 애국가, 박근혜 공주님이 집필했다는 애국적 저술,
구국여성봉사단, 당 구호가 적힌 현수막, 커다란 레닌 동상, 마르크
스 레닌주의 교과서 등. 하지만 일부 정치 장교나 대중적인 전위 정
당이 아니라 돈이 지배하는 사회에서라면 지배 이데올로기가 그렇게
묵직하거나 위압적으로만 다가오지는 않을 것이다. 엘리트주의적인
박정희나 민중 본위의 구소련과 같은 발전 국가와는 달리, 자본이 주
도하는 사회의 이데올로기는 단수가 아닌 복수일 가능성이 있다. 여
기에는 주된 정치적 행위자가 단수인 발전 국가와 여러 대자본이 경
쟁하면서 단합하는 신자유주의 사회 간의 차이도 작용한다.

 신자유주의의 본질을 가장 잘 표현한 이데올로기라면 19세기에
나온 사회진화론일 것이다. 문제는 인종주의와도 관계 깊은 고전적
사회진화론을 히틀러가 이미 써먹었기 때문에 이 이데올로기를 노골
적으로 채택하는 순간 신자유주의의 속내는 폭로된다. 이데올로기의

본래 기능은 지배 정치를 정당화하면서 그 반민중성을 가려주는 것이다. 그런 만큼 사회진화론을 노골적으로 채택하는 것은 이제 불가능하다. 그래서 신자유주의자들은 훨씬 교묘하고 복합적인 이데올로기 공작을 편다.

불교에서 쓰는 말 중에 방편(方便)이라는 것이 있다. 이 말에는 설법을 듣는 사람의 근기에 맞추어서 그 내용과 형식을 적절하게 바꾼다는 의미가 담겨 있다. 예컨대 가장 근기가 미성숙한 속세의 우바새(優婆塞: 남성 불교 신자)에게는 아함류 경전이나 염불이 맞지만, 좀 더 추상적인 사고가 발달한 사람에게는 《화엄경(華嚴經)》이 좋다는 식의 말이 그런 것이다.

신자유주의 시대의 이데올로기도 방편처럼 각계각층의 특성에 맞추어서 생산되어 유포된다. 계층뿐만 아니라 각국의 특성도 고려된다. 폴란드에서는 역사적으로 종교가 국민의 정체성 형성에 중요한 역할을 했다. 미국에서는 종교가 시민성 형성에 불가결한 것으로 자리매김되었다. 1980년대 이후 이런 나라에서는 주로 하층민이나 몰락한 중산층을 중심으로 근본주의적 종교의 공세가 확산되었다. 근대 그 자체를 못마땅하게 여기는 근본주의적 종교인들은 낙태나 동성애 허용 같은 근대적 의제에 대해서는 공격하는 반면, 자본가의 이윤을 두고서는 문제 삼지 않는 등 체질적으로 골수 반동적이다. 그런 만큼 근본주의적 종교는 신자유주의 시대와 잘 어울린다.

하지만 가난해지는 평민을 종교로 공략하는 방식이 모든 나라에서 유효한 것은 아니다. 예를 들어 러시아는 공산당 시절에 철저하게 무신론화되었다. 한국에서는 1990년대 이후 개신교의 영향력이 쇠퇴

했다. 이런 경우에는 민족주의와 자유주의를 적당히 섞어서 새로운 이데올로기로 삼으면 된다. 러시아에서라면 "푸틴과 가스프롬(러시아의 국영 천연 가스 회사)이 러시아를 다시 대국으로 만든다"라고 한다거나, "자유가 없는 공산당 시절보다 재산 축적과 출국의 자유가 있는 지금이 훨씬 낫다"라고 하는 것이다. 한국에서라면 "삼성전자와 현대자동차는 우리 국민의 자존심을 살리는 대표 기업"이라고 한다거나, "한국이 아무리 모자라도 북한이나 중국보다는 낫다"라고 하는 것이다.

인문 교양 대중을 위한 맞춤형 선물, 포스트 담론

문제는 고등 산업사회가 되면서 많아진 인문 교양 대중이다. 이들은 상당 수준의 인문적 교양을 겸비한 고학력자로 대개 무신론자이며, 지나친 삼성 사랑이나 북조선 멸시에 대해서도 체질적 반감을 보인다. 이런 사람에게도 신자유주의가 주는 맞춤형 선물이 있다. 각종 포스트 담론이 바로 그것이다. 그 담론의 주요 특징은 다음과 같다.

첫째, 무게 중심이 집단에서 개인으로 이동했다. 그러나 역사에서 어떤 해방 투쟁도 개인의 차원에서 일어난 것은 없다. 혁명은 물론이거니와 톨스토이주의자의 병역 거부 운동도 비록 소규모이기는 하지만 집단 차원에서 전개되었고 그만큼 반향을 일으켰다. 반면 신체에 중점을 두는 포스트 담론은 철저하게 개별성을 지향한다. 일면 발전 국가 시대의 지나친 집단주의에서 해방되는 것처럼 보이지만 사실은 정반대다. 개개인이 원자화되는 순간 어떤 해방도 불가능해진다.

둘째, 해방은 기존 사회의 모순에 대한 체계적이고 구조적인 파악을 전제로 하지만, 포스트 담론에서는 구조적 이해 혹은 거대 서사를 만악의 근원으로 간주한다. 예를 들면 미국 정부는 1940년대 말에서 1950년대 초에 자국의 공산당을 철저하게 탄압했는데, 포스트 담론의 시각에서 보자면 가해자인 정부와 피해자인 공산당은 서로 별 차이가 없다. 양쪽은 똑같이 근대의 한계를 안고 있는 대상일 뿐이다. 어떻게 보면 근대성 비판은 국가와 자본에 대한 비판적 접근으로 보일 수도 있다. 하지만 실제로 그것은 체제도 반체제적 움직임도 똑같이 싸잡아서 비난할 때 득을 본다. 근대성 담론에서 무엇을 비판하든 국가와 자본은 건재하다. 그와 같은 냉소적 거부로 가장 크게 타격을 입는 것은 반체제적 움직임이다.

셋째, 현실에서 언어의 바다로 나아갔다. 포스트 담론의 중심은 언어에 있다. 진보적임을 내세우는 일부 포스트 담론 종사자는 가령 한국의 가부장적 '담론'을 해체하면 그 질기디질긴 남성 우월주의가 저절로 사라질 것이라고 기대하는 모양이다. 서울대나 고려대의 세미나실에서 무슨 담론을 어떻게 해체해도 현실은 꿈쩍도 하지 않을 것이다. 여전히 한국의 자본은 방글라데시와 캄보디아의 여공들을 착취할 것이고, 그들이 데모라도 하면 그 나라의 군경을 동원하여 총을 쏠 것이다. 담론 해체는 자본을 이길 수 없다. 훨씬 실질적이고 조직적인 수단과 현실 중심적인 인식부터 필요하다.

넷째, 각종 마이너리티를 내세운다. 포스트 담론은 진보성을 가장하기 위하여 무엇보다도 여성, 종족 소수자, 성 소수자 같은 마이너리티의 소리임을 강조한다. 사실 기존의 사회주의나 노동운동에서는 이런 소수자 문제를 많이 괄시했다. 대신 노골적인 남성 쇼비니즘이 판쳤다. 이것은 응당 진지하게 반성해야 할 대목이다. 하지만 여성 해방 투쟁이 그 자체로 아무리 중요하다 하더라도 자본주의를 철폐하지 않는다면 어디까지 가능할까? 삼성전자의 여공들이 백혈병으로 죽을 때, 이것은 여성 저학력자에 대한 차별의 문제이기도 하지만, 기본적으로는 자본이 노리는 초과 이윤의 문제다. 두 문제의식은 불가분의 관계에 있다. 여성이나 이주자 등의 투쟁은 반자본 투쟁과 유기적으로 맞물려 있다. 남성이나 비소수자 등을 마치 적처럼 만드는 포스트 담론은 그런 투쟁을 방해할 뿐이다.

2008년부터 신자유주의가 총체적 위기에 빠지면서 포스트 담론도 자연스럽게 침몰해갔다. 중요한 것은 포스트 담론이 지난 20년간 일부 지식인 사회에서 어떻게 헤게모니를 행사할 수 있었는지 구조적으로 파악하여 그 부정적 유산을 제대로 극복하는 일이다.

반동의 시대여, 안녕

사학자들은 대상에 대해 대개 거리 두기를 좋아한다. 시사를 논하게
되면 온갖 개인적 호불호나 감정이 개입하지만, 약 30년 이상의 거리
를 두고 보면 어느 정도 사학적 중립성을 확보하기가 한층 쉬워진다.

한편 사학자 개인이 피부로 느끼는 위험도가 사학적 판단에 영향
을 미치기도 한다. 가령 남한의 보수적 사학의 원조격인 두계 이병도
(斗溪 李丙燾, 1896~1989)는 기본적으로 부르주아 자유민주주의를
지향하면서도 골수 반북반공파였다. 부유한 지주 집안 출신인 그는
공산 치하나 공화국 치하를 두려워할 만한 충분한 이유를 가지고 있
었다. 재산과 신분을 빼앗길 수 있다는 공포감만큼 강력한 감정도 없
을 것이다.

하지만 한참 과거의 이야기라면 문제는 또 달라진다. 비록 부르주
아 자유민주주의를 지향하는 사학자라 할지라도 박헌영이나 체 게바
라(Che Guevara, 1928~1967)에 대해서는 꽤나 중립적이고 감정 없이
말할 수 있다. 죽은 사자, 박제화되어 박물관에 전시된 사자는 별로
무섭지 않기 때문이다. 그만큼 사학자에게 거리는 아주 중요하다.

그런데 나는 이러한 관습을 깨고 현재와 아주 가까운 1990년대와 2000년대를 사상사적으로 고찰해보려고 한다. 그래야만 우리가 앞으로 무엇을 해야 할지 한층 정밀하게 분석할 수 있기 때문이다.

왼쪽으로, 다시 오른쪽으로

좌우라는 축을 사용해서 말하자면 지난 20년은 그야말로 반동의 시대였다. 식민지 시대에 자라난 한국의 토착 좌파는 해방과 전쟁을 거치면서 철저하게 말살되었다. 이후 1980년대 중반 무렵 좌파가 재정립될 때까지 약 30년이 걸렸다. 즉 1953년부터 1985년까지 이념계의 축은 아주 서서히 왼쪽으로 옮겨간 것이다. 1950년대의 화두는 주로 민주주의였다. 1960년대에는 굴욕 외교에 대한 반대 속에서 식민지 유산 청산 같은 민족 문제가 부상했다. 1970년대에는 전태일의 의거 이후 노동 문제가 주목받았다. 1980년대 중반에 이르자 한국에서는 비로소 다시 한번 사회주의를 말할 수 있게 되었다.

그런데 1990년대 초반에 일어난 일련의 사태 이후 이념계의 축은 오른쪽으로 급격하게 이동했다. 보통 소련과 동유럽의 붕괴, 스탈린주의적 사회주의를 표방한 북한의 몰락을 그 주요 원인으로 거론하지만, 꼭 그 때문만은 아니다. 세계 체제 내에서 한국의 지위가 올라가면서 남성, 고숙련, 정규직 노동자의 임금도 상승했다. 그러면서 노동계급의 일부는 체제 안으로 포섭되었다. 한편 1987년 이후 부르주아 민주주의 정치 체제는 옛 운동권 지도층의 상당 부분을 성공적으로 흡수해서 활용했다. 이념계의 축이 오른쪽으로 급격히 이동한 데에는 이 두 가지 요인도 빼놓을 수 없다. 남한 사회가 부유해지고 복합적으로 변모하면서 포섭력이나 흡수력도 강해졌다. 반대로 반체제적 움직임은 탄력을 잃었고, 그 과정에서 사상계의 중심축은 우향우를 거듭했다.

구체적으로 우향우의 방식은 특정 지식인 그룹이 체제 내로 포섭되는 방식에 따라 결정되었다. 부르주아 정당에 흡수된 옛 운동권 주도층 대부분은 1950~1970년대의 민주주의 논리를 부활시켰다. 그리고 여기에 '시민' 같은 유행어를 덧붙여 '시민 민주주의'의 발전을 외치기 시작했다.

하지만 땅 부자 1퍼센트가 전국 부동산의 50퍼센트를 차지하고, 5대 재벌의 총매출액이 이미 1994년에 국민총생산의 54퍼센트 가량을 차지할 만큼 극소수가 절대 다수를 경제적으로 지배하는 나라에서 민주주의 자체가 무슨 효력이 있을까? 이것은 아주 기초적인 질문이다. 박물관, 대학, 건설사, 이동통신업체까지 모든 것을 하나의 세습 독재형 재벌이 지배한다면 시민운동가들이 아무리 청와대를 완전히 차지한다 해도 결국 재벌의 의지가 이길 것이다.

그런데 부르주아 정치판에 흡수된 옛 운동권의 작은 수령은 이런 당연한 질문을 스스로 던져본 적이 없는 것 같다. 천문학적 자금이 사회의 판도를 결정하는 곳에서 민주주의가 일개 신화에 불과하다는 점을 인정하는 순간, 자신들은 벌거벗은 임금님 신세가 되기 때문일 것이다. 김대중, 노무현 시절의 희비극적 개혁의 씨앗은 이렇듯 1990년대 초반부터 천천히 자랐다.

문제는 다시 사회주의다

　　　　　　1980년대의 지도자급 인물은 그 고귀한 몸뚱이를 주요 정당에 비싸게 팔았다. 위치가 그리 높지 않았던 이념가는 교직으로 진출했고, 재벌 사회의 지식 관리자가 되지 못하는 사람은 두뇌의 소출을 대중 교양서 시장에 내놓아야 했다. 아주 거칠게 말하자면 그들은 수입상과 고물상으로 나눌 수 있다.

　서구 언어에 밝고 개화파적 기질이 있는 수입상은 주로 포스트모던 철학과 그 파생물을 가져와 판매하는 데 주력했다. 그들은 근대성에 내재한 규율성을 비판했다. 이것은 1980년대 독점 자본 반대만큼이나 매력적으로 느껴졌다.

　하지만 깊이 생각해보면 지나가는 소가 웃을 일이다. 근대성에 내재한 규율성을 비판하는 사람은 기차를 안 타는가? 만약 기관사가 규율성 타파의 차원에서 자의적으로 10분, 20분 정도 늦게 출발한다면 그 결과는 과연 어떻게 되겠는가? 코끼리를 집단적으로 사냥하던 원시 사회에서든 오늘날의 기술 사회에서든 생산 공정에는 늘 일정한 규율성이 요구되었다. 그러한 규율성이 없다면 사회는 존속될 수 없다.

　물론 한국과 같은 최악의 병영 사회에서는 규율성에 대한 비판적 성찰이 참으로 필요하다. 한국의 지배자는 필요 불가결한 수준의 규율성을 넘어 전 사회를 맹종의 피라미드로 만들었으니 말이다. 그러나 근대 비판론자들은 규율주의가 낳은 최악의 산물인 군대를 상대로 싸우는 양심적 병역 거부 운동에 대해서는 무관심하다. 이렇듯 수입상은 자본도 국가도 건드리지 않는 근대 비판에 몰두했다.

한편 고물상은 국가의 권력 강화를 꿈꾸다가 실패한 정조(正祖, 1752~1800) 같은 반(牛)독재자적 국왕을 계몽 군주로 만들거나, 외과가 거의 발달하지 않아 간단한 수술도 하지 못한 전통 한의학을 근대 의료에 대한 대안으로 내세우며 전통 장사에 열을 올렸다.

지난 20년간 개혁, 시민사회, 근대성 비판, 전통 장사는 성공적이었다. 그 결과 사회주의 같은 거북한 단어는 한때 다수의 기억에서 거의 벗어났다. 하지만 2008년에 시작된 세계 공황은 이 판을 다시 바꾸어놓을 것이다. 개혁을 아무리 외쳐도 계속 심각해지는 청년 실업 문제는 해결할 수 없다. 사회주의 방식으로 부유세를 통해 부자들 소득의 상당 부분을 몰수하여 공공 부문 일자리를 창출하거나, 대기업에 노동 시간 단축과 정규직 증원을 강제로 명령하지 않는 이상 말이다. 지금대로라면 남미를 닮아가는 남한의 인구 상당수는 대형 병원이나 장거리 비행기 같은 근대의 산물에 접근하기도 어려워질 것이다. 또한 아무리 조선의 진경 시대가 이탈리아 르네상스를 초월했다고 주장해도 가난해지는 20~30대는 예전만큼 교양서적을 구매하지도 못할 것이다.

우리는 곧 다수가 빈곤하고, 중산층이 소멸하면서 갈등이 깊어지며, 부동산 버블이 붕괴하고, 성장이 침체하며, 전 세계적으로는 자연 재해와 자원 전쟁과 각종 패권 갈등으로 어지러운 시대를 맞이할 것이다. 이 시대의 근본 문제는 웰빙도 근대성 비판도 아니다. 그저 다수가 살아남는 것이 관건이다. 그 생존의 방책은 자원을 가장 효율적으로 운영할 수 있고 이윤 추구가 없는 집산적 체제인 사회주의다. 물론 스탈린주의와는 다른 민주적 사회주의 말이다.
2010년대에는 '자본주의 이후'의 문제가 화두가 될 것이다. 반동의
시대여, 잘 가라!

03

지금 가장 필요한 것, 자기 바로 보기

우리의 진짜 이념은 무엇인가

1973년은 소련과 동유럽, 그리고 세계 사회주의 운동사상 한 가지 중요한 사건이 일어난 해다. 바로 알렉산드르 솔제니친(Aleksandr Solzhenitsyn, 1918~2008)의 《수용소 군도 Arkhipelag Gulag》라는 대작이 출간된 것이다. 책 한 권이 출간된 일이 무슨 중요한 사건이냐고 반문할지 모르지만 실제로 그랬다.

이 작품은 문학적 차원에서 보든 사학적 차원에서 보든 허술하기 짝이 없다. 어투는 거의 비분강개로 가득한 고발 위주인 데다가, 지나치게 단순하고, 공산주의자에 대해서는 흑백 논리가 지나치다. 문학답지 않게 인간 한 명 한 명에 대한 깊이 읽기가 결여되어 있다.

사학적으로 볼 때에도 이 작품은 약 220명에 이르는 옛 죄수들의 구술사로 구성된 한계 때문인지 신빙성이 거의 없다. 가령 솔제니친은 1953년 스탈린 사망 당시 정치범의 총수를 약 1000만 명 이상이라고 어림잡았지만, 이것은 20배 정도 부풀린 것이다. 정치범을 일괄 석방한다는 결정이 내려졌을 때, 공산당 총서기장인 니키타 흐루쇼프(Nikita Sergeevich Khrushchyov, 1894~1971)가 관련 기관으로부터 받은 자료에 의하면 수용소에는 정확하게 469,946명의 정치범이 있었다. 그중에서도 수만 명은 한때 파시즘과 손잡은 적이 있는, 우크라이나나 리투아니아 등지의 강경파 분리 독립 민족주의자였다. 이들은 우리가 통상 생각하는 양심수와는 다소 다른 모습의 역사적 행위자였다. 또한 솔제니친은 소련 수용소를 마치 아우슈비츠와 다를 것이 없다고 묘사했지만, 정확하게 말해 1931년에서 1953년까지 그곳의 연 평균 사망률은 약 2퍼센트였다. 강제 노동에 동원한 것은 물론 국가적 범죄이지만, 그래도 아우슈비츠와는 유형적으로 달랐다.

솔제니친이 우리에게 물은 것

이렇듯 여러모로 허술하기 짝이 없고 작가의 이념적 편향성이 태심한 고발서가 왜 그토록 역사적으로 엄청난 반향을 불러일으켰을까? 이 작품은 주로 좌파에게 타격을 주어 그들로 하여금 현실 사회주의에서 이탈하게 하는 것을 겨냥했다. 여기에 문학적 결함이나 역사적 부정확성은 문제가 아니었다.

이 작품의 영향으로 체제에 대한 믿음을 버린 소련의 지식인이나, 프랑스나 이탈리아의 공산당에서 탈당한 사람도 그것의 서술이 거칠고 숫자도 부정확하다는 것을 눈치챌 수 있었다. 솔제니친 역시 공식 자료가 아닌 구술에만 의존했음을 처음부터 밝혔고, 정확한 숫자를 안다고 주장하지도 않았다.

문제는 수용소로 끌려간 사람이 40만 명이든 몇 명이든 자유의 낙토를 지향해야 하는 체제가 억압과 끔찍한 국가 폭력을 낳을 수 있다는 사실 자체였다. 무고하게 죽은 사람이 설령 한 명뿐일지라도 좌파라면 그와 같은 체제에 무거운 회의를 느끼기 마련이다. 모든 억압을 극복하고 한 사람의 목숨일지라도 역사의 목적이 아니라 수단으로 이용해서는 안 된다는 것이 좌파의 지향이기 때문이다. 스탈린 시대 국가 폭력을 남용하게 된 객관적 이유가 있다 하더라도 이 작품은 좌파의 양심으로는 절대로 무시할 수 없고 부단히 속으로 답해야 하는 어떤 물음을 던져주었다.

솔제니친의 고발은 수많은 좌파를 뒤흔들어 획기적으로 바꾸어놓고 말았다. 소련에서는 이 책이 1989년까지 금서로 묶여 있었지만, 지하 유통판으로 읽을 사람은 다 읽었다. 이 책의 정신적 영향력은 다할 수 없었다.

그런데 생각해보면 이것은 우리와 너무나 다른 세계의 이야기 같다. 자본주의 세상에서는 사탄의 우두머리인 루시퍼보다도 더 악한 놈이 우리를 통치한다는 사실을 고발해도 아무것도 바뀌지 않는다.

자본주의 세계의 냉소적 지식 매매꾼

어쩌면 소련 혹은 러시아보다도 유교적 명분론 차원에서는 통치자에게 한층 엄격한 윤리를 요구해온 대한민국을 보자. 지난 15년간 통치자의 범죄 행위와 관련하여 고발된 사안을 보면 스탈린 시절의 국가 범죄와 맞먹을 정도다. 이승만 시절의 보도연맹 학살, 박정희 시절 베트남 파병 한국군의 민간인 학살과 강간, 이승만과 박정희 정권 시절 북파 공작원이 북한 군민에 대해 무차별적으로 저지른 살해와 테러 등 스탈린의 범죄는 소련에서 사회주의가 끝내 제대로 실현되지 않았음을 보여준다. 마찬가지로 앞서 열거한 범죄는 미국이 고용하거나 적극적으로 지원한 살인마들이 대한민국을 통치했음을, 그리고 그 살인마들이 자국의 민중뿐만 아니라 아시아의 다른 민중에게도 큰 피해를 주었음을 보여준다.

솔제니친이 옛 동유럽의 지성계를 뒤흔들었듯이 한홍구, 김동춘, 《한겨레 21》의 베트남 통신원인 구수정이 폭로한 한국군의 베트남 민간인 학살사는 깊은 인상을 남겼다. 이들의 글은 그렇지 않아도 대한민국의 명분이나 정통성을 믿지 않는 사람들에게 특히 많이 읽힌 것 같다.

대한민국 지성계의 주류는 산업화 세력이 과가 있다 하더라도 공이 매우 크고, 그들의 과는 민주화에 의해 보완될 것이며, 결론적으로 그들은 일단 성공했다고 본다. 박정희의 국가 주도적 자본주의를 합리적이라고 긍정하는 장하준은 대한민국에서 얼마든지 진보로 통한다. 박정희가 4만 명이 아닌 40만 명의 베트남인을 죽이는 하도급 업무를 맡아 돈을 벌었다는 사실이 알려져도 그에 대한 평가는 달라지지 않을 것이다.

민주와 자유 세계의 지식 판매업자 다수는 자신들의 체제가 저지른 악행에 대해서 정확히 안다고 해도, 그리고 그들의 지배자가 히틀러와 다를 것이 하나도 없다는 사실을 백 번 인식한다 해도, 절대 반체제적 사고나 실천으로 나아가지 않을 것이다. 1970년대의 서구 좌파는 동유럽 지식인이나 솔제니친에 울고 분노하고 전향했다. 하지만 민주와 자유 세계의 지식인은 어떤 억압을 극복해본 적도, 인간의 완전한 자유를 꿈꾼 적도 없다.

대한민국의 이념은 민족주의가 아니다. 자유민주주의는 더더욱 아니다. 그저 다른 자본주의 사회와 마찬가지로 끝이 없는 냉소주의가 진정한 이념일 것이다. 솔제니친도, 이라크 침략의 진실도, 예수 그리스도도 오늘날 자본주의 세계의 냉소적인 지식 매매꾼들을 뒤흔들지는 못할 것이다. 인간의 양심을 얼어붙게 하는 냉소주의가 인민들에게 주는 정신적 피해는 엄청나다. 베트남 사람의 목숨은 목숨으로 생각하지 않는 이들 지식업자의 악질성은 아마도 전쟁, 침략, 학살이 왜 나쁜지를 다시 한번 피부로 재확인해야만 충분히 이해할 것이다.

무관심, 우리의 진짜 문제

대중, 즉 매체 소비자의 주의 범위(attention span)는 매우 좁다. 노르웨이의 성인은 하루에 평균 34분간 신문을 읽고, 30~40분간 텔레비전 뉴스를 시청한다. 그들은 신문과 텔레비전에서 특히 강조하거나, 자신과 밀접하게 관련되거나, 가장 충격적인 정보에만 주의를 기울인다. 미국의 전쟁 범죄라면 보수 신문에서조차도 많이 강조하고 그 충격성도 매우 높아 노르웨이인의 인식에 크게 영향을 미친다. 반면 호주의 전쟁 동참 사실은 아무 주의도 끌지 못한 채 지나가고 만다.

무엇이든 과잉 생산을 하는 것은 자본주의의 기본 원칙이다. 단순 소비재 과잉 생산은 오늘날의 공황을 야기한 기본 원인이다. 충분한 수용 인프라도 갖추어지지 않은 상태에서 과잉 생산되는 최고급 학력 소유자는 파행적인 대학 구조를 낳았다. 귀족적 위치에 있는 일부 실력파 교수는 프로젝트를 따와서는 비정규직 박사를 마음대로 착취하고 심지어 자살로까지 내몰았다. 정보의 과잉은 대중의 눈과 귀를 어둡게 하고 그들로 하여금 자율적 세계관을 수립하지 못하게 한다. 매체는 잠재적으로 체제에 위협이 될 수 있는 정보보다는, 개인의 경제적 생존에 요긴하거나 일상의 고통을 잊게 하는 연성 정보로 가득 채운다. 또는 충격적 범죄나 특히 부모들을 자극하기에 좋은 유아 유괴 같은 사건으로 채운다. 이것으로 일반인의 정보 욕구가 거의 다 충족된다고 보는 것이다. 날마다 땅값 시세를 확인하고, 주식 시세를 보고, 연예인의 하얀 허벅지를 보고, 태극전사의 만세 소리를 듣는 것이 일상이라면 이 이상의 것에 대한 욕구는 저절로 감퇴한다. 진보든 무엇이든 세상을 바꾸려는 '이상한 사람들'에 대한 궁금증은 잘 생기지 않는다.

대중이 공감하는 거리 투쟁이 필요하다

자본주의의 경제적 기반인 시장은 구성원을 늘 불안하게 만든다. 하지만 고도로 발달한 소비 자본주의의 매체 산업은 개인을 대단히 안락하게 만드는 힘을 가지고 있다. 미디어가 만들어 내는 재현의 세계는 예측 가능하고 안정적이다. 미녀들은 적당히 벗고, 태극전사는 왜놈을 까부시고, 가끔 가다 나쁜 사람이 충격적인 악행을 범해도 결국 경찰에게 덜미가 잡히고, 땅값은 적당히 오르락내리락하고, 북괴가 이따금 도발해도 대한민국과 그보다 더 위대한 혈맹인 미국의 위세에 눌러 꼼짝 못한다. 이런 세계 안에서 편안하게 사는 선남선녀들에게 진보에 대한 관심은 애당초 생기기가 힘들다.

진보가 이들의 주의를 약간이라도 끌 수 있는 방법은 무엇일까? 전자 매체 등을 통해 진보적 세계관을 알리려는 노력도 중요하지만, 대중이 공감하는 거리 투쟁도 그 하나의 답이다. 진보신당이 일부 젊은이 사이에서라도 그나마 알려지게 된 것은 바로 촛불시위 때문이었다. 그러한 계기가 없는 한 주요 매체의 정보 봉쇄를 뚫는 것은 불가능에 가깝다.

정보 범람의 시대에 사람들에게 장기적으로 진정으로 필요한 것은 이 체제를 어떻게 하면 좀 더 인간적으로 개조할 수 있는지에 대한 정보일 것이다. 하지만 역설적이게도 이러한 정보는 매체 소비자에게 잘 들어가지 않는다. 이것이야말로 자본주의가 강고한 비결 중 하나다. 북한처럼 바깥에 대한 정보를 엄격히 통제하면 그 정보가 알려졌을 때 대중의 엄청난 분노와 맞닥뜨려야 한다. 하지만 남한처럼 체제에 비판적인 세력에 대한 정보를 자꾸 주변화하면 소비자를 체제의 능동적 공범으로 만들기가 훨씬 쉽다. 흔히 북한을 무서운 사회라고 하지만, 개인에 대한 흡입력 등을 볼 때 남한이 더 무섭다.

자본주의와 언론의 자유

우리의 머리에는 하나의 등식이 박혀 있다. 나쁜 전체주의 정권 밑에서는 언론이 선전 선동의 수단에 불과하지만, 좋은 민주주의와 자본주의 사회에서는 언론의 자유가 보장되어 국민의 알 권리를 지켜준다는 것이다. 대다수 사람이 언론을 그다지 신뢰하지도 않으면서도 이 등식은 믿는 것 같다. 다수가 이 순진한 믿음을 가지고 있다는 점만 보더라도 언론이 만들어낸 우리의 시야가 얼마나 좁은지를 잘 알 수 있다.

우리는 북한 주민에 비해 바깥 세계에 대해 훨씬 객관적으로 인식한다고 자부하지만, 사실은 언론이 만들어놓은 보이지 않는 틀속에 갇혀 있다. 그런 점에서 보면 두 체제는 같다. 예를 들어보자. 2010년 11월, 전동차를 만드는 현대로템과 현대상사에 경사가 났다. 유럽축구선수권대회를 앞두고 철도를 현대화하려는 우크라이나로 거의 150량의 차량을 공급하는 계약을 체결한 것이었다. 이 일은 기업국가인 대한민국 모든 구성원의 경사이기도 한지라 곳곳에 크게 보도되었다. 그런데 현대로템이 공급한 차량은 우크라이나에서 국민적 재앙이 되고 말았다. 한국 날씨를 기준으로 제조한 차량은 영하 40도의 대륙성 기후를 견뎌내지 못하고 잇달아 고장이 났다. 이 일이 최악의 정치적 스캔들로 번지자 급기야 우크라이나 대통령이 나서 현대로템 차량을 구매한 것은 오류라고 자인했다. 이것은 우크라이나의 영문 신문을 보기만 해도 쉽게 알 수 있는 일이었다. 하지만 국내 주요 매체는 이 일을 전혀 다루지 않았다. 보도 지침이 사라진 지 이미 25년 이상이 지났지만, 《한겨레》나 《경향신문》 같은 좌파 자유주의 언론마저도 기업에 불리한 내용은 좀처럼 보도하지 않는다. 이들 신문 역시 기업의 광고에 의존하며, 광고주 중에는 현대 계열의 기업도 적지 않다. 자본주의 세계에서는 그 어떤 자유로운 언론도 주식 보유자의 돈을 건드릴 수는 없다.

자본에 포박된 언론

현대로템을 비방하려는 것이 아니다. 실력이나 전문성이라고는 없이 자국의 기후에 맞지도 않은 차량을 억지로 구매한 우크라이나 정부에도 문제가 있다. 그리고 오늘날 우크라이나와 대한민국의 일부 관행으로 보아서는 그런 규모의 거래라면 아마도 모종의 다른 거래도 충분히 있었을 것이다. 결국 문제는 전문성이라고는 하나 없는 도둑 관료들을 제대로 견제하지 못하는 우크라이나 민중의 무능이다.

국내 언론이 이 일에 대해 전혀 보도하지 않은 것은 우리 언론의 자유가 어떤 수준인지를 잘 보여준다. 국내 언론은 고위층 자녀의 병역 비리나 연예인의 사생활은 건드리면서도 자본에 정말로 불리하다 싶은 것은 절대로 보도하지 않는다. 대우로지스틱스는 2008년에 마다가스카르에서 130만 헥타르의 농지를 임차하는 계약을 체결했다고 밝힌 적이 있다. 130만 헥타르라면 마다가스카르 농지 전체의 약 절반에 해당한다. 대우로지스틱스는 이것을 빌려 쓰면서도 선불금도 지급하지 않았고 임차료를 낼 생각은 아예 하지도 않았다. 대우로지스틱스에 이와 같은 전대미문의 특혜를 준 마다가스카르 정권은 곧바로 민중의 유혈 반란으로 퇴진했다. 마다가스카르에서 대우로지스틱스 사태가 벌어졌을 당시 국내 언론은 대우로지스틱스의 성공만 알렸을 뿐 비판이라고는 전혀 하지 않았다. 이후 마다가스카르에서는 민중 반란이 일어났고, 계약은 이행되지 않은 채 망각되었다.

자본주의적 질서 아래에서는 언론 자유의 원칙은 있어도 그 구체적 실천은 사실상 불가능하다. 한국 자본이 밖에 나가서 무슨 일을 하는지, 그리고 그들에게 착취와 폭력과 폭언을 당하는 이들이 이 나라를 어떻게 인식하는지 안다면 편안하게 잘 수 있는 사람은 많지 않을 것이다. 한국인의 다수는 서서히 몸이 망가져가는 비정규직의 절망적인 외침을 들으려 하지 않는다. 보수화되어가는 사회에서 연대 의식은 점차 말라간다. 연대감 혹은 타자를 나의 연장으로 느끼려는 의식이 없는 삶은 아무리 풍족하다 한들 행복할 수 있을까?

짖지 않는 개로 살 것인가

1991년 가을, 당시 서울의 데모 문화를 보면 어떤 궁극적인 숭고함이 발휘되는 것 같았다. 진압봉과 방패가 날아가고 돌멩이와 화염병이 난무하는 아비규환은 정말 살아서 돌아갈 수 있을까 싶을 정도로 전쟁터를 방불케 했다. 그리고 데모 학생들은 졸업도 하지 않고 위장취업을 해서 가난한 이들과 함께 살았다. 스스로 위험과 가난을 선택한 사람을 보면서 숭고함마저 느꼈다. 그리고 '코리아'가 존경스러웠다. 지금까지 내가 한국학을 공부해온 것은 아마도 그 저항 에너지에 감복한 초발심 덕분인 듯하다.

하강하는 저항 곡선

저항, 한국 근현대사를 특징짓는 이 단어의 의미는 지난 60년 동안 괄목할 만한 변천을 겪었다. 한국전쟁 이전에 이 말은 지식인이라도 훗날의 체 게바라처럼 총을 메고 전투를 치르는 것을 의미했다. 유격전을 벌이다가 전사한 천재 마르크스주의 철학자

박치우(朴致祐, 1909~1949)는 프랑츠 파농(Frantz Fanon, 1925~1961)
이나 체 게바라보다도 앞선다. 박치우 같은 지식인은 치열하게 저항
한 만큼 추구한 목표도 굵직했다. 이 정도의 치열함과 목표는 1970년
대 말까지도 일각에서 잔존했다. 비록 유격전을 바로 벌일 수 있는 것
은 아니었지만 말이다. 반유신, 민주화, 민족 해방을 목표로 1976년
에 결성한 남민전(南民戰)* 전사들도 궁극적으로는 무장 봉기를 계
획했고 사회주의 원칙에 기반을 둔 통일을 원했다. 그들 중에는 사형
이나 옥사를 당하거나 고문의 후유증으로 요절한 사람도 있었다.

　그런데 한국이 세계의 주변부에서 준핵심부로 진입하기 시작한
1980년대부터 약간의 변화가 감지되었다. 사노맹(社勞盟)** 같은
사회주의 지향 그룹도 일부 남았지만, 민주화 운동 그룹의 상당수는
대체로 고문실과 땡전 뉴스가 없는 정상적인 자본주의 국가를 원했다.

　1990년대 들어 저항의 흐름은 크게 세 갈래로 나누어졌다. 이재오
나 김문수 같은 전향한 일부 사회주의자나 온건 민주화 운동의 지도
자는 주류 정계에 합류하여 저항을 마감했다. 노회찬이나 심상정처
럼 전향을 거부한 몇몇 사회주의자는 사민주의 노선으로 전회하여

• 남민전은 '남조선민족해방전선준비위원회'의 약칭으로, 이들은 반유신 투쟁
　을 전개하다 체포되었다. 남민전은 1964년 인혁당(人革黨) 사건, 1974년 민
　청학련(民靑學聯) 사건과 함께 중대한 공안 사건으로 취급되어 국가보안법
　과 반공법 위반 사건으로 처리되었다.

•• 사노맹은 '남한사회주의노동자동맹'의 약칭으로 한국전쟁 이후 남한에서 자
　생적으로 성장한 최대의 비합법 사회주의 혁명 조직이다. 이 조직은 노동 현
　장 경험이 있는 학생 운동 출신자들과 선진 노동자들이 결합하여 결성되었
　으며, 사회주의를 내건 노동자 계급의 전위 정당 건설을 목표로 했다.

의회주의의 길을 걸었다. 한총련으로 대표되는 급진적 좌파 민족주의 그룹은 정권이 파놓은 함정(1996년 연세대 사태)에 빠져 사회에서 고립되었다. 이 시기 대중적 차원에서 가장 대규모로 일어난 저항인 1996~1997년 총파업마저도 대체로 법 개악을 막으려는 수세적 차원에서 전개되었다. 따라서 무장 투쟁이나 체제 변혁은 입에 올릴 수도 없었다. 2000년대로 접어들어서도 이 경향은 심화되었다. 한미 FTA 저지 투쟁, 대추리 미군 기지 신축 저지 투쟁, 광우병 의심 소고기 수입 저지 투쟁 등 대중적으로 크게 일어난 저지형 투쟁은 줄줄이 패배를 당했다. 노동운동에서 가장 급진적 부대가 된 비정규직은 이제 노동법 개악 반대도 아니고 그저 부당 노동 행위 반대, 정규직 전환 차원에서만 싸운다. 2008년 촛불항쟁은 노동운동과 관계를 설정하는 데 실패하면서 패배하고 말았다. 여기에서 투쟁의 의제는 더 이상 체제 자체가 아니라, 그저 사기꾼 같은 한 통치자의 사대주의적 추태와 식료품 안전과 관련한 것이었다.

악랄한 정권과 얌전한 국민

지난 사기꾼형 정권과 달리 박근혜 정권은 광신도형이다. 이 정부가 저지르는 폭거는 2008년과 비교되지 않을 정도다. 예를 들어 전교조를 법외 노조화함으로써 역사의 시계추를 김대중 정권 이전으로 돌려놓았다. 통진당에 대한 해산 심판 청구는 이보다 더하다. 민노당과 통진당의 원조는 1990~1992년에 있었던 민중당이다. 그 당시 권위주의적인 노태우 정권마저도 민중당을 감히 해산하려고 하지는 않았다. 박근혜 정권은 통진당을 마치 북괴의 도구로 묘사한다. 하지만 일부 좌파 민족주의자가 주체사상에 긍정적인 태도를 보인다 하더라도 크게 볼 때 통진당은 민중당이나 그 이전에 있었던 사회대중당, 통일사회당, 민주사회당과 대동소이하다. 그것은 평화 통일과 복지 사회 건설을 내세우는, 즉 복지주의와 좌파 민족주의를 결합한 전형적인 한국적 사민주의 단체다. 박정희마저도 혁신 정당을 강제로 완전히 해산하지 못했는데, 그 딸은 이제 아버지가 미처 끝내지 못한 일을 완수하려는 모양이다.

그럼에도 이러한 폭거에 대한 저항 수준은 2008년 촛불항쟁에도 미치지 못한다. 1996~1997년의 총파업, 1987년의 민주화 항쟁과 파업 대투쟁과 비교하는 것은 무의미할 정도다. 도대체 저항적 역사의 곡선은 왜 갈수록 아래로 처질까? 정권은 오히려 악랄해지는데 우리는 왜 이렇게 얌전해진 것일까?

나 홀로 자본가가 되어버린 청년들

흔히 생계에 대한 불안이 대학을 취업 학원으로 만들면서 저항을 잠재웠다고 지적한다. 이는 진실의 일부분에 불과하다. 생계 불안으로 치면 4·19 혁명을 일으킨 학생들이 더했다. 좀 더 큰 틀에서 볼 때 시민의 에토스(보편적인 윤리 규준)를 전면적으로 바꾼 것은 후기 자본주의 사회 특유의 소비주의 풍토와 신자유주의다. 이 시대에는 각자 '나 홀로 작은 자본가'가 되어 몸값을 높여 노동 시장에 팔거나 상호 경쟁에 몰두해야 한다. 이렇게 원자화된 개개인에게 연대 투쟁은 그저 귀찮은 일일 따름이다. 세상이 너무 한심해 보이면 인터넷상에서 비판적 댓글 한두 개 달고 만다. 그 이상의 투쟁은 성공을 위한 경쟁에 바쳐야 할 내 자원을 낭비하는 것이다.

1991년 대학생들은 노태우 정권이 비도덕적이라고 비분강개했지만, 신자유주의 시대에는 도덕이라는 개념 자체가 성립할 수 없다. 지나치게 도덕적이면 무한 경쟁의 장에서는 오히려 약점이 되기 때문이다. 한편 1991년의 학생들은 한반도 남반부를 점령하고 곳곳에서 범죄를 저지르는 미군에 분노했다. 하지만 이제는 미군이 물러나지 않았음에도 이런 종류의 비분강개는 거의 찾아볼 수 없다. 그 배경에는 이제 중국이나 동남아시아, 러시아 등지에서 수많은 여성을 성적으로 착취하는 한국인 섹스 관광객에 대한 인식이 깔려 있는 것은 아닐까? 미국의 신식민지인 한국은 수많은 나라를 경제적으로 착취하는 아류 제국주의적 주체가 되었다.

저항의 역사가 하강 곡선을 타게 된 것은 한국 자본주의의 형태와 국제적 위상에 변화가 생겼기 때문이다. 하지만 박근혜 정권의 폭력에 대해 1991년과 같은 방식으로 맞서지 못할 경우, 한국은 결국 싱가포르처럼 선진형 권위주의 국가로 전락할 것이다. 1991년의 데모 등을 통해 쟁취한 표현의 자유나 고문 방지 등도 저항이 있을 때에만 유효하다. 저항의 하강 곡선이 땅에 닿는 순간 이와 같은 자유는 얼마든지 증발할 수 있다. 지금은 분노와 저항만이 우리를 살릴 수 있다.

4부
아득하지만 가야 할 좌파의 길

01

사회주의적 삶이란 무엇인가

'좌파'의 인류사적 의미

보수가 좌파를 공격할 때 자주 쓰는 무기는 현실성이다. 한국처럼 아직도 명분과 대의를 중시하는 사회에서는 내 잇속만 챙긴다는 인상을 주면 설득력을 얻지 못한다. 대신 현실성 타령을 하면 우국지사의 포즈를 취하기가 쉽다. 말하자면 '좌파 얼간이들이 국민 경제를 망가뜨리려 한다. 나는 오로지 우국충정의 발로로 국가와 국민을 살리려 한다'는 식이다. 국가주의나 국민주의가 헤게모니를 강력하게 행사하는 사회에서 보수 이데올로기는 대체로 이와 같은 방식으로 발화된다. 그러니 좌파의 길은 우파의 길보다 훨씬 험난할 수밖에 없다.

보수 이데올로기는 기득권층의 이해관계에 발맞추어 한 걸음씩 나아가자고 하는 정도에 머문다. 그것은 철학적으로 에드먼드 버크(Edmund Burke, 1729~1797)가 말한 인간 원죄에 입각한 현실 안주론에 기초해 있다. 버크에 따르면 원죄의 멍에를 지고 살아가는 인간의 세상은 혼란스럽고 불완전하다. 그러므로 상충되는 이해관계에서 빚어지는 갈등을 봉합하고 사회 전체를 통섭하기 위해서는 강력한 국가와 교회가 필요하다고 그는 주장했다. 또한 유한한 인간은 제한된 이성으로 무한한 세계나 우주를 이해할 수 없으므로 이성보다는 전통, 전례, 이전의 방식을 더 중시해야 한다고 했다. 그에 따르면 불평등한 사유재산제가 없어지면 인간은 게을러지기 때문에 평등은 망상이며, 이성에 기초한 이상보다는 현실이 먼저이고, 좋고 나쁨을 알 수 없는 변화보다는 현상을 유지하는 것이 먼저다.

프랑스혁명에 기겁한 데다 인간의 능력 자체를 낮게 평가하는 버크의 철학을 따르는 것은 사실 마음 편한 길이기도 하다. 게으르고 이기적인 인간을 채찍질하기 위하여 재벌 같은 사적인 군주국이 부득이 필요하다는 그의 논리대로라면 용산참사에 분개할 것도 없다. 서로 상충되는 이해관계를 국가가 철권으로 해결해주기 때문이다. 현실의 모든 비합리성과 부조리를 어떻게든 합리화하려는 보수주의 철학을 따르면 세상을 아주 가볍게 살 수 있다. 보수주의의 기저에는 불완전한 인간과 세계를 그대로 두자는 뜻이 담겨 있다.

좌파의 비현실주의

좌파는 그들이 추구하는 이상이 우리가 알고 있는 자연 안에 존재하지 않는다는 점에서 여타의 경향과 다르다. 평등이라는 이상만 해도 그러하다. 자연의 먹이사슬에서는 사슴과 호랑이가 절대로 평등할 수 없다. 두 짐승은 서로 먹고 먹히는 관계에 있다. 먹이사슬 자체가 하나의 서열인 것이다.

500년 전까지만 해도 아메리카, 아프리카 등지에는 수많은 평등한 사회가 존재했다. 하지만 결국 폭력적 자본주의를 원리로 하는 세계 체제가 확장되면서 그 평등한 사회는 유럽인에게 모두 먹히고 말았다. 인간 사회에서는 동물의 왕국 같은 약육강식의 논리가 통용되기 시작했고, 이 원칙은 약 140년 전부터 사회진화론의 금과옥조가 되었다. 그런 측면에서 보자면 좌파의 평등주의는 자연을 따르는 것이 아니라, 우리 마음속의 자연인 이성에 입각하여 자연의 원칙을 수정하는 것이다.

만약 몇 명의 청소년을 무인도에 내버려둔다면 나름대로 민주적 리더십 훈련을 받은 아이들이 화목한 공동체를 만들 수 있을지도 모른다. 하지만 윌리엄 골딩(William Golding, 1911~1993)의 《파리 대왕 Lord of the Flies》(1954)에서 묘사된 세계처럼 될 수도 있다. 이 작품은 핵전쟁이 일어난 가운데 비행기로 후송되던 한 무리의 영국 소년들이 태평양에 있는 어느 무인도에 불시착하여 벌어지는 일을 담은 것이다. 그곳에서는 가장 힘세고 야만적인 아이들이 우위를 잡고서 약자를 부하로 만들고 경쟁자를 죽임으로써 그 위치를 재확인하는 등 우승열패의 풍경이 재현된다. 이 작품은 소년들의 모험담이라기보다는 인간의 본성과 그것의 사회적 발현인 정체(政體)에 대한 사유를 담은 우화적 형식의 철학 소설이다. 여기에서 좌파는 인간의 아주 근원적인 문제점인 탐욕, 어리석음, 폭력성 등을 해결해주는 도덕 선생 노릇을 한다.

평등과 마찬가지로 '평화'도 어디까지나 근대 인간의 사상적 창조물이지 원래부터 있었던 것은 아니다. 구석기 시대 이래 인간은 짐승들과 싸우면서 자연의 먹이 사슬에서 조금씩 최강 잡식 동물의 위치에 올라섰다. 그리고 신석기 후기 이후 생산수단이 개선되면서 잉여가 생기자 인간은 그것을 빼앗기 위해 서로 싸우기 시작했다. 그때부터 지금까지 평화는 이상으로만 말해질 뿐 실재한 적은 없었다. 전쟁이 아니면 전쟁 대비가 인간 사회의 통례가 되었다.

대체로 20세기 초까지 국제 사회에서는 전쟁에 의한 분쟁 해결을 하나의 상식으로 받아들였다. 극소수의 비주류 종교인이나 부르주아 중산층 인본주의자, 초기 사회주의자만이 이 상식에 반대했다. 그러나 두 차례의 참혹한 대전을 겪고 나서 보잘것없던 소수의 의견은 이제 주류 사회에도 많이 받아들여졌다. 이에 공개적으로 전쟁을 찬양하는 일이 많이 없어졌지만, 그럼에도 100년 전 현실의 기조는 그대로 이어지고 있다. 지금도 초강대국 혹은 지역 강대국으로 불리려면 안팎의 적과 대전할 수 있는 능력이 가장 중요하다. 그렇게 평가받는 나라(미국, 중국, 인도, 러시아, 독일 등)는 모두 지금 안팎으로 각종 전쟁을 치르고 있다. 평화는 여전히 현실이 아닌 꿈으로 남아 있고, 그 꿈을 버리지 않으려는 좌파는 늘 비현실적이라는 소리를 듣는다.

인류사를 바꾸려는 거대한 꿈

초기 기독교인은 자신을 스스로 '이 세상에 속하지 않는 자'라고 보았다. 좌파 역시 애초 이 세상에 존재하지 않는 가치를 이 세상에 이식하고자 노력하는 이들이다. 이미 신석기 후기부터 이 세상은 불평등과 전쟁으로 얼룩졌다. 이런 세상을 근본적으로 바꾸어보자는 것이 좌파의 궁극적 이상이다. 그런 차원에서 좌파는 비록 나라마다 다른 방식으로 현실 정치에 참여하지만, 근본적으로 국지적이라기보다는 지구적이고 전 인류적인 가치를 추구한다고 보아야 한다. 그 대의는 인류사 자체를 바꾸자는 데 있기 때문이다. 당면한 눈앞의 현실 이외에는 아무것도 보려고 하지 않고 거기에 안주하려는 근시안적 이들에게는 좌파가 비현실적으로 보일 것이다. 기독교가 쇠퇴한 유럽에서 '거대한 꿈'을 간직한 이들은 이제 좌파 말고 또 있을까?

사회주의가 꿈꾸는 사회

소련을 회상해보면 한 가지 한심한 부분이 있다. 소련에서는 늘 미국 따라잡기를 표어로 내걸었다. 주변부 국가 특유의 오랜 서구 콤플렉스가 그렇게 나타난 것일까? 소련 말기 평균적 노동 생산성은 미국의 약 60퍼센트에 불과했다. 적어도 지식인들은 이 사실을 인지하고 있었다. 그리하여 지도자들도 미국의 노동 생산성을 따라잡고 능가해야 우리 체제가 승리할 수 있다고 못 박았다. 통계집마다 두 나라의 강철, 경운기, 곡물 생산을 비교한 데이터가 실렸다. 또한 생산 통계가 미국을 앞지르는 일이 생길 때마다 중앙방송에 뉴스로 내보냈다. 이런 비교와 함께 미국을 선진적 자본주의 국가로 지칭했다.

레닌주의적 사회주의에는 좋은 점이 많다. 문제는 선진권의 높은 노동 생산성과 생산 능력을 사회주의 건설의 기본으로 여기는 지나친 근대 지상주의다. 원래부터 그러한 측면이 없지 않았지만, 여기에 소련 말기 고위 간부들의 은근한 자본주의적 성향까지 결부된 것이다. 그들은 공석에서 미국의 수준을 넘어섰다고 했지만, 사석에서는 미국에서 살고 싶은 욕망을 드러냈다. 소련의 고질적인 서구 콤플렉스, 생산 선진화를 강조하는 레닌주의, 고위 간부들의 자본주의적 타락, 망국의 비극은 이미 이러한 것에서부터 시작되었다.

강철 생산량보다 어떻게 사느냐가 문제

그런데 미국만큼 많이 생산하고 소비하는 것이 과연 사회주의일까? 물론 미국을 방어해야 하는 상황에서는 기술의 후진성은 치명타가 될 수 있다. 하지만 자본주의적 세계 체제 전체의 자본력과 정보력이 집중된 미국에 비해 전통적으로 유럽의 주변부에 속한 소련이 갑자기 생산과 소비 모든 면에서 미국을 앞지를 것이라고는 처음부터 믿기 어려웠다.

근대적 자본주의가 소련보다 훨씬 덜 발달한 중국과 북한도 마찬가지다. 마오쩌둥은 대약진운동 벽두인 1958년에 한 연설에서 15년 뒤에는 영국보다 강철을 더 많이 생산할 것이라고 큰소리를 쳤다. 그는 강철 생산량을 사회주의의 대명사처럼 만들어버렸는데, 이는 태심한 오류였다. 그는 신중국 건설을 주도했고, 토지 개혁을 단행했으며, 당내 관료주의에 맞서 싸웠고(비록 폭력적이고 많은 면에서 비생산적이며 철저하지 못했지만), 인민을 위한 의료와 기초 교육을 공급했다. 그의 이런 업적은 진실로 존경스럽다. 하지만 그는 사회주의자라기보다는 차라리 초고속 근대화만을 갈망하는 후진국 민족주의적 지도자에 더 가까웠다. 왜냐하면 사회주의 사회에서는 강철을 얼마나 생산하느냐보다 그 강철을 생산한 인간들이 어떻게 사느냐가 더 중요하기 때문이다.

로봇이 아닌 행복한 노동자가 필요하다

사회주의적 삶은 자본주의적 삶보다 더 윤택하지는 않다. 사회주의자들의 과제는 한정된 지구의 자원을 되도록 골고루 평등하게 분배하고, 공동체 안에 민주주의, 상호 배려, 삶의 기쁨이 가득 차도록 하는 것이다. 제한된 자원을 빨리 쓰면서 소비를 무제한으로 늘리는 것은 사회주의적 삶의 방식과는 거리가 멀다.

자본주의 체제에서는 자동차를 생산하여 자본의 이윤을 극대화하는 것을 추구하지만, 사회주의 체제에서는 환경을 보존하고, 교통사고율을 최소화하며, 석유 같은 자원을 보존하고, 개인이 언제나 사회에 의존할 수 있도록 안정적인 환경을 조성하는 것을 추구한다. 목적이 서로 완전히 다른 만큼 사회주의 사회를 자본주의적 사고 틀로 상상하는 것은 아무런 의미가 없다. 그럼에도 소련이나 중국의 지도자들이 자본주의 체제의 생산 지상주의를 극복하지 못했다는 점은 역사의 비극임이 틀림없다.

미국에 맞서 스스로 보호해야 하는 소련이나 1970년대 이전의 중국으로서는 당연히 노동 생산성 제고에 방점을 찍을 수밖에 없었을지도 모른다. 하지만 사회주의 체제의 노동자로 사는 것보다 더 중요한 것은 인간의 전인적 발전이다. 사회주의 사회에서는 인간이 얼마나 많이 생산하느냐보다 노동 환경이 얼마나 쾌적한가, 휴식 시간이 얼마나 많은가, 쉴 때는 음악이나 독서 등을 즐기면서 자기 계발을 할 수 있는가, 얼마나 남을 위해서 자기 능력을 발휘할 수 있는가, 직장 내 인간관계는 얼마나 평등하고 서로 배려하는지가 핵심적인 문제다. 사실 이와 같은 측면에서 보자면 구소련이나 동유럽 사회는 자본주의 국가보다 훨씬 앞서갔다.

미국에서는 1년에 약 2,500만 명이 신경정신과를 찾는다. 또한 약 680만 명은 신경병이나 고질적 불안 같은 심리적 질환으로 목사나 신부에게 도움을 호소한다. 그만큼 미국인들이 느끼는 효율성의 압박은 거의 살인적이라 할 만하며, 직장 내 왕따 문제나 해고의 위험도 고질적이다. 그런 미국의 직장 문화에 비해 소련은 한결 행복했다. 나는 윗세대 누구에게서도 직장에서 부당한 압력을 받았다거나, 왕따를 겪었다는 말을 한 번도 들어본 적이 없다. 노동 생산성이 미국에 비해 훨씬 낮아도 노동자의 삶은 많은 면에서 훨씬 즐거웠다.

문제는 서구 자본가처럼 되려고 한 구소련의 고위 간부들이었다. 그들에게는 행복한 노동자보다 더 많은 물건을 빨리 생산하는 로봇과 같은 노동자가 필요했다. 그러니까 노동자의 삶이 실제로 미국에 비해 훨씬 사회주의적이었다 해도 지도층의 미국 따라잡기 타령은 끊이지 않았다. 결국 미국을 따라잡기는커녕 경제적, 문화적으로 서구의 식민지로 추락하고 말았다.

북한 지도자들이 강성대국을 입에 올릴 때마다 아쉬움을 느낀다. 사회주의자라면 강성대국을 바랄 일이 아니라, 배려와 사랑과 행복이 넘치는 사회를 바라야 하는 것이 아닐까? 개개인이 존중받고 서로 챙겨주고 믿을 수 있는 유일한 체제는 바로 사회주의이기 때문이다.

민주적 사회주의의 청사진

사회주의가 여전히 유효한 대안이라고 말하면 시대착오적이라고 반응하는 이들이 종종 있다. 어느새 우리에게 진보의 의미는 자본주의를 수정하는 일로 국한된 것 같다. 그리고 자본주의를 넘어 근본적인 대안을 제시하는 것은 거의 이단으로 받아들여진다. 신학자들이 하느님을 다르게 믿는 것은 받아들여져도 하느님의 존재를 아예 부정하는 것은 받아들여질 수가 없다. 그와 마찬가지로 한국의 현실적 진보주의자는 시장의 권력을 인정하는 사민주의는 기꺼이 거론해도 그 권력에 대해 근본적으로 도전하는 것은 꺼린다.

물론 일면 이해할 수 있다. 역사적으로 볼 때 변혁은 늘 평화롭지 않았고, 온갖 부작용을 낳았다. 수술을 하려면 대개 전신 마취를 해야 하듯이 근본적인 변혁 역시 아래에서부터 올라오는 총동원 분위기 속에서 실현된다. 그만큼 광기나 폭력성을 띨 가능성도 높다. 하지만 수술이 아무리 어렵고 위험하더라도 일찍 죽는 것보다는 수술을 받는 것이 낫지 않을까? 지금 우리 사회가 안고 있는 모순의 정도를 보면 본격적 수술을 하지 않고는 방법이 없다는 생각이 든다. 시장을 수정하는 정도가 아니라 상당 부분 배제해야 바로잡을 수 있을 것 같으니 말이다.

지식 착취 공장의 노예들

사회주의적으로 접근하지 않으면 정말 해법이 없어 보이는 좋은 예로는 고등교육계의 비정규직 교원 문제를 들 수 있다. 한국의 고등교육계에는 시간강사, 연구교수, 초빙교수, 트랙교수 같은 비정규직 교원(약 7만 명)이 정규직 교원(약 6만 5,000명)보다 많다. 전자는 교양 강의의 절반 이상을 담당하며, 연구 논문의 주된 생산자 역할을 한다. 이들이 비정규직으로 남아 있는 한 철저하게 강의를 준비하는 것도, 장기적 계획을 세워 연구에 전념하는 것도 어렵다. 저임금, 불안, 정규직 관리자들의 횡포, 대학 당국의 무시, 각종 부당 노동 행위 등 이들이 처한 상황은 심각하다. 그렇게 한 4~5년 이상 비정규직으로 있어본 사람이라면 가볍게는 고질적 스트레스에서부터 무겁게는 신경 질환에 시달리거나 자살 충동까지 느낀다.

문제는 현존하는 자본주의적 시스템으로는 이런 상황을 본질적으로 개선할 수 없다는 데 있다. 고교 졸업자 수가 점차 줄어드는 상황에서 정규직을 둘 새로운 대학 설립은 기대할 수가 없다. 더군다나 자본주의적 경제 주체인 대학 당국은 이윤을 극대화하기 위하여 정규직 증원을 가급적 억제한다. 특히 인문학 같은 '2차적이고 불필요한 분야'의 정규직 증원에 대해서는 더더욱 그러하다. 결국 시스템을 바꾸지 않는 이상 국가도 어찌할 수가 없다.

고등교육계의 이러한 비극은 그 유명한 수요와 공급의 법칙에서 연유한다. 즉 수요의 측면을 이루는 정규직과 비정규직의 정원도, 공급의 측면을 이루는 박사 학위 소지자 배출도 같은 교육계 기업('대학'이라고 하는 것보다 '교육계 기업'이라고 하는 것이 더 정확할 듯하다)이 좌우한다면 과연 어떻게 되는 것인가? 정규직 정원은 일부로 억제할 것이고, 인건비가 저렴한 비정규직의 정원부터 늘릴 것이다. 동시에 대학은 학위 장사에 열을 올림으로써 석박사 학위 소지자 수는 억제할 수도 없이 늘어날 것이다. 여기에다가 외국 교육계 기업의 장사를 도와주면서 학위를 받아오는 이들까지 감안하면 수요와 공급의 불균형은 참으로 심각하다.

수급의 균형이 이렇게 맞지 않으면 결국 누가 이득을 보는가? 바로 그 불균형을 초래한 장본인인 교육계 기업이다. 공급이 초과하면 상품의 가격은 내려간다. 상황이 이렇게 되면 무엇이든 다 감수하려는 '노예 후보자'들이 줄을 서기 마련이다. 그들은 대필하라고 하면 군말 없이 그렇게 하고, 논문 생산을 늘리라고 하면 시키는 대로 초인처럼 몰두하며, 한 학기나 1년 단위 계약으로 일하라 하면 감지덕지하고 받아들인다. 그들이 있기에 교육계 기업은 소기의 목적을 달성한다. 인건비를 대폭 줄임으로써 재단 이월금을 계속 축적해가고, 땅을 사들이며, 건물을 새로 지어 건설사와 파트너십을 발전시킨다. 그런가 하면 논문 생산을 늘려 세계 랭킹을 끌어올리고, 노예 노동을 이용하여 글로벌 브레인 파워를 구축한다.

한국의 지식 시장은 상대적으로 고립되어 있어 비정규직 교원이 이 커다란 지식 착취 공장에서 도망가기도 어렵다. 또한 노예들은 철저하게 원자화되어 있어 노예주에게 집단적으로 맞서지도 못한다. 자살이 아니고서는 억울함을 호소할 방법이 보이지 않는다. 국가가 몇 차례 개입해보았지만 역효과만 있을 뿐이다. 그도 그럴 것이 그 국가는 개입해서 조정할 능력도 떨어지거니와, 본래 노예주와 같은 무리이지 않은가? 국가가 전임 확보율 등을 따지는 척하면 교육계 기업은 그 말을 듣는 척하며 2~3년짜리의 무늬만 전임인 교원을 뽑았다가 바로 갈아치운다.

사회주의적 해결법

만약 한국이 사회주의화되었다면 이 문제를 어떻게 해결했을까? 공급과 관련해서는 지도 교수의 허영심이나 대학의 학위 장사에 휘둘리지 않도록 박사 학위 소지자 배출을 전국적으로 적절히 조절한다. 그러기 위해서는 이 문제를 계획 경제 운영의 차원에서 접근해야 한다. 가령 박사 과정 입학시험을 한층 까다롭게 해서 학생 수를 줄이더라도 졸업자의 취직을 보장하는 방향으로 간다든지, 해외 유학 예정자에 대해서도 국가 차원의 심사를 거치게 함으로써 그 수를 조절하는 것이다.

수요와 관련해서는 먼저 사립대학의 재정이 올바르게 쓰일 수 있도록 손을 본다. 가령 학생, 교원 노조, 국가가 참여하는 합동 운영 위원회를 꾸려 사립대학의 재정을 심사하게 한다. 그리하여 재단 돈이 우선 학생 등록금 부담을 줄이고 강사들의 처우를 개선하는 데 쓰이도록 한다. 또한 불요불급의 공사나 국제 행사 등은 취소시킨다.

강사들은 당연히 교원의 지위를 얻는다. 특별하고 불가피한 상황이 아닌 한, 그리고 다른 일자리를 알선해주지 않는 한 그들을 해고할 수 없다. 강의와 연구와 관련된 본봉은 모든 교원에게 똑같이 지급한다. 시간강사가 논문을 대필해주는 동안에 미국으로 가서 골프나 치는 사람은 쓰레기통으로 보낸다. 강사는 대학의 동등한 구성원으로 자리매김된다.

이와 같은 시스템의 상당 부분은 이미 동유럽의 계획 경제 국가에서 실현된 바 있다. 그리고 학술 발전의 차원에서도 그 결과는 나쁘지 않았다. 여기에 민주적 요소를 제대로 결합한다면 우리가 원하는 민주적 사회주의의 청사진이 그려진다. 고등교육계 비정규직은 사회주의나 사민주의 정당에 대거 입당하여 가장 왼쪽에서 변혁을 외치는 것이 논리적으로도 맞다. 사회주의가 아닌 한 그들의 위치를 획기적으로 개선할 방도는 전혀 없다. 그러나 실제로 그렇게 하는 사람들은 극소수에 불과하다. 자본주의에 대해 우리가 가지고 있는 통상의 관념은 아무래도 종교에 가깝다. 믿을 만한 합리적 근거가 전혀 없음에도 무조건 믿는다. 그만큼 해방의 가능성은 더욱 멀어진다.

심장 없는 사회의 심장

박근혜의 당선을 막기 위해 문재인을 찍을 것이냐, 안철수를 찍을 것이냐를 두고 주변에서 열띤 토론을 할 때면 마음이 갑갑했다. 가령 졸업을 하면 태반이 빚쟁이 신세에 저임금 비정규직 노동자 생활을 할 대학생들이 왜 이들 부르주아 자유주의자 후보에게 짝사랑을 퍼부을까? 두 후보 모두 그 학생들을 위해 등록금을 반 이상 깎아준다거나, 공공 부문에서 양질의 일자리를 만들어줄 확률은 거의 없는데, 도대체 무엇을 보고 그들에게 집착할까? 돈도 미래도 없는 이들이 '문'이나 '안'에게 쉽게 기대를 거는 이유는 아주 간단하다. 그들의 눈에는 '문'이나 '안'보다 왼쪽에 있는 사람은 전혀 보이지 않기 때문이다.

한국에서 정치적 좌파는 가시적으로 드러나지도 않고, 범사회적 호소력도 전혀 없다. 그러기에 한국에서 좌파 정치를 한다는 것은 거의 시시포스의 노동처럼 느껴진다. 그리스 신화에 나오는 코린토스의 왕인 시시포스는 제우스를 속인 죄로 지옥에 떨어져 커다란 바위를 산꼭대기로 밀어 올리는 벌을 받았다. 하지만 바위를 정상까지 밀어 올리면 다시 아래로 굴러떨어졌다. 이로써 시시포스의 노동은 영원히 되풀이되었다. 좌파 정치 역시 때만 되면 늘 25년 전의 비판적 지지론으로 다시 돌아온다. 그 이유를 세 가지로 설명할 수 있을 것 같다.

왜 비판적 지지론이 고개를 드는가

첫째, 아동기의 환상에 머물러 있기 때문이다. 어릴 때 우리의 머릿속에는 나만을 사랑해주는 부모님, 나쁜 도둑을 잡기 위해 밤낮으로 분주한 경찰 아저씨, 우리를 가르치기 위해 애쓰시는 선생님으로 가득하다. 아이들의 눈에는 승진을 위해 도둑보다 공안 사범에 관심이 더 많은 경찰 아저씨가, 자식에게 출세를 강요하는 부모가, 상급자의 압력에 피곤해져 학생들에게 폭력을 행사하는 선생님이 보이지 않는다. 아이들은 갈등보다 조화를 더 보고 싶어 한다.

그런데 어른이 되어서도 이러하다면 큰일이다. 이 세상의 바탕에는 늘 갈등이 있다. 아동기의 환상에 머물러 있는 한 이 세상의 실체를 놓치고 만다. 애석하게도 우리의 보편적인 세계관은 본질적으로 초등학생과 그리 다르지 않은 것 같다. 삼성 같은 재벌은 배당금밖에 모르고, 세금은 내지 않으려 하며, 노동자는 그저 착취의 대상으로 여긴다. 그럼에도 이 나라 대다수 선남선녀는 그들을 착취자가 아니라 실업계의 거두로 바라본다. 국가는 통제 메커니즘이자 착취를 위한 행정 기구가 아니라, 그저 '우리나라'다. 국가 발전에 대한 구상은 대선 후보에게 가장 듣고 싶어 하는 내용이다. 늑대와 양은 상생하면서 발전할 수 없다. 하지만 대한민국에서 평균적인 교육을 받은 사람이 이 점을 눈치채기는 어려워 보인다.

둘째, 생활 진보가 부족하기 때문이다. 하루 16시간 동안 떡볶이를 팔아야 자식들을 그나마 건사할 수 있는 노점상 아주머니가 정치 담론의 세부적 부분에 관심을 기울일 여력은 없다. 이 지옥 속에서는 일하고 썻고 자는 삶이 무한히 반복될 뿐이다. 이 지옥을 본질적으로 바꿀 사람이 그 노점상 아주머니에게서 표를 얻으려면 그녀를 위해서 먼저 봉사해야 한다. 예를 들어 떡볶이까지 파는 대형 마트가 들어설 것 같으면 영세 자영업자와 주민을 규합하여 필사적으로 저지해야 한다. 이러한 골목 진보, 동네 진보, 먹고 사는 문제에 관심을 기울이는 진보가 없으면 진보에게 표를 줄 사람은 고학력자들로 국한될 것이다. 그나마 진보에 대해 고민할 여유가 있는 이들이니 말이다.

세계 최장 노동 시간을 자랑하는 대한민국에서 사실 그런 여유는 사치에 가깝다. 그러니 진보는 거시적인 고민을 하기 전에 비정규직이 착취를 당하는 현장으로 달려간다든지, 편의점을 돌면서 아르바이트생에 대한 부당 노동 행위가 있는지 조사해야 한다. 하루 12~16시간 일에 지친 노동자, 대형 자본이나 단속 당국에 화병이 나 있는 영세 자영업자, 고용주의 횡포에 시달리는 비정규직, 이들이야말로 평균적인 한국인이다. 그들의 일상이 정치의 장에서 배제되는 한 한국에서 좌파 정치는 참으로 시시포스의 노동에 불과하다.

셋째, 진보가 심장 없는 사회의 심장이 되어주지 못하기 때문이다. 마르크스는 종교의 기능을 말하면서 "심장 없는 사회의 심장"이라고 표현했다. 영혼이라고는 없고 계산만 남은 사회에서 이익 창출 능력이 없는 자는 그저 굶어 죽어야 한다. 그런 사회에서 약자가 갈 곳은 교회뿐이다. 거기에서 그는 위로와 함께 '그래도 이 세계는 신의 섭리와 인과응보의 업에 의해 돌아간다'는 세뇌를 받는다. 그러고는 반란을 포기하고 산다. 오늘날의 한국 상황과 잘 맞는 그림이다. 수능, 대학 등록금, 폭력적인 군대, 불가능해 보이는 취직, 아르바이트생을 짓밟는 고용주, 이 모든 괴물과 싸워야 하는 대한민국의 20~30대 젊은이들이 갈 수 있는 곳은 가족 아니면 절이나 교회다.

좌파가 다수에게서 신뢰를 얻으려면 이 무정한 사회의 심장 역할을 해주어야 한다. 등록금 때문에 휴학해서 일을 하거나 자살까지 고민하는 사람, 군에서 당한 폭언과 폭력으로 오랫동안 악몽을 꾸는 사람, 구두 계약으로 편의점에서 일하여 돈을 다 받지 못한 사람, 이렇게 짓밟히고 모욕당한 이들은 진보 정당을 찾는다. 진보 정당은 이들을 위해 실상 조사에 나선다거나, 공식적으로 문제가 해결될 수 있도록 도움을 준다거나, 기관지를 통해 그들의 아픔을 다른 수많은 약자와 공유해야 한다. 그럴 때 비로소 진보 정당의 존재 이유를 많은 사람이 납득할 것이다. 현재는 그 존재 자체를 거의 모르거나, 알더라도 자신과 연결 짓지 못하는 사람이 대다수다. 좌파는 당분간 담론에 매달리기보다는 떡볶이 아주머니, 편의점 아르바이트생, 비정규직 노동자가 있는 현장 속으로 들어가야 한다. 그렇지 않으면 '문'이나 '안'과 같은 부류가 이 세상을 계속 지배할 것이다. 그런 세상에서 그들이 틀렸다고 외쳐대는 것은 시시포스의 노동과도 같다.

복지국가의 명암

몇 해 전부터 한국에서는 복지국가가 가장 인기 있는 말이 되었다. 심지어 근혜 공주님 부류의 극우도 복지를 지겹게 들먹일 정도다. 당연히 그들보다 왼쪽에 있는 야당에서는 한 술 더 떠서 복지국가를 이야기한다. 박정희와 장준하(張俊河, 1901~1989)가 공유한 1960년대의 근대화 담론이 연상될 정도다.

그동안 우리에게 과연 어떤 국가가 있었는지를 생각해보면 이해할 수 있는 현상이다. 우리가 경험한 것은 안보국가, 반공국가, 경찰국가(요즘 같으면 '신자유주의형 경찰국가')였다. 그리고 그런 국가와 가장 어울리는 말은 '폭력'이다. 국가 폭력은 지난 반세기 동안의 대한민국 역사를 관통하는 가장 핵심적인 말일 것이다.

이런 국가에서 살다 보면 자연히 폭력을 앞세우지 않고 우리에게 무엇을 해주는 국가를 꿈꾸게 된다. 더군다나 한국은 양육비와 교육비(그중에서도 특히 사교육비)가 살인적이라 아이 낳기가 두려운 나라, 약 40퍼센트의 노인은 가난하게 사는 등 노후가 두려운 나라다. 이런 나라에서 현실적으로 유일무이한 처방은 복지국가인 것 같다.

체제의 공범

사회주의의 궁극적인 목적이 사회 생산 영역 전체를 탈시장화하는 것이라면, 즉 이윤을 추구하는 생산과 소비 방식을 본질적으로 변혁하는 것이라면, 어떤 탈시장화도 환영할 만하다. 비록 그것이 부분적인 변혁일지라도 말이다. 그것은 투쟁해서 쟁취해야 할 매우 중요한 중간 목표로 인식된다. 그러한 의미에서 복지국가 담론은 분명히 본질상 진보적이다.

그러나 카를 카우츠키* 같은 방식으로 '자본주의가 독과점의 극에 다다르면 자연히 사회주의로 이동할 가능성이 열린다'는 식의 공상을 꿈꾸지 않고 사회적 현상을 변증법적으로 관찰한다면 속물적 마르크스주의자들이 놓치는 수정 자본주의의 이중성을 파악할 수 있다.

일면 노동자들이 복지국가를 쟁취하는 것은 그들의 계급적 역량이 부분적으로 승리를 거두었음을 말해준다. 하지만 사회적 생산에 대한 자본의 통제가 여전하다면 이러한 부분적 승리는 노동계급의 체제 내화를 뜻한다. 또한 체제는 늘 노동자를 포섭하려고 하는데, 그러한 기제가 엄청나게 성장했음을 보여주는 일이기도 하다.

가령 아직 복지국가도 아니고 이렇다 할 복지도 없는 상황에서 대

• 대표적인 사민주의 이론가로, 1891년 독일 사민당이 채택한 에어푸르트 강령을 기초하기도 했다. 당 내에서는 에두아르트 베른슈타인(Eduard Bernstein, 1850~1932)의 수정주의 노선과 대립하며 마르크스주의를 옹호했으며, 바깥으로는 폭력적 혁명과 소수 사회주의자에 의한 독재를 반대함으로써 레닌과 각을 세웠다.

기업 정규직 노조의 상층부 관료들은 계급투쟁 혹은 계급 연대를 포기하고 대신에 조합원의 몫 늘리기에만 집중한다. 그 조합원들 사이에 비정규직이 들어설 틈이라고는 없다. 비정규직의 투쟁에 큰 걸림돌이 되는 것은 바로 정규직 노조 관료들의 절대적으로 비협조적인 태도다. 자신의 소득만을 늘리려는 그들의 태도는 이미 자본주의 논리를 그대로 대변한다. 노조의 경영 참여도 불가능한 한국에서 주류 노조는 벌써 이 정도로 체제 내화가 되었다.

그렇다면 노조 간부와 사용자 측이 파트너가 되어서 기업을 같이 운영해야 하는 진정한 복지국가에서는 과연 어떨까? 노르웨이의 최대 기업인 스타토일의 노조는 외국인 노동자를 포함하여 조합원의 임금 인상과 복지를 위해 노력한다. 하지만 그들과 이해관계를 공유하는 기업이 이윤을 추구해야 하는 상황에 있다면? 가령 노르웨이 북부의 로포텐 섬 유전 개발 문제나, 알제리 같은 독재 국가의 자원 개발에 참여하는 문제와 관련하여 노조는 과연 환경 본위, 국제 연대 본위의 태도를 취할 수 있을까? 노르웨이 같은 복지국가에서는 조직 노동과 자본이 각자의 몫을 두고 긴장하지만, 동시에 둘은 동업자이기도 하다. 노르웨이 자본을 위해서 땀을 흘리는 앙골라나 방글라데시의 노동자가 볼 때는 차라리 공범이 아닐까? 노르웨이 굴지의 재벌인 텔레눌의 방글라데시 공장에서 별다른 안전장치 없이 일해야 하는 13세 아이들에게 해외 경영을 반대한 적 없는 그 노조는 과연 무엇일까?

가장 튼튼한 자본주의

　　　　하지만 회사와 공범인 노조 간부들만의 문제는 아니다. 선거를 통해 그들을 뽑는 일반 사원들에게는 과연 혁명 사상이 남아 있을까? 노조의 역량이 상당해서 계속 임금이 오르는 복지국가에서 노동자가 그 소득의 잉여분을 어떻게 쓰는지 생각해보자. 일단 그들은 집부터 살 것이다. 20년 전만 해도 노르웨이 가구 중 약 63퍼센트가 한 채나 그 이상의 주택을 소유했는데, 지금은 그런 가구가 약 80퍼센트에 육박한다. 절대 다수가 집을 소유한 곳에서 그들이 가장 원하는 것은 집값이 오르는 일이다. 사민주의적인 복지국가의 메커니즘 안에서는 임금과 소비력이 계속 오르는 만큼 집값도 꾸준히 오른다. 1993년부터 지금까지 약 430퍼센트 정도 올랐다. 미국보다 약 여섯 배 높다. 해마다 수차례 해외여행을 다니는 것도 이제는 관습이 되었다. 자국보다 물가가 싼 타국에서 1년에 몇 주씩 멋지게 휴식하는 복지국가 시민들에게 과연 국제 무산계급 연대의 사상이 조금이라도 남아 있는지 모르겠다.

　역설로 들리겠지만 실은 가장 내구력이 있고 튼튼한 자본주의는 바로 다수를 체제의 순량한 일분자로 만드는 복지 자본주의다. 복지국가는 노동계급의 중간 승리를 뜻하는 한편으로 동시에 그들을 자본화한다. 물론 자본주의의 위기 속에서는 복지 부문이 불가피하게 축소되는데, 이 과정에서 노동계급의 전투성이 회복될 수도 있다.

사회주의와 인생의 의미

그레이엄 그린(Graham Greene, 1904~1991)의 《조용한 미국인*The Quiet American*》(1955)은 소련에서도 전혀 삭제되지 않고 그대로 출간되었다. 저자는 공산주의자도 아니고 세상을 꽤나 냉소적으로 보는 전직 영국 스파이 출신이다. 그럼에도 이 책이 소련에서도 나온 것은 미국의 베트남 개입에 대한 작가의 냉소적인 비관론 때문일 것이다. 그레이엄 그린은 베트남이 미국의 계획대로 살 수 없으며, 결국 특유의 유교화된 국가사회주의 길로 갈 수밖에 없다는 점을 간파했다.

그레이엄 그린의 분신이라 할 수 있는 영국 기자 토마스 파울러는 베트남을 구제하겠다는 선민의식으로 가득한 미국 공작원 올든 파일에게 아주 중요한 이야기를 해준다. 즉 베트남의 농촌에 가보면 농민들의 원한이 섞인 온갖 인생 이야기를 제대로 들어주는 사람이라고는 베트민 간부밖에 없다는 것이다. 프랑스인은 침략자이고 정부의 관료는 약탈자나 마찬가지이니 농민들이 믿고 따를 수 있는 사람은 베트민 간부밖에 없다. 베트민 간부는 민족 해방에 대한 연설로 인생의 고상한 의미까지 부여하는 등 농민들에게는 유일무이한 '우리 지도자'다. 그러므로 프랑스와 미국과 그 현지 대리인이 아무리 강해도 현지인과 소통하지 못하고 그들에게 어떤 의생의 의미도 부여하지 못하면 필패한다는 것이 그 영국 기자의 지론이다.

사회주의의 목적

내게 특히 인상 깊게 다가온 것은 인생의 의미를 말하는 사회주의 사상이다. 물론 그레이엄 그린이 말한 베트민 간부들은 사실상 유교적 목민관이자 계몽주의자였다. 그들은 농민들의 이야기를 단순히 들어주었다기보다는 농민들을 조직적으로 통솔했다고 보아야 한다. 전통 사회 해체기에 이와 같은 권위주의적 훈육과 피훈육, 통솔과 피통솔의 관계는 불가피한 측면이 있지만, 오늘날에는 그리 적합하지 않다. 그러나 인생의 의미를 말하는 사회주의나 공산주의는 그때뿐만이 아니라 지금도 여전히 유효하다. 어찌 보면 인생의 의미를 말하는 것이 현대 사회에서 사회주의나 공산주의 사상이 존재할 수 있는 유일한 방식일 수 있다.

우리가 생전에 돈을 매개로 하지 않는 지상 낙원을 건설할 수 있다고 말하면 어디까지나 혹세무민일 것이다. 현실적으로 이성에 입각한 세계적 규모의 사회주의 세상을 건설할 가능성보다는, 일련의 국지전을 통해 힘이 재편되고 한층 야만적인 자본주의 세상으로 이어질 가능성이 훨씬 높다. 마찬가지로 한국에서도 진보 정당이 집권할 가능성보다는, 사기꾼형 개혁 정치인들이 일본의 민주당 같은 잡탕

식 정당을 하나 더 만들어 언젠가 정권을 탈환하고 부르주아 국가를 과거대로 운영하는 것이 더 현실적인 시나리오다. 그러나 진보의 가치가 꼭 집권에만 있는 것은 아니다. 사회주의는 결국 이런 상황 속에서도 인간답게 사는 것을 목적으로 한다.

인간의 삶에는 세 가지 층위가 있다. 가장 기본적 층위는 생물적으로 생존하는 것이다. 초기 자본주의 체제에서는 이 기본적 생존마저도 노동자에게는 거의 꿈같은 이야기였다. 원하는 만큼 먹지도 못했고, 아파도 병원에 가지 못했다. 후기 자본주의 시대인 지금도 얼마간 제약이 있기는 하지만 한국 같은 준주변부 국가에서는 이런 부분이 어느 정도 보장된다.

또 다른 층위는 기본적인 사회적 역할을 수행할 수 있는 가능성이다. 인간답게 살기 위해서는 정상적으로 성장하고, 연애도 할 만큼 해보고, 부모에게 효도하고, 아이를 잘 키우고, 안정적인 노후 생활을 할 수 있어야 한다. 하지만 이 위대한 토건 공화국에서는 이런 것이 거의 보장되지 않는다. 대다수 아이들은 스트레스에 시달리고, 아르바이트를 하느라 연애고 뭐고 다 때려치우는 젊은이들이 부지기수이며, 아버지들은 아이를 한 번 보는 것도 힘들 만큼 늦게 귀가하고, 노인 빈곤율은 40퍼센트에 달한다.

마지막 층위는 관계나 창조적 노동이나 어떤 애타적 실천을 통해 진정한 자아를 실천하는 것이다. 이것이야말로 인생의 진수이자 가장 깊은 의미일 것이다. 나와 마음이 통하고 어떤 상황에서도 나를 버리지 않을 친구를 사귀거나, 이름 모를 타인을 위해 봉사하거나, 나만이 표현할 수 있는 독특한 말과 글, 그림, 음악을 남길 수 있다면 이 세상을 떠날 때에도 홀가분하지 않을까?

하지만 우리는 이러한 인생의 복을 거의 맛보지 못하는 것 같다. 가령 자신의 신분, 학력, 돈 같은 외적 요소가 다 바뀌어도 계속 사귈 수 있는 친구는 몇 명이나 될까? 대인 관계에서 상호 이용을 빼면 무엇이 남을까? 내가 하는 일 중에는 이 세상의 마음 밭을 조금이라도 정토로 가꾸는 데 이바지하는 것이 얼마나 될까? 우리 노동의 99퍼센트는 대개 어떤 독립적인 의미가 보이지 않는 단순 반복 행위다. 각자 머리와 마음속에서 바깥에서 주입된 지식, 생각, 감정 등을 빼고 나면 자신만의 것이라고 할 수 있는 것이 얼마나 될까? 한국이든 노르웨이든 자본주의 사회에서 사는 인간은 자신에게서 아주 심각하게 소외되어 있다. 아무 의미도 없는 부질없는 벌이와 오락과 상품화된 정보 속에 인간은 묻히고 말았다.

실존적 운동으로서의 사회주의

바로 이 지점에서 사회주의의 의미를 되새겨볼 수 있다. 이미 '뜻'을 잃은 세계에서 사회주의 운동은 그 뜻을 회복하기 위한 하나의 노력에 해당된다. 사회주의 운동을 하는 사람에게는 이를테면 자신만의 안목 같은 것이 생긴다. 이 세상을 이루는 모든 허위, 가식, 거짓말, 거품에 대해 '이것은 아니다'라고 생각하고 말할 수 있는 용기가 생긴다. 진정한 의미의 자아가 태어나는 것이다. 자본주의적 흐름에 몸과 마음을 맡기면 진정한 의미의 개인이 될 수 없다. 사회주의는 비판적 개인을 창조한다. 그리고 그런 개인이 서로 만날 때 소통의 기쁨을 맛볼 수 있다. 상호 이용이 개입되지 않는 동지적 관계의 기쁨을 말이다.

사회주의란 단순히 집권만을 위한 정당 운동이 아니다. 그것은 이 폐허에서 인간으로 다시 거듭나고 뜻을 되찾기 위한 실존적 운동이다. 종교는 이미 상품화되어서 그 의미를 상실했다. 이제 예수와 석가모니의 뜻을 제대로 받들 수 있는 것은 마지막 보루는 사회주의다. 그런 의미에서 진보 정당 지역 위원회에서 문학, 종교, 인생에 대한 토론을 해도 좋을 것이다. 또는 아마추어 연극, 인디 밴드 공연 등 돈으로 매개되지 않는 삶을 즐겨도 좋을 것이다. 사회주의란 문화가 상품화되어 죽어버린 시대에 그것을 끝까지 지켜보겠다는 운동이기도 하니 말이다.

02

혁명을 꿈꾼 시대, 우리에게 남긴 것

인생은 짧지만 저항의 역사는 길다

내가 진보신당의 비례대표 후보로 출마하자 주변에서는 한국에는 아직 계급정치나 급진적인 노동운동을 할 수 있는 여건도 성숙되지 않았고, 계급정당의 지지율도 늘 제자리걸음인데 왜 가망 없는 일에 매달리느냐고 물었다. 그런 질문은 의도가 무엇이든 어떤 사실 관계를 가리킨다.

비정규직 같은 주변화된 노동자의 전투적 운동은 희망버스의 성공에 힘입어 많이 대중화되었다. 하지만 아직도 노동운동 진영은 정규직과 비정규직으로 분리되어 있고, 기본적으로 단위 조합 구성원들의 경제적 이해를 위주로 한 수세적인 싸움에 많이 치우쳐 있다. 이러한 상황에서는 계급정당도 성장하는 데 한계가 있다. 그렇다고 하더라도 나는 계급정치를 해야 한다고 생각한다. 지금 눈에 띄는 성공과는 무관하게 차후 이 세상의 약자들이 차별과 배제의 벽을 넘을 수 있기 위해서라도 계급정당이 거름과 자양분이 되어야 한다.

1970년대 구소련 재야인사들이 건배를 할 때 쓰던 유명한 말이 있다. "가망 없는 우리 일의 성공을 위하여!"가 그것이다. 재야의 자유주의적 운동이든, 좌파적 운동이든, 구소련의 어떤 반체제 운동이든 아직 소기의 목적을 결국 달성하지는 못했다. 소련의 자원과 공장을 훔쳐가면서 정부를 사칭하는 푸틴 일당은 선거 부정을 저지르고, 고문과 암살을 통해 소수 민족의 독립 운동을 극렬하게 탄압한다. 이런 점에서 볼 때 푸틴 일당은 자유주의적이지 않다. 또한 자유무역, 민유화, 점차적인 복지 축소 등을 지향한다는 점에서 보면 좌파적이지도 않다. 구소련 정권에도 많은 문제가 있었지만, 지금 크렘린궁을 불법으로 점거한 패당은 하등의 정통성도 없고, 자신들의 주머니만 살찌운다는 점에서 '정부'라고 부르기도 어색하다.

그런데 구소련 시절 재야 세력이 현실 정치에 실패했다 하더라도 그들의 저항은 역사의 거름이 되어 세상을 좀 더 좋게 바꾸는 데 일조했다. 예를 들면 안드레이 사하로프(Andrei Sakharov, 1921~1989)의 출국 자율화 운동이 있었기에 지금의 러시아인은 자유로운 출국을 기본 인권으로 인식하게 된 것이다. 그는 소련의 핵실험과 인권 탄압에 맞서 투쟁하다 외국인 출입이 통제된 볼가강 지역에 유배되기도 했다. 마찬가지로 소련 말기에 좌파적 관점에서 정권을 비판하면서 진정한 레닌주의로 복귀하는 것을 꿈꾸다 탄압을 받은 보리스 카갈리츠키(Boris Kagarlitsky)는 지금도 러시아의 급진 좌파를 이념적으로 이끌어가고 있다. 그들은 소련을 급진적으로 바꾸는 데에는 실패했지만, 그 저항은 절대 헛되지 않았다.

가망 없는 우리 일의 성공을 위하여

한국의 근현대사에서도 이런 일을 찾아볼 수 있다. 박헌영이나 이현상(李絃相, 1905~1953), 이관술(李觀述, 1902~1950), 이재유(李載裕, 1905~1944), 김태준(金台俊, 1905~1949), 박치우 같은 1920~1940년대의 공산주의자들은 철저하게 패배를 당한 것처럼 보인다. 그들은 일제나 남한의 권력자 손에 죽거나, 아니면 퇴영적이고 반봉건적인 농민 사회주의로 회귀한 북한의 권력자 손에 죽었다. 그 유산도 1980년대 후반이 되어서야 남한에서 그나마 빛을 보기 시작했다.

이들의 정치적인 실패는 어떻게 보면 예정된 것이었다. 미 제국의 군사 보호령으로 전락한 남한은 어떤 조직적 계급투쟁도 불허하는 전체주의적 병영 국가 체제가 되었다. 민중적인 변혁을 거친 북쪽이라 해도 마르크스 레닌주의 노선으로 갈 만큼 대중도 활동가도 제대로 성숙하지 못했다. 일제 강점기 한국의 위대한 공산주의적 혁명가들은 제국주의의 불가항력과 대중의 미성숙이라는 이중의 벽에 부딪히고 말았다. 거칠게 말하자면 그들은 싸우다가 죽게 될 운명인 것이었다.

그러나 그들의 고통스러운 죽음은 전혀 헛되지 않았다. 이승만 패당의 손에 비극적으로 법살된 조봉암 같은 사람도 1920~1930년대 공산주의 운동의 후예다. 신향식(申香植, 1934~1982) 같은 남민전 전사도, 1980년대의 사노맹 전사도 자신들을 스스로 빨치산 이현상의 후예로 여겼다. 또한 자신들의 급진적 활동을 조선 공산주의 운동의 연장선상에서 파악했다. 그 밖에도 공산주의 운동은 후대의 혁신적 정치인과 재야인사들에게 풍부한 영감을 주었다. 비록 많이 온건해졌지만 말이다.

1945년에 결성된 조선공산당 산하의 조선노동조합전국평의회(약칭 '전평')가 강제로 해산되고, 이들에 맞서 대한노동총연맹(약칭 '대한노총')이라는 반동적이고 반노동적 단체가 만들어지면서 식민지 시대 노동운동의 전통은 많이 끊기고 말았다. 그래도 후대의 노동자에게 본보기가 된 1950년대 방직공장 파업은 식민지 시대 노동운동의 전통을 잇는 것이었다. 김일성이 박헌영을 죽이고 이승만이 이현상을 죽여도 무계급 사회를 향한 그들의 정신은 어떤 권력자도 죽일 수 없었다.

인생은 짧지만 저항의 역사는 길다. 우리는 사적인 재벌 왕국, 아무런 권리가 없는 비정규직 노동자, 예외 없는 징병제, 학생들을 등쳐 먹는 대학, 악덕 기업 같은 사립 병원이 존재하는 나라에서 산다. 복지나 공공성이라고는 찾아볼 수 없지만, 또 어떤 이는 이것을 위한 운동을 계속 이어갈 것이다. 좌파 정치라는 이름의 저항은 꼭 이기기 위해서만 하는 것은 아니다. 그보다는 인간답게 살다 죽기 위해서 한다. 현실에서 아무리 패배하더라도 역사의 심판에서는 이길 수 있다.

1968년 혁명의 의미

한국과 노르웨이의 교육 현실을 비교하면 많은 부분에서 차이를 느낄 수 있다. 노르웨이에서는 학생들이 출석의 의무를 지지 않는다. 또한 수업 시간에 교수의 질문이 마음에 들지 않으면 그 질문에 대한 근거 제시를 요구할 수도 있고, 교수에게 복종해야 할 필요도 전혀 없다. 우리에게는 생소하게 느껴지겠지만 무엇보다 학교뿐만 아니라 가정에서도 체벌을 엄금한다. 이는 1987년에 제정된 '부모와 자녀 관련 법률 개정안'에 따른 것이다.

노르웨이가 언제부터 어떤 계기로 이런 자유가 충만한 사회가 되었는지 생각해보면 1968년 혁명이 그 답일 것이다. 1968년 전 세계적으로 번져간 혁명 사태는 노르웨이의 청년층 사이에서 권위주의 철폐 운동이 일어나게 했다. 그 결과 대학 의무 출석이 폐지되고 체벌이 금지되는 등 자유로운 분위기가 형성되었다. 1968년 혁명은 비록 자본주의를 없애지는 못했지만 유럽인의 삶을 뿌리째 바꾸어놓았다. 내 경우만 하더라도 넥타이를 매지 않아도 연구실에 앉아 작업할 수 있고, 학생들은 언제든지 내 연구실로 찾아와 이것저것 물어볼 수 있다. 이것이 다 1968년 혁명의 결과다. 1968년 이전 유럽의 교수들은 늘 정장 차림에, 학생들을 쉽게 만나주지 않았고, 퍼스트 네임으로는 불리지 않았으며, 육아 노동도 하지 않는 등 훨씬 권위주의적이고 고답적인 존재였다.

파리의 적색 5월이 바꾸어놓은 것

1968년은 문화나 일상 등 삶의 소프트한 부분을 크게 바꾸어놓았다. 성의 해방이나 동성애 등에 대해 긍정적으로 재인식하는가 하면, 장애인에 대해서도 그들이 자신과 동등하다는 시각을 갖게 되었다. 또한 인종적 소수자와도 연대하는가 하면, 종래의 전통적 교회도 점차 퇴출되었다. 지금 노르웨이에서는 전체 토박이 인구 중 약 4퍼센트만이 정기적으로 교회에 출석한다. 대학 안에서는 교회의 교리와 의례에 얽매여 있는 사람을 거의 찾아볼 수 없다. 그렇다고 종교성이 없는 것도 아니다. 다만 제도적으로 국가와 유착되어 아프가니스탄 침략에 대해서도 제대로 반대하지 못하는 공식 교회를 사람들은 더는 신뢰하지 않는다. 그런 교회는 예수보다 예수가 소리 높여 비판한 율법 학자와 더 가깝다고 보는 것이다.

이와 같이 모든 면에서 우리는 파리의 적색 5월에 엄청난 빚을 지고 있다. 1789년 프랑스혁명이 표방한 '인간과 시민의 인권선언'과 '자유, 평등, 우애'는 19세기를 사상적으로 좌우했다. 그와 마찬가지로 1968년의 혁명 정신을 보여주는 "하느님도 주인도 필요 없다!(Ni Dieu ni maître!)"라는 낙서는 인류의 해방을 위한 하나의 기폭제 역할을 지금까지 해왔다.

그런데 소프트한 부분은 많이 바뀌었지만, 혁명으로서의 1968년 사건은 패배했다. 그 패배는 1968년 혁명을 조직적으로 주도한 올드 레프트의 한계를 그대로 보여주었다. 아무리 혁명을 외쳐도 프랑스 공산당이 현실적으로 원한 것은 임금 인상과 같은 자본과 국가의 양보와, 사회당 같은 다른 좌파 정당과 공동으로 집권하는 것 정도였다. 결국 1981~1984년간 사회당이 주도한 연립 내각에 프랑스 공산당도 1947년 이래 최초로 입각하여 정부를 구성했다. 하지만 어떤 혁명도 일어나지 않았으며, 이후 공산당의 인기는 여지없이 떨어졌다.

혁명이라는 수사로 포장된 개혁주의 노선은 그 한계를 여실히 보여주었다. 아무리 선거를 통해 집권했다 할지라도 탈자본주의를 지향하는 대중 운동을 강력하게 이끌지 않는 이상 좌파 정당은 어떤 급진적 조치도 취하지 못한다. 급진적으로 나가면 관료들은 조직적으로 방해할 것이고, 자본가들은 대규모 자본을 해외로 유출함으로써 맞설 테니 말이다. 그런 관료와 자본가의 저항을 분쇄하자면 자본주의와 의회주의의 틀을 넘어서는 조치까지 취할 준비가 되어 있어야 한다. 하지만 반세기 이상 체제 내 정치에 익숙해진 프랑스 공산당은 그런 준비가 전혀 되어 있지 않았다.

아나키스트나 트로츠키주의자 같은 군소 급진파는 공산당을 압도하는 초좌파적 수사를 썼다. 하지만 노동자에 대한 그들의 영향력이나 조직력, 피지배 계급 동원 능력은 공산당과 노조에 한참 못 미쳤다. 그런 만큼 맹렬한 가두 투쟁이나 혁명적인 출판물 발간 이상의 어떤 혁명을 일으킬 능력은 없었다. 올드 레프트 안에서 덩치 큰 정파는 사민주의 수준의 개혁주의로 퇴보하고, 덩치 작은 정파는 서클 수준을 넘지 못해 대중성을 전혀 획득하지 못한 점, 이것이 1968년의 비극이다.

타협 없는 혁명이 필요하다

1968년에는 올드 레프트의 한계도 노출되었지만, 그렇다고 뉴 레프트가 선전한 것도 아니었다. 착취보다 소외로 눈을 돌린 뉴 레프트의 문제의식은 굉장히 시의적절했다. 즉 그들은 피착취 계급의 핵심인 숙련공보다는 젊은 실업자, 학생, 소수 종족 같은 주변부의 소외를 문제 삼았다. 그리하여 착취뿐만 아니라 소외도 없는 철저하게 민주적이고 참여적인 탈자본주의적 사회를 꿈꾸었다. 그리스에서는 젊은이들의 절반 이상이 직장을 아예 구하지 못해 착취당할 가능성은커녕 끝없는 소외 속에서 살아간다. 소득이 괜찮은 정규직이라 할지라도 관료가 독점한 정치권력과 국가와 자본이 독점한 경제권력에서는 소외된다. 이런 사회에서라면 소외의 관점이야말로 자본주의 비판의 출발점이 될 것이다.

문제는 세계의 주변부에서부터 중심부에 이르기까지 소외당하는 사람들을 어떻게 규합하고, 그럼으로써 자본주의에 어떻게 치명타를 입히느냐다. 전략과 전술 면에서 뉴 레프트는 무력했다. 당시 독일, 이탈리아, 일본에서는 일부 뉴 레프트가 무장 공격으로 전환했는데, 이는 그런 무력감을 방증한다. 대중의 지지를 확보하지 못한 채 고립된 소수의 영웅이 주도하는 무장 투쟁 전술은 필패일 뿐이다. 더군다나 이는 자본주의의 악선전에 이용될 뿐이다. 결국 1968년과 그 이후 일어난 사건은 올드 레프트와 뉴 레프트의 한계를 모두 보여주었다.

자본주의를 성공적으로 극복하게 될 미래의 좌파는 오늘날의 올드 레프트와 뉴 레프트를 조합하여 양쪽의 장점을 취할 것이다. 1968년 이후에 적어도 한 가지가 분명해졌다. 그것은 당시 인기 있었던 또 다른 낙서가 말해준다. "혁명을 할 때 반쪽만 가는 이들은 결국 자신의 무덤을 팔 뿐이다(Ceux qui font les révolutions à moitié ne font que se creuser un tombeau)."

체제와 하는 어떤 타협도 궁극적으로는 우리 자신의 무덤을 파는 일이다. 그것은 우리가 걸어온 길을 돌아보아도 알 수 있다. 지난했던 투쟁은 1980년대의 반동과 신자유주의 도입 등으로 끝나고 말았다. 혁명을 끝까지 끌고 가려면 좌파는 대단히 대중적이고 포괄적이며 잘 준비되어 있어야 한다. 그래야 타협하지 않을 용기가 생긴다.

혁명의 어머니, 혁명적 인텔리겐차

초등학교 시절에 늘 품었던 한 가지 의문에 대해 말해보려 한다. 사회과학 수업 시간에 교사들은 늘 '사회주의 혁명에서는 무산계급이 헤게모니를 행사한다'고 강조했다. 그러나 실제 사회주의 혁명을 이끈 이들의 면면을 보면 출신 성분상 무산계급과는 아무런 관련이 없어 보였다. 정치적 비중이 약했던 미하일 이바노비치 칼리닌(Mikhail Ivanovich Kalinin, 1875~1946) 이외에는 1930년대 이전까지 볼셰비키당의 지도부에 공장 노동자 출신은 한 명도 없었다. 이에 대해 교사들은 다음과 같이 설명했다. 레닌에 의하면 전위 정당을 통해 급진 사상을 주입하지 않으면 노동운동은 조합주의의 수준을 뛰어넘지 못한다. 이 급진 사상을 주입하는 역할을 바로 혁명적 인텔리들이 맡는다는 것이다.

이윤 추구 체제에 맞서 노동계급이 반발하는 일은 하루도 쉬지 않고 여러 방식으로 전개된다. 대부분은 당면한 경제 이익을 놓고 반발한다. 체제는 양보, 협박, 포섭 등으로 이러한 반발을 얼마든지 무마할 수 있다.

현재 동아시아에서 파업이 가장 활발한 곳은 중국이다. 10년간의 계약 노동 이후 정규직으로 전환될 수 있도록 보장해주는 새 노동법도 중국의 노동자와 기층민이 투쟁해서 거둔 간접적 성과 중 하나다. 그 밖에도 농촌 출신 이주 노동자에게 임시 도시 거주증을 발급해주는 제도를 실시하게 되었고, 상당한 수준의 임금 인상도 쟁취했다. 그러나 그 노동자들이 전위 정당의 조직자 역할은 할 수 있어도 중국 특유의 신자유주의 자체를 전체적으로 극복하는 것은 기대할 수 없다.

　그런데 그런 전위 정당을 만들 수 있는 혁명적 인텔리 계층이 지금의 중국에는 형성되지 않았다. 한국도 마찬가지다. 100년 전 같으면 그런 계층은 일본 유학생을 중심으로 1900년대 초반에 형성되어 신해혁명을 거친 뒤, 1920년대 국민당과 공산당의 모체가 되었을 것이다. 마오쩌둥이 1921년부터 공산주의를 본격적으로 수용하고서 공산당 창립 운동에 합류했을 때, 그의 모델은 쑨원, 황싱(黃興, 1874~1916), 쑹자오런(宋敎仁, 1882~1913)이었다. 1895년에 레닌이 상트페테르부르크에서 '노동계급 해방 투쟁 동맹'을 결성했을 때, 그는 전 세대의 '인민의 자유'라는 조직은 물론 수많은 혁명적 인텔리 주도 운동의 사례를 참조했다. 중국에서는 혁명적 인텔리 계층이 약 1900년대 초반에, 러시아에서는 1860~1870년대에 형성되었다. 이를 기반으로 전위 정당이 만들어지지 않았다면 그 어떤 노동계급 혁명도 할 수 없었을 것이다.

레닌과 마오쩌둥이 혁명가가 된 이유

　　　그렇다면 이러한 혁명적 인텔리겐차 계층은 어떤
조건 아래에서 형성될 수 있을까? 그리고 오늘날 한국에는 왜 그런
계층이 존재하지 않을까?

　한 가지 편견부터 없애야 한다. 혁명적 인텔리 계층은 현 사회에서
쓸모없는 잉여 인간과 확연히 구분된다. 그들은 대개 근대의 발전기
에 형성되었다. 유능한 변호사이던 레닌, 젊은 비평가이자 교육자이
던 마오쩌둥, 얼마든지 고급 글쟁이로 성공할 수 있었던 박헌영 등은
모두 근대 발전기의 모범생에 가까웠다. 마음만 다르게 먹었다면 근
대 자본주의 사회에서 크게 성공할 수도 있었던 인물이다.

　그렇다면 그들은 왜 평탄한 길을 마다하고 위험천만한 혁명가의
삶을 선택했을까? 물론 개개인의 차원에서는 '민중에 대한 부채 의
식'이나 '양심' 같은 것을 말할 수 있다. 그런데 이 개별적 양심을 전
사회적으로 조합해보면 결국 당대의 체제나 지배 계급의 정통성을
인정할 수 없다는 데 대한 집단적 공감이 될 것이다. 양심이란 결국
한 개인이 사회적 부조리를 묵과할 수 없다는 것을 뜻한다. 이 양심
이 혁명 투쟁으로 전환되려면 현 체제나 지배 계급에는 부조리밖에
없다는 사실에 대한 사회적 합의가 있어야 한다. 1860~1910년대의
제정 러시아, 1900~1940년대의 중국, 1920~1940년대의 한국에는
그런 합의가 실재했다.

　제정 러시아의 인텔리는 유대인 학살이나 농민들의 대량 아사 사
태가 벌어지는데도 불필요한 영토 확장에 혈안이 된 제 나라를 명분

있는 정권으로 인정할 수 없었다. 유식층 사이에서는 영혼을 팔지 않으려면 나서서 싸워야 한다는 데 대한 폭넓은 합의가 있었다. 혁명적 인텔리 계층은 존경을 한 몸에 받음으로써 유식층 안에서 일종의 헤게모니를 획득했다. 이와 같은 상황에서 혁명적 인텔리 계층의 일부분인 마르크스주의적 사회주의자는 공장 노동자 포섭에 나섰다. 말하자면 '지식인-노동자 혁명 연대'인 것이다. 이것이 성공하면서 혁명의 기반은 공고화되었다.

20세기 초 중국의 상황도 마찬가지였다. 명분 없는 청나라 조정, 이름뿐인 민국, 군벌 정권, 1930년대의 국민당 독재…… 이런 시대를 살아야 했던 루쉰(魯迅, 1881~1936), 바진(巴金, 1904~2005), 딩링(丁玲, 1904~1986), 아이칭(艾靑, 1910~1996) 같은 당대 대표적 지식인이자 문호는 무엇을 할 수 있었을까? 아이칭은 스스로 공산당에 입당했고, 루쉰은 당적 없는 사회주의자로 말년을 보냈다. 독서인 사이에서는 사회주의 혁명이 시대적 요청으로 받아들여졌고, 공산당은 농민층을 포섭해서 지도하는 데 성공했다.

박헌영과 김일성의 동료에게도 일제 통치는 명분이 없었다. 결국 체제에 대한 유식층 공통의 거부 반응이 혁명을 낳는 가장 중요한 요인일 것이다.

체제에 대한 지식인의 거부 반응

한국에서는 전두환 말기에 이와 비슷한 상황이 형성되었다. 그러나 체제에 대한 거부는 일부 청년 지식인에 국한되어

전 사회적 영향력을 미치지는 못했다. 주로 대학을 거점으로 한 운동권 바깥의 사회에서는 군바리들이 물러나고 일본이나 서구처럼 정상적으로 돌아가는 사회를 원하면 원했지, 체제 자체나 지배층 전체를 문제 삼지는 않았다. 결국 1990년대 초 소련이라는 외부 모델이 몰락하고, 1990년대 후반에는 북한의 고난 행군이 이어지면서 운동권도 무력해졌다. 그리하여 운동권 학생의 상당 부분은 체제에 개별적으로 포섭되고 말았다.

과거의 투사들이 새누리당이나 민주당의 국회의원이 되면서 신자유주의 체제가 정당하다는 믿음은 더욱 강화되었다. 고학력자든 저학력자든 을에 대한 갑의 횡포에 분통을 터트려도 절대 다수의 한국인은 이윤 추구와 재벌 중심의 사회 체제와 이름뿐인 대의 민주주의 정치 체제를 당연시한다. 이런 상황에서 무슨 혁명을 논할 수 있겠는가?

하지만 체제의 한계는 우리가 생각하는 것보다 빨리 드러날 수도 있다. 오늘날의 포르투갈이나 스페인, 그리스처럼 한국 젊은이의 대다수가 정상적 취직의 기회를 원칙적으로 박탈당하고 평생 아르바이트생으로 살아야 한다는 것을 깨닫게 된다면 체제에 대한 사회적 합의는 깨질지도 모른다. 그렇게 될 때까지 얼마나 많은 개인이 고통을 받을지 생각해보면 정말 슬픈 일이다.

스탈린주의에 대한 마녀사냥

한국에서는 '스탈린주의'라는 말만큼 사상적으로 무서운 무기도 없다. 우파는 민족주의적 좌파(종북파)를 가리켜 스탈린주의라는 딱지를 붙여 타자화하고, 좌파 안에서는 스탈린주의자로 찍힐까 봐 전전긍긍하는 분위기다. 또한 민족주의적 좌파 안에서도 스탈린주의자를 찾아내 공격하고, 모든 수단과 방법을 동원하여 현실 사회주의의 실패한 실험과 자신들이 무관함을 입증하려 애를 쓴다. 그러니까 스탈린주의를 아예 악마화해버린 우파 담론에 좌파도 사실상 백기를 들고 흡수된 셈이다.

스탈린주의를 합리화할 생각은 없다. 당연히 그것은 가급적 피해야 할 이데올로기다. 또한 역사에서 드러난 스탈린주의의 잔혹한 면을 부정할 수 없다. 스탈린 시절에는 하급 경제 관료도 아파트의 출입문 옆에 내의와 세면도구가 든 가방을 마련해두어야 했다. 언제든 감옥으로 갈 수 있었으니 말이다. 누구도 그런 시대를 두 번 살고 싶지는 않을 것이다. 그러나 역사적 유물론에 입각한다면 되도록 객관적으로 그 시대의 기원과 전개와 장단점을 변증법적으로 논해야 한다. 악마화는 마르크스주의적 역사학 방법론이 아니다. 스탈린주의를 싫어한다고 해서 그 시대를 흑색 일변도로 그리는 것은 변증법과는 거리가 먼 방식이다.

스탈린주의에 대한 중립적 고찰

가치중립적 차원에서 스탈린주의를 정의해보고 그 결과를 논해보자. 스탈린주의는 러시아에서 1920년대 말 이후에 출현했다. 그것은 1917년의 10월 혁명 이후 진행된 보수화의 결과였다. 그에 따라 세계 혁명, 전통 타파, 평등 강조 등은 일국의 공업 개발, 군사력 증강, 전통 복귀, 관료층 위주의 새로운 서열화로 교체되었다. 스탈린주의는 보수주의적 속성을 가지고 있는 만큼 혁명적 사회주의와는 엄연히 구분된다. 그런 의미에서 스탈린주의를 의식적으로 지향할 것은 없다.

그런데 세계 혁명이 일시적으로 불가능해지고 고립된 소련이 자국 방어에 몰입해야 하는 상황에서 스탈린주의의 출현은 불가피한 측면이 있었다. 그리고 그 영향을 단순히 부정적으로만 바라보기에는 복잡 미묘한 부분이 있다. 스탈린주의는 역사, 전통, 민족 도덕 등을 강조한 데에서도 알 수 있듯이 보수적이다. 이러한 스탈린주의는 아직 전통 시대에서 벗어나지 못한 주변부 사회의 반식민지, 반제국주의 투쟁에 안성맞춤이었다. 주변부 혁명가들에게는 세계 혁명보다 민족 해방, 민족 전통 재창조, 민족 국가 건설이 시급했기 때문이다.

한국의 좌파 일각에서도 멸시의 대상으로 전락한 김일성만이 스탈린주의자였을까? 그렇게 말한다면 호치민(胡志明, 1890~1969)은 김일성보다도 더 정통적인 스탈린주의자라 할 수 있다. 그는 미 제국주의에 맞서 어렵게 승리를 거둠으로써 1970년대 중반 이후 미국의 헤게모니가 약화되는 데 결정적으로 기여했다. 아나키스트 기질을 가진 마오쩌둥 역시 좀 더 자율적이고 농본주의적인 스탈린주의자였다. 이들이 지향한 것은 문화대혁명 시절을 제외하고는 사회주의 혁명 그 자체라기보다는 반제국주의적 민족 국가였다. 민족과 애국과 전통을 강조하고, 서열화되어 있으며, 개발을 주도할 수 있는 나라 말이다.

그러나 우리가 꿈꾸는 사회주의와 성격이 다르다고 해서 과연 무가치한 것일까? 사회주의가 아니라고 해서 전후 동아시아의 비자본주의적인 개발 경험을 무조건 부정해서는 안 된다. 농촌 위주의 반식민지 사회에서 마르크스와 레닌이 꿈꾼, 비서열적이고 국가 권력이 소멸된 완전한 사회주의가 과연 어느 정도 실현될 수 있었을까? 호치민과 마오쩌둥으로 상징되는 역사적 경험의 중요성을 부분적으로 인정한다면, 크게 볼 때 그들과 동류인 김일성도 부정과 멸시의 대상만은 아닐 것이다.

스탈린주의는 사회주의와 구분된다. 엄격한 관료 서열, 관민 간 권력과 생활수준의 차이, 환경 파괴, 핵 개발, 이 모든 것은 엄연히 반사회주의적이다. 그렇다고 해서 좌파적 개발주의로서의 스탈린주의는 긍정적인 측면이 전혀 없을까? 완전 고용, 당을 통한 신분 상승의 기회, 자녀 교육과 무상 의료 같은 좋은 생활 조건, 기업의 이윤 추구 봉쇄, 개인 간 불필요해진 상호 경쟁, 이러한 생산 양식은 노동자의 눈으로 볼 때 신자유주의보다 과연 더 나쁜 것일까? 찬양도 악마화도 아닌 스탈린주의가 가지고 있는 함의, 장단점, 영향에 대해 변증법적 방식으로 살펴보아야 한다. 그리하여 지금도 스탈린주의를 지향하는 세계의 수많은 주변부 세력과 평등하고 상호 존중하는 소통에 임해야 하지 않을까? 우리가 정말 다원주의적이고 민주적인 사회주의를 지향한다면 그만큼 스탈린주의자 마녀사냥을 그만두어야 한다.

레닌과 카우츠키를 넘어서

사회주의 운동사를 전공한 사람이 아니면 카를 카우츠키를 아는 사람은 아무도 없다. 나는 고교 시절 필독서로 정해져 있던 레닌의 《무산계급의 혁명과 배교자 카우츠키》를 읽으면서 일찍부터 체코 출신의 이 독일 사민주의자에 대해 상당한 관심을 갖게 되었다. 이 책을 처음 읽었을 때 난 저자인 레닌보다도 그의 공격을 받은 카우츠키에 대해 더 호감을 가졌다. 그의 말이 예언처럼 들렸기 때문일까? 예를 들면 카우츠키는 "계급 독재를 빙자한 당 독재는 결국 폭력 기구와 한 사람의 독재로 변질된다"라고 했는데, 레닌의 서거 이후 전개된 러시아의 역사를 조금이라도 아는 사람이라면 이 말이 얼마나 적중했는지 알 것이다. 카우츠키는 폭력이라는 수단은 폭력자 자신을 변질시킬 수 있음을 경고했다. 대형 폭력을 하도 많이 겪은 20세기 후반의 소련 사람이라면 이 말에 충분히 공감할 수 있다.

하여간 이 책을 읽은 뒤로 나는 레닌보다 '부드러운 사회주의자'인 카우츠키에 마음이 더 갔다. 그러나 소련이 무너지자 새로운 세대에게는 레닌도 카우츠키도 다 조롱거리가 되었다. 1990년 들어 전 세계적으로 우파에 의한 승리의 향연이 벌어졌고, 사회주의를 위시한 모든 거대 담론은 본격적으로 공격받기 시작했다. 오직 돈벌이와 소비의 담론만이 활개를 쳤고, 이미 다수는 그것에 고질적으로 중독되었다.

그런데 지금 이 책을 다시 읽어보면 레닌의 관점에 더 많이 공감이 간다. 레닌은 카우츠키가 강조한 민주적 절차 그 자체에 대해 다음과 같이 반론했다. "부르주아 민주주의란 결국 유산계급 독재를 포장해주는 가면이며, 노동자를 속이는 기만전술"이라는 것이다. 그러고는 "민주적 열강도 그 손에 식민지 노예들의 피를 묻힌다"라고 했다. 이 말은 정확한 예언이다.

가령 아프가니스탄에 파병된 민주 국가 독일의 군대가 최근에 저지른 일을 보면 알 수 있다. 그들은 탈레반이 도취했다는 연료 적재 차량을 폭격할 것을 또 다른 민주 국가인 미국의 군대에 주문했다. 하지만 결국에는 어린이와 여인 등 약 100명의 아프가니스탄 민간인을 참살하고 말았다. 독일이 민주 국가라 해서 그들의 주문으로 폭탄을 맞은 어린이는 덜 아프게 죽었을까? 더 치욕스러운 사실은 카우츠키가 몸담았던 사민당이 아프가니스탄 파병을 적극적으로 추진한 세력 중 하나라는 점이다. 레닌과 트로츠키의 잔혹성을 상당 부분 사실에 근거하여 비난하던 이들의 후예들이 이제 와서는 아프가니스탄 아이들의 피를 제 손에 묻혔다. 이 얼마나 슬픈 아이러니인가? 아프가니스탄 파병을 유일하게 반대한 좌파당은 카우츠키보다는 차라리 레닌의 후예라고 보아야 할 것이다.

이런 점에서 레닌과 카우츠키의 격한 논쟁을 단순하게 '민주주의자 카우츠키 대 독재자 레닌' 구도로 볼 수는 없다. 너무나 유럽 중심주의적인 카우츠키와 달리 레닌은 식민지 노예들에 대해 관심과 애정을 보였다. 식민지 노예들에게는 레닌의 혁명론이 훨씬 설득력이 있었음을 잊어서는 안 될 것이다.

그들이 꿈꾼 사회

혁명적 공산주의를 지향한 레닌과 사민주의를 지향한 카우츠키는 둘 다 역사의 무대에서 패배자가 되고 만 듯하다. 독일에서는 카우츠키가 그토록 좋아한 민주적 절차대로 히틀러가 집권했다. 카우츠키가 노년을 보내던 오스트리아를 히틀러가 합병하자 카우츠키는 죽기 직전에 고통스러운 망명길에 올라야 했다. 한편 레닌이 그토록 믿었던 혁명적 전위 정당은 결국 보수적 관료 단체로 전락하고 말았다. 끝에 가서는 아예 자기를 파괴하고 가장 원시적인 형태의 자본주의에 이르렀다.

카우츠키가 그토록 헌신한 독일 사민당은 사실상 수정 신자유주의의 길로 가버렸고, 소련 공산당을 계승했다는 러시아연방 공산당은 스탈린주의와 종교적 민족주의로 범벅이 되어 역겨운 꼴만 계속 보여준다. 1990년대 신자유주의적 폭풍 속에서는 고전적 의미의 카우츠키 노선도 레닌의 노선도 살아남지 못했다. 다만 레닌의 후예라고 할 급진적 사회주의자들이 그나마 신식민지 침략 전쟁이나 복지국가 해체에 대해 강력하고 원칙주의적으로 반대한다는 점을 지적해야 할 것 같다. 물론 그들이 카우츠키의 후예와는 달리 권력과 관계가 멀어서 그런 부분도 있다. 신자유주의적 사회에서 일단 집권에 성공하면 혁명 정신은 물론 단순한 인간적 윤리도 간직하기란 쉽지 않다.

레닌과 카우츠키는 둘 다 노동자에 의한, 노동자를 위한 민주적 사회주의를 궁극적 이상으로 삼았다. 각자 자신의 일터에서 주인으로서 자아실현을 하면서 일할 수 있는 즐겁고 평등한 사회 말이다. 그러려면 카우츠키나 레닌에 대한 집단적 기억이 가물가물하게 된 이 무서운 시대에 우리는 어떻게 살아야 할까?

진보 정당은 전통적인 정치 투쟁을 전개하는 것도 중요하지만 무엇보다도 삶의 구체적인 문제를 중심으로 광범위하게 연합해야 한다. 정당의 의미 자체가 점차 쇠퇴해가고 관료와 자본이 주도하는 이 시대에는 더욱 그러하다. 국회에 몇 명의 의원을 보내든 어차피 신자유주의의 질주를 막기에는 역부족이다. 신자유주의의 주요 병폐를 여타 사회 세력과 연대해서 막을 수 있다면 모든 이의 사기가 올라갈 것이다. 예를 들면 '파병 저지를 위한 연합', '모든 체벌을 무조건적으로 철폐하기 위한 연합', '대학 평준화를 위한 연합' 등을 시도할 수 있을 것이다. 거리의 정치를 통해 정치 영역을 넓혀나가고, 일상을 정치화하고 정치를 일상화하며, 무엇보다도 사회주의를 상식과 양심의 문제로 만드는 것, 이것이야말로 장기적으로 볼 때 레닌과 카우츠키를 뛰어넘는 길일 듯하다.

지는 싸움의 미학

최근 러시아에서 나온 《트로츠키 평전》은 한 개인에 대한 아주 치밀한 연구를 바탕으로 쓴 전문서인데, 기본적으로 반공주의적인 관점이 너무 노골적이어서 반감이 들기도 한다. 이 책을 읽다 보면 혁명적 국제주의 원칙, 즉 만국의 노동자가 연대해야 한다는 것에 집착한다거나, 전위당의 민주성을 고려하는 트로츠키의 사상에 상당 부분 공감이 간다. 하지만 그의 인격에 대해서는 회의가 든다.

외국어는커녕 러시아어도 제대로 쓰지 못한 스탈린과 그 추종자와는 달리, 천재 혁명가 트로츠키는 서구의 주요 언어를 구사했고, 헨리크 입센(Henrik Ibsen, 1828~1906)의 작품부터 도덕철학의 이론까지 거의 모든 것에 박학다식했다. 그런 트로츠키가 보기에 그 반대자는 무식한 무색의 관료들로 무시와 멸시를 받아야 할 존재였다. 물론 트로츠키가 스탈린과 그 일당에 대해 느낀 것은 그것만이 아니었다. 그는 주로 당의 관료화와 일국 사회주의(공산주의 혁명이 세계적으로 일어나지 않아도 소련 하나만으로도 사회주의 건설이 가능하다는 주장) 같은 난센스에 의분을 느꼈을 것이다. 하지만 겸양지덕을 숭배하는 전통 사회나 다름없던 당시 소련 사회에서 트로츠키의 지적 오만함을 받아들이기는 힘들었을 것이다.

이상주의적 혁명을 추구한 협객

그런데 이와 무관하게 트로츠키에게 끌리는 점이 있으니, 그것은 바로 그가 '지는 싸움'을 했다는 사실이다. 1929년, 트로츠키가 소련에서 추방당한 뒤로 사실 게임은 끝났다. 여전히 혁명에 대한 열성을 가지고 새 사회 건설에 몰두하는 소련의 모든 자원을 그의 정적들이 장악하고 있었기에 그에게는 승산이 없었다.

물론 스탈린 진영이 주장하는 일국 사회주의론은 엄격한 마르크스주의의 관점에서 볼 때 어불성설이다. 하지만 이 "간단하고 현실성 있는 이야기"는 소련뿐만 아니라 국외에서도 호소력이 컸다. 특히 노조와 당의 수많은 보수적 관료뿐만 아니라, 안정을 추구하는 좌파 노동자에게도 그러했다. 유토피아 같은 세계 혁명을 일으키지 않아도 그저 지금 여기에서 권력을 장악하고, 대규모 공업을 국유화하며, 그곳의 괜찮은 자리는 혁명 유공자들에게 차등 있게 나누어주고, 모든 노동자에게 평생 고용을 보장해주며, 그런 다음 차차 생활수준을 조금씩 높여가는 것, 이것은 분명 다수에게 매력적으로 다가갈 수 있는 이야기였다. 이런 것이 진짜 사회주의냐 아니냐와 무관하게 말이다.

일국 사회주의론은 그 정체도 불분명하고 신기루 같은 '당내 민주주의'나 '영구적인 세계 혁명'과는 달랐다. 트로츠키 생전 독일, 프랑스, 미국, 캐나다 등에 소재한 트로츠키주의 조직 구성원은 대체로

300~400명 이하였다. 노동자는 거의 없고 대부분 지식인이었다. 중국, 베트남, 스리랑카에서도 사정은 비슷했다. 스탈린은 잔혹한 폭군이었고, 트로츠키는 이상주의적 혁명을 추구한 협객이었다. 다수는 결국 후자보다 전자를 선택했다. 우리 시대의 성격에 대한 다소 슬픈 진단이 아닐까?

현재가 아닌 미래를 위한 싸움

트로츠키도 승산 없는 필패의 싸움을 한다는 것을 알고 있었던 것 같다. 그 싸움의 결과로 소련에 남은 가족과 전향하지 않은 모든 추종자가 아주 잔혹한 죽임을 당하리라는 사실도 알았을 것이다. 스탈린의 보안 기관은 소련뿐만 아니라 내전 중인 스페인에서도 트로츠키주의자들을 무참하게 사냥했다. 그 사냥의 마지막은 바로 트로츠키 암살이었다. 그리스 비극에 나오는 이야기처럼 저승길을 계속 응시해온 주인공들이 그 길로 떠났다. 트로츠키는 왜 자신이 가장 사랑하던 사람들까지 모두 희생시키는 지는 싸움을 했을까? 한 늙은 유대인의 거의 종교적인 옹고집이었을까?

트로츠키에게 배워야 할 부분은 바로 이것인 것 같다. 모든 사람은 결국 죽는다. 일찌감치 혁명 전선에서 전사하는 것이 행복한지, 아니면 구차하게 살면서 수없는 침략, 약탈, 착취의 현장을 지켜보는 것이 행복한지는 객관적으로 판단할 수 없다. 그것은 각자 주체적으로 판단할 문제다. 그런데 트로츠키처럼 지는 싸움을 하고 부자연스러운 죽음을 택한 사람들이 행복할 수 있는 것은, 그들이 현재가 아닌 미래를 위해 일했기 때문이다. 세계적으로 새로운 사회 건설을 위한 각종 전제 조건이 성숙하지 않은 상황에서 다수는 스탈린 식의 '국가가 주도하는 비민주적이고 비시장적인 사회'를 대안으로 받아들였다. 하지만 미래에는 트로츠키의 비전이 빛을 볼지도 모른다. 트로츠키는 지는 싸움과 고통과 죽음을 선택함으로써 현재가 아닌 미래를 선택했다. 이렇게 하기 위해서는 믿음이 필요하다. 수백 년이 지나도 결국 이 길을 통해 인류가 행복할 수 있다는 믿음 말이다. 트로츠키에게는 그런 믿음이 있었다.

수호믈린스키의 대안 교육

전통적으로 마르크스주의자들은 자본주의 세계를 분석하는 주요 도구로 착취, 즉 잉여가치 획득이라는 개념을 이용한다. 분석 대상을 일이라는 확대 재생산의 세계로 국한한다면 이는 당연히 가장 적합한 분석 틀이다. 사실 땅 투기로 번 돈으로 자동차 부품 공장을 짓고, 노동자에게는 100만 원 이하의 월급을 주고서 다달이 수천만 원의 이윤을 챙기는 이는 분명 착취자다. 우리는 그를 '기업인'이라는 중립적 뉘앙스의 단어로 순화해서 말한다.

그러나 이 세계는 단순히 착취와 피착취 관계로만 설명되지 않는다. 예를 들어 이라크나 아프가니스탄 같은 주변부 국가의 민중은 중심부 국가로부터 직접적인 착취를 당한다기보다는 그 땅의 지하자원을 강탈당한다든지, 지정학적 위치 때문에 제국주의자의 직간접적 지배를 강요당하는 형국이다.

가장 악질적인 탈인간화 현장, 학교

착취, 강탈, 지배 이외에도 자본주의 세계를 특징 짓는 중요한 축은 '주변화'다. 자본주의 사회에서 가령 더는 시장에 내놓을 노동력을 가지고 있지 않아 착취할 만한 가치도 없는 노인들은 폐기물처럼 사회의 주변으로 밀려난다. 그들은 가난과 사회적 멸시 속에서 인생의 쓸쓸한 내리막을 걸어야 한다. 1998년에는 한국의 노인 자살률은 연간 10만 명당 50명에 불과했다. 하지만 2011년에는 115명 정도가 되니, 12년간 130퍼센트나 증가한 셈이다. 한국 자본주의의 관리자들은 자축할 만도 하다. 그들은 이 세상의 많은 폐기물이 이렇게 빠른 속도로 떠나도록 유도함으로써 복지 지출을 줄였다. 그것은 '망국적인 복지 포퓰리즘'이라는 괴물과 용감하게 싸우는 우리 위대한 지도자들의 기념비적 업적이다.

자본주의 세계를 특징짓는 또 하나의 중요한 축은 '탈인간화'다. 이 사회는 정상적인 인간이라면 맨 정신으로는 도저히 버틸 수가 없다. 그러므로 그 구성원들을 항시적으로 비정상적인 상태로 몰아넣어야 할 필요가 있다. 예컨대 민중에게 툭 하면 곤봉 세례를 퍼부어야 하는 전경이나 의경이 처하는 상황이 그러하다. 그런 일은 심신이 정상적인 상태에서는 하기 힘들기 때문에 부대에서는 살인적인 구타 풍토를 방치하거나 조장함으로써 그들을 항시 공포 상태로 몰아넣는다. 그들은 아버지뻘인 노동자나 농민이라 할지라도 곤봉 세례를 열심히 퍼붓지 않으면 부대에서 살인적 구타와 각종 모욕을 당해야 한다.

군대는 선구적인 탈인간화 실험장이지만, 스포츠계나 연예계도 뒤

지지 않는다. 구타를 당하거나 술 시중과 성 상납을 강요받는 종사자들은 몸을 망가뜨리더라도 경쟁자를 물리쳐 몸값을 올려야 한다. 또한 자신의 몸과 사생활까지 상품화함으로써 출연 드라마의 시청률을 높이고 협찬사의 수익을 올려야 한다. 그들은 이것을 당연한 일생일업으로 익힌다. 이 모두 탈인간화되지 않는 이상 어려운 일이다.

그런데 이런 곳보다 더 철저하고 악질적인 탈인간화 현장은 바로 학교다. 군대에 끌려가거나 스포츠계와 연예계에 몸과 마음을 파는 것은 적어도 10대 중반 정도가 지나고 나서의 일이다. 그러니 비인간적인 세계에 소극적으로라도 저항하거나 적당히 피해가면서 나름의 생존 기술을 익힐 수 있다. 하지만 유치원부터 경쟁 교육에 내몰리는 아이들 같으면 이야기가 달라진다. 부모를 아직 우주 전체로 아는 나이에 아이들은 바로 그 부모의 강요로 영어를 외우고, 친구들을 경쟁자로 생각해야 한다. 남자아이는 국기(國技)인 태권도를 익힘으로써 '인생은 전장, 남자는 전사'라는 적자생존의 원리를 은연중에 체득하고, 맞는 아이가 아닌 때리는 아이로 자라야 한다. 그렇지 않으면 낙오자나 주변 분자의 삶을 감수하거나, 이민을 떠날 준비를 해야 한다. 무간지옥이 따로 없다.

자연에서 배우는 세상

바실리 수호믈린스키(Vasily Sukhomlynsky, 1918~1970)의 《선생님들에게 드리는 100가지 제안》은 이 무간지옥에서도 아이를 정상적인 인간으로 키우고자 하는 학부모와 교사에게 하나의 희소식이다. 수호믈린스키의 교육이야말로 경쟁 교육에 대한 가장 체계적이고 완성도 높은 대안이다.

평생을 우크라이나의 시골 학교 교장으로 지낸 수호믈린스키는 매우 경직된 스탈린주의 체제 속에서 살았다. 그럼에도 그의 교육론은 공산 혁명 원래의 인도주의적 이상에서 비롯된 것이고, 교육 관료들의 상당한 저항에 부딪히기도 했다. 그런 저항과 방해에도 불구하고 그의 교육론은 소련과 동유럽 등지에서 널리 알려졌다. 그가 사회주의 노동 영웅이라는 칭호를 받는 등 공식적으로 인정받게 된 것은 많은 교사와 학부모가 그의 교육론에 폭발적으로 호응했기 때문이다.

수호믈린스키의 유명한 저서인 《아이들에게 온 마음을》은 한국의 교육 현실을 비추어 보기에 좋다. 그가 말하는 교육의 요체는 아름다움의 기쁨, 지식의 기쁨, 연대의 기쁨을 알고, 그것을 남들과 나눌 줄 아는 진정한 의미의 공산주의적 인간을 키우는 것이다. 한국에서는 태극기에 대한 경례와 애국 조회가 있지만, 수호믈린스키 학교에서는 교사와 아이들이 함께 숲으로 나가는 것이 주요 의례 행사다. 아이들은 샘물 소리에서 위대한 음악을, 날아다니는 나비의 모양새에서 자연 속의 균형과 합리성을 발견한다. 그러고는 자연을 접하고 느낀 자신만의 소회를 그림으로 그려 발표하거나 이야기를 나눈다.

수호믈린스키의 교육은 공부를 잘하는 아이가 약간 더딘 아이에게 개인 지도를 하면서 그들을 돕는 연대주의를 표방했다. 화학이나 생물학의 추상적 원리는 자연 속으로 나아가 발견하게 했다. 또한 이론 공부와 함께 비료나 사료를 만들고 비행기나 배 모형을 만드는 실기 교육도 병행했다. 고학년 아이들은 교과서 외에도 대중적 과학 책을 탐독하면서 물리학이나 수학의 흥미로운 부분에 관심을 보였다. 저학년 아이들은 나무와 다람쥐 사이에 어떤 대화가 오갔는지를 상상하면서 창작 동화를 만들어 발표했다. 이 아이들은 집으로 돌아가서도 부모에게 재미있는 물리학의 원리를 설명하면서 배움의 기쁨을 나누었다. 그들은 자신의 개성에 맞는 분야를 선택했고, 그 분야에서 창조력을 발휘하는 등 철저하게 '개인'으로 컸다. 동시에 그 창조력으로 남을 기쁘게 하는 것도 배웠다. 그들에게 개인과 집단의 갈등은 존재하지 않았다. 물론 이와 같은 배움은 개인 자본가가 존재하지 않고 민중의 생계가 보장되는 사회주의 국가였기 때문에 가능했다.

　수호믈린스키가 서거한 지 약 40년이 지났다. 그가 사랑한 사회주의 조국이 무너진 자리에는 야만적인 자본주의 체제가 들어섰다. 그 체제는 밑에서는 마피아가, 위에서는 안보꾼들에 의해 관리된다. 이 안에서 원자화되어 공포감에 사로잡힌 개개인은 살아남기 위해 절망적인 발버둥을 치고 있다. 그래도 그의 교육 이론이 계속 관심을 끄는 한 우리에게는 여전히 희망이 남아 있다. 언젠가는 이 야만의 시대를 뒤로하고 관료제의 폐단이 없는 민주적 사회주의 체제를 건설할 수 있으리라는 희망 말이다. 사회주의 없이는 살 수 없는, 사회주의를 공기처럼 느끼는 인간들이 성장하면 옛 혁명 가요의 구절대로 언젠가 인류의 황금 시기가 다시 돌아올 것이다.

현실 사회주의의 긍정적 측면

최근 미국의 아세아학회에서 러트거스뉴저지주립대학의 김수지 교수가 북한의 초기사와 관련된 흥미로운 연구를 발표했다. 그것은 1945~1950년 북한 대중의 조직 활동상을 분석한 것으로, 분석을 위한 주요 자료 중 하나는 미국 국립문서보관소에 있는《노획 문서》다. 이것은 미군이 북한을 침공했을 때 무단으로 약탈해간 관공서 문서다. 김수지 교수는《노획 문서》중에서 한 농민의 입당 신청과 자필 이력서를 분석했다.

　문맹자이자 소작농이던 그 농민은 북한 초기에 단행한 토지 개혁으로 소농으로 지위가 향상되었다. 또한 한글을 깨친 뒤에는 농민조합연맹에 가입하여 적극적인 조직 생활을 시작했다. 일자무식의 소작농으로 사회생활에서 배제되어온 사람이 북한 초기의 몇 년 사이에 당당하게 공공 영역에 발을 들여놓은 것이다. 그는 작지만 큰 역사의 주체가 될 수 있었다.

　이 농민의 이후 운명은 확실하지 않다. 다만 분명한 것은 북한의 현실 사회주의가 식민지 시대의 무수한 주변 분자에게 공공 영역의 관문을 열어주었고, 그들로 하여금 공적 주체로서의 개인이 될 수 있게 해주었다는 점이다. 물론 이 공공 영역은 어디까지나 당의 통제를 받는 비자율적 영역임이 틀림없다. 하지만 보잘것없는 피착취자에서 나라의 작은 주인으로 일약 탈바꿈한 수많은 민초로서는 크게 볼 때 당의 통제를 반대할 이유가 없었다. 진정한 의미의 합의 독재가 가능해진 것이었다.

1960년대 초반 주체사상이 선포되고 극단적 국수주의와 개인숭배가 만연해지기 이전의 북한은 대략 동유럽형 현실 사회주의의 한 갈래에 속했다. 이 현실 사회주의에 대한 비판은 대개 두 가지로 나눌 수 있다.

극우파에서부터 온건 사민주의자까지는 현실 사회주의를 전체주의적이라고 비판한다. 그 근거로 개체성 말살, 전체성의 횡포, 견제가 없는 국가 폭력, 사회적 · 정치적 다양성의 부재 등을 든다. 반면 트로츠키주의 계열의 급진 좌파(한국에서는 '다함께'가 대표적이다) 쪽에서는 현실 사회주의 혹은 스탈린주의는 사회주의가 아니라고 잘라 말한다. 그 근거로 민주주의 부재, 평등성 붕괴, 관료층의 독재, 혁명성의 쇠퇴, 사회주의가 관료적으로 왜곡되고 국가자본주의로 전락한 점 등을 든다.

재미있게도 이 두 가지 비판적 견해는 어떤 경우 하나로 통합되기도 한다. 가령 미국의 원로 트로츠키주의자 중 한 명인 막스 샤흐트만(Max Shachtman, 1904~1972)이 그러했다. 그는 소련을 집체주의적 관료 국가로 보더니, 곧이어 사회주의 운동에 더 위험한 적은 자본주의가 아니라 스탈린주의라고 주장하기에 이르렀다. 말년에 그는 우파 사민주의자가로 전향하여 아예 베트남에서 미군이 철수하는 것을 반대할 정도로 현실 사회주의에 대한 증오심을 불태웠다. 물론 트로츠키주의자 중에는 현실 사회주의 국가의 사회주의적 본질을 인정해 주는 어네스트 만델(Ernest Mandel, 1923~1995) 같은 이도 있다. 하지만 이들도 현실 사회주의의 장점보다는 그 관료적 왜곡에 더 중점을 두었다.

인간의 존엄성을 지킬 수 있는 사회

이 모든 비판은 꼭 잘못된 것만은 아니다. 사회주의를 유토피아로 생각한다면 현실 사회주의는 분명 그것과는 거리가 멀었다. 1917년 10월 혁명 이후 관료적 보수파(스탈린파)가 급진적인 트로츠키파에 승리를 거둠으로써 현실 사회주의는 분명 경직된 관료주의의 면모를 보인 것이 사실이다. 또한 노동자들의 소비에트는 아래에서부터 자율적으로 경제 기획을 짜고 코뮌형의 국가 아닌 국가를 민주적으로 운영하는, 레닌의 원래 계획과는 거리가 멀었다. 그보다는 위계적인 당 중심 질서의 하부 구조로 편입되고 말았다.

한편 세계 혁명이 좌절되면서 자본주의 세계와 군사적으로 대립할 수밖에 없었던 현실 사회주의 체제는 국민국가 질서를 공고히 하고 상당한 수준의 군사화를 진행하지 않을 수 없었다. 이는 상비군 자체를 폐지하고 노동자의 자율적 민병대로 대체해야 한다는 유럽 사회주의 운동의 원래 이상에 비추어 보면 엄청난 후퇴였다.

현실 사회주의는 자본주의 세계에 괴멸당하지 않기 위해 발버둥

치며 급격한 공업화를 추진했다. 특히 1930~1950년대 소련의 초고속 공업화 과정에서는 자원을 동원하기 위해 상당한 국가 폭력까지 행사하지 않을 수 없었다. 사실 스탈린의 대숙청도 국가 중심의 초고속 공업화 과정에서 나온 정치적 파생물로 보아야 할 것이다. 열성과 공포가 뒤섞인 분위기가 아니고는 10년간 파쇼 독일과 벌인 대전쟁에서 지지 않을 만큼 공업 기반을 닦기 어려웠을 것이다. 스탈린은 공산주의를 거의 종교화했다.

극도로 보수적인 농민 국가 러시아에서 스탈린파의 승리는 자연스러운 일이었다. 우파가 비판하는 현실 사회주의의 집단주의적 측면도 대체로 농민 사회의 전통적 보수성에서 기인했다. 뜬 구름 위가 아니라 불완전하고 고통스러운 현실 속에서 하는 것이 혁명인 만큼 후퇴, 굴곡, 자기 배반이 없는 혁명은 없을 것이다.

그렇다고 해서 그 역사적 경험을 무조건 전체주의, 국가자본주의, 집체주의적 관료 국가라고 배격만 해야 할까? 현실 속에서 드러난 이념의 병폐는 당연히 지적하고 비판해야 한다. 그러나 오직 병폐에만 초점을 두는 것은 온당하지 않다. 예컨대 현실 사회주의에서는 노동자의 지위가 상대적으로 높았다. 그런 만큼 그들은 노동에서 소외되는 것도 훨씬 덜 느꼈다. 비록 노동자가 아래에서부터 민주주의 방식으로 국가를 통치했다고 보기는 어렵지만 말이다. 노동이 국가에서 해방된 것은 아니지만, 적어도 공장 단위 차원의 이윤 추구와 자본가의 사적 소유에서는 해방된 것이었다.

현실 사회주의는 분명 유토피아는 아니었지만, 적어도 인간이 나름대로 존엄과 긍지를 지키면서 비교적 평등한 환경에서 살아갈 수 있는 사회였음은 틀림없다. 하지만 쿠바 같은 곳을 제외하면 현실 사회주의는 자본화를 추구하는 내부 관료 세력에 의해 무너지고 말았다. 반면 북한은 정통 현실 사회주의보다 아주 경직되고 훨씬 유교적이며 군사화된 사회로 나아갔다.

동유럽 노동자들이 현실 사회주의의 자멸을 막지 못했다고 해서 그 장점까지 망각해야 할까? 어떤 병폐가 있었다 해도 적어도 그 사회에서는 사람이 자신의 미소까지 팔아가며 윗사람에게 부단히 아부할 필요는 없었다. 개인의 소외가 오늘날 자본제에 비해 훨씬 적었던 사회를 부지런히 기억하고, 그것을 자꾸 이야기할 때 우리의 투쟁도 살아날 것이다. 부정적인 측면까지 반복할 필요는 없지만, 현실 사회주의의 긍정적 측면을 되살리는 것은 전 세계 사회주의자들이 추구해야 할 중요한 목표 가운데 하나다.

현실 사회주의와 박정희 체제

현실 사회주의에서도 배울 만한 장점이 있다고 말하면 어떤 사람은 그런 식이라면 박정희의 개발 독재까지도 합리화할 수 있지 않느냐고 생각할 수 있다. 나는 현실 사회주의의 일당 독재를 합리화할 생각은 전혀 없다. 다만 사회주의적 삶의 방식이나 개인의 이윤 추구를 배제한 계획 경제 등에 대해서는 여전히 주목할 만하다고 본다. 그럼에도 한국에서는 현실 사회주의의 장점을 운운하면 개발 독재에 대한 옹호로 비칠 수 측면이 많은 것 같다. 그러므로 현실 사회주의 체제와 박정희 체제의 표피적인 유사점과 본질적인 상이점을 고찰해볼 필요가 있어 보인다.

좌파 계통의 통제 사회인 과거 동유럽 사회와 극우파의 개발 독재 체제를 비교해보자. 소련이든, 박정희 시절의 남한이든, 지금의 노르웨이든 모든 근대 국민국가에는 공통된 특징이 있다. 국민국가에서는 대체로 국기나 국가 같은 상징적 표상을 이용하여 국민 의식을 주입하는 한편으로, 계급의식이 발현되는 것은 차단함으로써 체제의 안정을 도모한다.

하지만 국민국가라고 다 똑같은 것은 아니다. 남한과 소련을 놓고 보면 민주주의를 배제하고 총동원 분위기 속에서 초고속 공업화를 이루어냈다는 점에서는 두 나라가 비슷하다. 이러한 상황은 그 밖에도 여러 공통된 특징을 낳았다. 총동원 분위기는 사회 전체의 군사화로 이어진다. 소련에서도 남한에서도 병역 의무는 다수 남성의 통과의례가 되었고, 고등학생까지 교련 수업을 받아야 했다.

나는 특히 그 교련 수업을 괴로워했다. 그래서 늘 이상한 질문으로 교련 선생님을 괴롭혔다. 가령 이런 식이었다. "핵전쟁이 일어나 아군이 미 제국 측에 핵폭탄을 투하한다고 하면, 이때 무산계급까지 희생시키는 것은 과연 공산주의 가르침과 부합합니까? 적국의 인민 속에서 계급을 가릴 수 없는 핵무기 같은 대량 살상 무기를 공산주의 군대가 이용하는 것이 마땅합니까?" 만약 남한의 학교에서 교련 선생님을 이런 식으로 대했다면 어떻게 되었을까? 자동총으로 머리를 크게 맞아 초주검이나 되지 않았을까? 하지만 현실 사회주의 학교에서는 체벌을 절대 할 수 없었다. 여기서부터 두 초고속 공업화 모델 간의 본질적인 간극을 실감할 수 있다.

혁명의 유산에 대한 집단 기억

양쪽 정권은 정치적, 사회적 발생 경로부터 근본적인 차이가 있다. 박정희와 함께 쿠데타를 일으킨 집단 안에는 미천한 출신의 자수성가형 출세주의자들이 많이 있었지만, 근본적으로 그들은 남한 사회의 기득권층에 속했다. 박정희 개인을 두고 보자면 그는 식민지 말기에 이미 기득권층 편입 코스를 다 마쳤다. 즉 그는 총독부의 통치권을 이어받은 남한 건국 집단의 핵심적 멤버가 될 자격이 있는 사람이었다. 한때 재벌의 재산을 다 몰수할까 말까 고민한 적도 있지만, 그 생각은 꽤나 빨리 접었다. 1964년 이후에는 철저하게 재벌을 매개로 하여 국가 주도의 경제 발전을 추진했다. 박정희 방식의 고속 성장은 처음부터 철저하게 반민중적이었다. 그런 특징은 신자유주의 시대에 이르러 더욱 노골화되었고, 그 결과 한국은 최고 수준의 자살률이 방증하듯 끔찍한 사회가 되었다.

박정희가 기득권층의 일부분이었다면, 현실 사회주의 지도부 사람들은 대체로 혁명 세력 중에서도 보수파에 속했다. 이들이 급진파 혁명가들을 숙청하면서 사회를 보수화한 것은 안타까운 일이다. 하지만 일단 혁명을 거친 사회인 만큼 그 유산을 완전히 버릴 수는 없었다. 관료 집단은 생산수단을 집단적으로 통제함으로써 노동자의 자율적 민주주의를 배제했다. 하지만 경제적 특권이나 정치적 권력은 세습되지 못하게 함으로써 그래도 기본적 사회 정의는 관철시켰다. 공장 지배인이 그 공장을 독단적으로 운영한다 해도 소유하거나 자손에게 넘길 수 없었다. 스탈린의 아들이 공군 장교가 되고 흐루쇼프의 아들이 유명한 미사일 설계사가 되어도 그들이 아버지의 정치권력을 세습하는 것은 감히 꿈도 꿀 수 없었다. 이런 측면에서 보면 현실 사회주의는 북한 체제와도 본질적으로 다르다. 국가 전체의 생산시설은 업적주의의 원칙에 따라 승진이 될 수 있었던 관료들이 집단적으로 관리했다. 이 과정에서 개개인의 치부나 지위 세습 같은 지대 추구적 행동은 나름대로 견제를 받았다. 또한 다수의 이해관계를 고려하는 국가 운영도 어느 정도 가능했다.

현실 사회주의는 비록 혁명의 보수화 과정에서 나온 산물이지만, 과거 기득권층을 전복한 새로운 관료층은 민중이 요구하는 사회 정의를 어느 정도 고려했다. 그리하여 사적 이윤 추구를 배제했고, 대다수를 위한 복지 정책을 추진했다. 이는 혁명의 에너지가 아직 어느 정도 남아 있었음을 보여준다. 박정희도 현실 사회주의도 똑같이 초고속 산업화를 지향했지만, 그 질에서는 본질적 차이가 있었다.

1980년대 말에서 1990년대 초에 연출된 역사적 비극의 결말은 우리 모두 잘 안다. 자본가가 되려고 안달하던 관료들에 의해 현실 사회주의는 자멸했다. 그 영토는 중심부 혹은 준중심부 산업 자본을 위한 자원 공급지이자 상품 시장으로 전락했다. 혁명의 유산을 지키지 못한 과거의 인민들은 계급적 적 앞에서 너무나 무력했던 죄로 새로운 과두 재벌의 권리 없는 머슴이 되었다. 또는 자신을 중심부에 팔아야 하는 망국노의 신세가 되었다.

그런데 한때 불완전하게나마 자유의 공기를 들이쉴 수 있었던 사람이 노예라는 신세에 만족할까? 지금 당장은 아니겠지만 러시아나 중국은 앞으로 엄청난 계급적 지진의 중심에 놓일 가능성이 크다. 이에 대비하는 차원에서도 개별 자본가나 사적 이윤 추구 없이 자유롭게 살았던 시절에 대한 집단 기억을 되새기는 것은 중요하다. 그 기억은 장차 새로운 화염을 번지게 하는 휘발유 역할을 할 것이다.

03

좌파가 걸어온 길, 그리고 가야 할 길

변한 것과 변하지 않은 것

약 20년 전인 1990년대 나는 상트페테르부르크국립대에서 가야사 공부에 몰두하고 있었다. 그곳에서 한국인 유학생과도 자주 만났다. 그들 중에는 운동권 출신이 많았고, 대다수는 이미 전향했다. 한때 그들이 꿈꾼 사회주의의 본고장은 망가지고 처량했다. 그 모습은 그들에게 충격을 주었을 것이다. 당시 어느 나라에서든 자본주의에 대한 대안을 모색하는 이들에게는 한 치의 희망도 보이지 않았다.

한국에서는 경제 호황이 표면적으로 이어지는 가운데, 세계화니 국제화니 하는 것이 중요한 이슈로 떠올랐다. 즉 하나의 준경제 열강으로서 국제 질서에 합류하는 것이 화제였던 것이다. 국제적으로는 팍스아메리카나로 표현되는 미국의 절대 패권이 절정에 달했다. 러시아에서는 빌 클린턴이 보낸 고문관들이 경제 개혁(사실은 약탈적 민영화)에 대한 지침을 하달했다. 그런가 하면 1994년에는 클린턴이 대북 공격을 심각하게 고려했다가 마지막 순간에 번복하기도 했다. 자칫 북한의 장사장포에 의해 미군이 대량 희생될 가능성이 있었기 때문이다. 그나마 대미 저항력이 잠재적으로라도 있는 중국, 인도, 브라질은 새로운 신자유주의적 질서 아래에서 대미 마찰을 적극적으로 피하려 했다. 상황이 이렇게 되자 미 제국주의 아래 역사의 종말을 맞이하는 듯한 느낌마저 들었다.

팍스아메리카나와 신자유주의의 위기

20년이 지난 지금, 팍스아메리카나는 그 화려함을 많이 잃은 듯하다. 20년 전 언론에서 가장 자주 언급한 것은 북한 붕괴의 가능성과 함께, 친서방 우파 세력에 의한 중국 공산당 타도 가능성이었다. 서구의 우파 중에는 지금도 중국 공산당이 퇴장하는 꿈을 꾸는 이들이 있다. 그런 꿈은 중국 자유주의 세력을 대표하는 류샤오보(劉曉波)의 2010년 노벨평화상 수상으로 표현되기도 했다. 하지만 대부분의 분석가는 그 꿈이 허망하다는 것을 인정한다.

서구식 민주주의 수용 여부와는 무관하게 중국 공산당은 미국의 경제 패권을 얼마간 잠식할 만큼 국가자본주의적 방식으로 생산력을 키웠다. 이와 동시에 비록 제한적이기는 하지만 재분배 정책을 실행하여 복지망을 꾸준히 넓혀왔다. 물론 약자층에게는 그 복지 정책이 아직 태부족이기는 하다. 그렇기 때문에 서구가 바라는 대로 만약 중국에서 자유로운 다당제 선거가 실시된다면 아마도 류샤오보 진영보다는 재분배 정책을 적극적으로 추진하려는 강경 마오주의자들에게 승산이 클 것이다.

1994년에 미국의 신식민지가 된 것 같은 러시아도 중국만큼 성공한 것은 아니지만 관료 자본주의적 질서를 재정비했다. 그리하여 적어도 발트 삼국을 제외한 나머지 구소련 영토에 대한 영향력을 고수하겠다고 서구에 선언했다. 하지만 서구에서는 이 선언을 쉽게 받아들이지 않고 있다. 지금 우크라이나 사태에서 보듯이 미국은 계속해서 러시아의 주변부에 친미 정권을 수립하려고 노력하지만 지금까지 완전한 성공을 거둔 경우는 거의 없다. 2004년 오렌지혁명* 이후 미국이 우크라이나에서 친미 정권을 공고하게 하는 데 실패한 것만 보아도 알 수 있다. 그만큼 미국의 패권은 상대적으로 약해졌다. 심각한 장기 침체에 빠진 미국은 이제 군사력 감축 방침을 세워 중국에 대한 포위 정책 같은 일부 전략적 프로젝트에 몰두해 있다. 따라서 2003년 이라크 침략과 같은 미국의 노골적인 재식민화 기도는 쉽게 재발되지 않을 것으로 보인다.

그러나 미국이 아무리 힘이 빠졌다 하더라도, 그리고 그 지배층이 앞장서서 추진해온 신자유주의적 질서가 2008년에 이르러 위기에 봉착했다 하더라도, 아직까지는 기본적으로 바뀐 것이 없다. 2008년 세계 공황 이후 각국의 대응 방법을 보면 1998년 외환 위기 때 김대중 정권이 취한 해결 방식과 동일하다. 즉 금융 산업의 과도한 팽창으로 야기된 은행 부실화 문제를 공적 자금을 무제한으로 부어서 해결하는 척하고, 그렇게 해서 생긴 국가 재정 위기는 각종 구제 금융

* 2004년 우크라이나에서 벌어진 대대적인 부정 선거 규탄 시위. 우크라이나는 이 해에 무려 세 차례나 대통령 선거를 치른 끝에 평화적으로 정권 교체를 이루어냈다. 오렌지혁명이라는 말은 시위자들이 오렌지색의 옷이나 목도리 등을 하고 나온 데서 나왔다. 이 혁명은 우크라이나 독립 후 유지되어온 과도 체제와 정권의 장기 집권에 대한 심판적 성격을 띤다.

으로 해결하는 척하며, 동시에 긴축 재정 정책을 통해 복지망을 최대한 줄이는 식이다. 결국 신자유주의를 포기하지 못한 자본의 세계는 끝이 보이지 않는 장기 침체기로 들어섰다. 복지망이 붕괴하면 다수의 구매력은 떨어지고, 내부 시장은 축소된다. 그 때문에 위기의 장기화와 기존 중산층의 점차적 빈곤화는 불가피하다. 1994년에 사람들은 '역사의 종말'을 이야기했다. 로스트 제너레이션인 2014년 다수의 중하층 젊은이들은 '희망의 종말'을 이야기해야 할 것 같다.

희망의 종말, 좌파가 나아갈 길

계급 모순의 심화는 계급투쟁의 격화로 이어진다는 것은 옛 소련 사학의 상투어였다. 너무 아쉽게도 이 말은 부분적으로만 맞다. 즉 이데올로기 생산을 담당하는 지식층의 상당수가 반체제 운동에 적극적으로 참여하거나, 그것을 소극적으로나마 긍정하는 계급 조직이 위력적으로 작동하는 경우에만 그러하다. 남유럽이나 남미의 여러 나라에서는 지식인의 상당수가 전통적으로 좌파적 성향이 강하다. 또한 노조와 좌파 정당의 영향력도 상당하다. 그랬기 때문에 이들 나라에서 신자유주의의 위기는 급진 좌파의 부흥으로 이어졌다.

베네수엘라는 제한적으로나마 비자본주의적 발전의 가능성을 모색하고 있다. 그리스에서는 불만 계층의 대다수가 극우파('황금의 새벽' 같은 파시스트 조직)가 아닌 급진 좌파를 선택한다. 하지만 동유럽권의 상황은 훨씬 열악하다. 이곳의 스탈린주의적 구좌파는 신자유주의 체제에 맞서 전투적 저항을 해본 적이 없다. 최근의 우크라이나 사태나 2006년 헝가리에서 일어난 극우파 주도의 폭동은 우리에게 다음과 같은 사실을 시사해준다. 좌파가 조직하지 못하는 불만 대중은 '우민의 사회주의'라 불리는 극단적 민족주의로 매우 쉽게 단결해버리고 만다는 것을 말이다.

동유럽에서 극우 민족주의가 하는 역할을 중동에서는 종교 근본주의가 맡고 있다. 중동 국가에서는 최근 몇 년 동안 불만 대중의 격렬한 가두시위가 전개되었다. 하지만 대부분 종교 근본주의자들이 그 주도권을 탈취하고 말았다. 중국에서는 공산당 안팎에 있는 급진 좌파가 아직 독자적으로 세력화되지 않았다. 그런 만큼 국가자본주의적 개발 정책의 가시적 성공에 그들은 여전히 압도당해 있다.

종교도, 민족이라는 유령도, 중국 공산당 방식의 좌파적 개발주의도 신자유주의의 위기를 해결하지는 못한다. 그만큼 급진 좌파가 새롭게 부상하는 것은 객관적 정세상 충분히 가능한 일이다. 문제는 좌파가 스스로 사상적으로나 조직적으로 재구성하여 다시 한번 오늘에 맞는 비전을 제시할 수 있느냐다. 사회주의라는 것이 과거에 멸망한 공룡이 아니라, 미래를 위한 유일한 희망이라는 사실을 구체적 정책을 통해 보여주어야 한다. 이것이야말로 팍스아메리카나와 신자유주의가 위기에 처해 있고 대중의 불만이 격렬해지는 이 시대에 좌파가 해야 할 급선무다. 신자유주의가 전성기이던 1994년보다 그 위기가 심화된 지금 이 과제를 해결하는 것이 더 수월하다.

평화주의의 원칙

생각이 다른 이들과 논쟁할 때 내가 자주 받는 질문이 있다. "당신이 평화주의자라면 어떻게 붉은군대나 10월 혁명 같은 폭력 투쟁을 긍정하는가? 당신 평화주의자 맞는가?" 이것은 아무래도 중요한 원칙적인 문제인지라 짚고 넘어가야 할 것 같다.

평화주의에는 두 가지 측면이 있다. 하나는 정서적이고 감성적인 측면이다. 원래 생물계에서 동류끼리는 잘 죽이지 않는다. 그러므로 다른 사람이 죽거나 고통을 받는 것은 당연히 생각만 해도 아픈 일이다. 이것은 아마도 인간의 마음속에 깊이 내재해 있는 생물적 본능 가운데 하나일 것이다. 그리고 여타의 동물과는 달리 인간에게는 추상적 사고를 하는 이성이 부여되어 있다. 그렇기 때문에 동류 인간뿐만 아니라 생명체라고 부를 수 있는 모든 것의 죽음과 고통을 아프게 여기지 않을 수 없다. 이런 본능을 '생명에 대한 외경'이라고 한다. 여기서는 누가 죽고 고통을 받느냐는 중요하지 않다.

가령 1949~1950년에 중국에서 토지 개혁을 단행할 때, 인민재판에서 죽어야 했던 무수한 악질 지주 개개인의 고통은 아픈 일이다.

그런데 한편으로는 그 악질 지주를 죽여야 할 만큼 공동체 안에서 도덕 재판이 행해졌다면 그와 그의 조상이 대대로 어떤 폭력을 저질렀는지, 어떤 식으로 치부했는지 생각하지 않을 수 없다. 그리고 그와 같은 토호열신(土豪劣紳)이 농촌 공동체 위에 군림하는 이상 과연 비폭력적 세상이 가능하겠는가 하는 생각도 든다. 이것은 바로 평화주의의 이성적인 차원이다.

폭력은 언제나 추하다

감성은 모든 폭력에 대해 반발하는 경향이 있지만, 이성은 폭력이 불필요한 사회를 만드는 길을 궁리한다. 이성의 목소리를 들으면 우리는 한 가지 사실을 분명하게 확인할 수 있다. 그때그때의 명분과 변명이 무엇이든 자본주의 국가가 존재하는 이상 가장 끔찍한 형태의 군사적 살육은 계속될 것이라는 사실이다. 이는 이 체제의 본질일 따름이다.

예컨대 부유한 자본주의 국가의 군사 클럽인 나토의 행적을 한 번 살펴보자. 소련의 위협을 막기 위해 냉전 초기이던 1949년에 만들어진 나토는 소련이 없어졌다고 해서 스스로 해산하지 않았다. 나토는 세르비아나 리비아를 폭격하는가 하면, 아프가니스탄을 벌써 근 10년 동안 불법 점령을 하는 등 전 세계적으로 계속해서 인민을 살육하고 있다. 리비아나 세르비아가 독일과 미국을 위협했다고 한다면 지나가는 소가 웃을 일이다. 서구의 세계 제패력을 과시할 겸 새로운 미사일과 폭탄을 시험하는 데에는 살아 있는 세르비아인이나 리비아인이 제격일 것이다. 나토 창립 멤버를 보면 벨기에, 네덜란드, 덴마크, 노르웨이, 아이슬랜드까지 '평화스러운' 나라란 나라는 다 나온다. 그 지배자의 손에는 아프가니스탄인, 세르비아인, 리비아인의 피가 묻어 있다.

한국인의 눈에 노르웨이가 아무리 낙토처럼 보일지라도 그 자본주의 역시 전범적 성격을 가지고 있다. 그렇지 않은 자본주의는 역사적으로 존재한 적도 없고, 존재할 가능성도 없다. 진정한 평화주의자는 자본주의를 약간이라도 긍정할 수 있을까? 긍정할 수 없다면 자본주의를 반대하는 투쟁과, 자본주의 국가가 저지르는 살육을 다른 시각으로 보는 것은 자연스러운 일이다.

물론 반자본주의적이라고 해서 모든 폭력을 수용할 수 있는 것은 아니다. 아무리 혁명 집단이라고 해도 그 구성원이 천사가 아닌 인간인 이상 폭력에 길들여질 수 있다. 그리하여 인민에 대해서도 폭력적 수단을 쓰고 싶은 유혹을 받을 수 있다. 1921년 레닌과 트로츠키가 크론시타드 봉기를 강경 진압한 것은 이러한 범주에 속한다고 볼 수 있다. 게다가 혁명이 변질되면서 반동과 보수화로 이어지는 과정에서는 보통의 국민국가처럼 대외적인 폭력을 행사할 가능성이 농후해진다.

예를 들면 소련이 1956년 헝가리혁명을 진압하고, 1968년 체코슬로바키아에 대해 무장 간섭을 하고, 1979~1988년 아프가니스탄을 침공한 일 등이 그러하다. 1979년 중국이 베트남을 침공한 일도 마찬가지다. 혁명이 변질되고 보수화되면서 나타나는 이와 같은 패권적인 물리력 행사에 대해 사회주의적 평화주의자라면 당연히 반대하지 않을 수 없다.

하지만 1917년 이후 전개된 사회주의적 실험은 어디까지나 자본이 없는 행복한 세계를 건설하려는 첫 시도에 불과할 뿐이다. 그런 만큼 너무 미숙했고, 시행착오와 문제가 많았다. 결국 혁명은 왜곡과 보수화로 끝나버렸지만, 이것은 첫 시도일 뿐이다. 21세기의 혁명가가 지난 세기의 실수를 반복하지 않으려면 반체제적 폭력을 쓸지라도 불가피한 경우에만 그렇게 해야 한다.

혁명적 폭력이든 반혁명적 폭력이든 모든 폭력은 추하다. 그 이유나 명분이 무엇이든 감성적으로는 당연히 모든 폭력이 고통스럽지 않을 수 없다. 그런데 이성적으로는 이 체제를 유지하고 확대 재생산하기 위한 폭력과, 반대로 이 체제를 전복하고 평화로운 사회를 건설하기 위한 폭력을 구별할 줄도 알아야 한다. 후자의 폭력이 좋다는 말이 아니다. 후자의 목적을 위해서라면 평화적 방법으로라도 자기 몸을 던질 만하다는 말이다.

절망, 조직, 그리고 투쟁

콜트콜텍 투쟁이 2000일을 맞기 며칠 전 투쟁의 현장을 찾았다. 그때 받은 인상을 나는 하나도 잊을 수 없다. 나의 업은 역사를 쓰고 가르치는 것인데, 그곳에서 본 것은 바로 상상 이상의 고통 속에서 역사를 만들고 있는 노동자들이었다. 이 나라의 절대 다수는 그곳에서 역사가 만들어진다는 사실을 아직 이해하지 못하고 있을 뿐이다. 1970년대 동일방직 투쟁을 지켜보던 지식인들은 공순이들이 벌이는 그 일이 새로운 역사를 쓰는 시초임을 얼마나 이해했을까? 유신 반대 투쟁이 전부인 시절인 만큼 노동 문제에 대해서는 대체로 둔감했으니 말이다. 그 투쟁은 저임금 피차별 노동자의 민주적 조직을 밑에서부터 태동시키는 시발점이 되었다.

마르크스주의자들은 문장마다 노동자를 끼워 넣는다. 하지만 주위를 둘러보면 마르크스가 생각한 그런 노동자는 거의 전무하다. 일상에서 보는 수많은 노동자는 자본주의의 무덤을 파는 주인공이기는커녕, 실패한 자본가 혹은 자본가 지망생에 더 가깝다. 통계적으로 본 한국의 평균 노동자는 몇 년 고생해서 일한 뒤 작은 가게라도 열어 아이들을 대학에 보내는 데 전념하는 중소기업의 미조직 비정규직이다. 이런 이야기는 '의식 없는' 노동자에 대한 질책이라기보다는, 그저 비극적인 상황에 대한 묘사일 뿐이다.

노동자란 태생적 신분이라기보다는 사회화 과정에서 자기의식적으로 획득하는 것이다. 비극적이게도 한국 사회에서는 아직 노동자를 진짜 노동자로 만들어주는 요소가 드물다. 그 요소는 무엇인가? 첫째는 절망이다. 즉 자신의 위치에 대해 정확하게 파악하는 것이다. 둘째는 조직이다. 셋째는 투쟁이다. 이 세 가지 요소가 작동하지 않는 이상 돈 모아서 치킨집이라도 차리려고 하는 피자 배달부로서는 노동계급의 의식적인 구성원으로 거듭나기가 어렵다.

기업에게는 천국, 노동자에게는 지옥

여기서 말하는 절망이란 무슨 의미일까? 만약 피자집에서부터 대학에 이르기까지 각계의 비정규직 노동자가 현존 체제 안에서는 자신들의 절대 다수가 전임교수도, 피자집 주인도, 대기업 정규직 노동자도 될 수 없다는 것을, 게다가 자신들의 아이들은 신흥 빈민으로서 저임금 노동에 시달려야 한다는 것을 인식한다면 어떻게 될까? 아마 그들은 하나의 대전환을 경험할 것이다. 그동안 개개인의 차원에서 주류에 편입하기 위해 몸부림치던 그들은 이제 집단적 차원에서 반체제적 계급투쟁으로 나아갈 것이다. 또한 이 과정에서 연대, 단결, 동지애도 배울 것이다. 이렇게 되면 저임금 노동을 착취함으로써 움직여온 체제는 그 골간부터 흔들릴 것이다.

둘째 요인인 조직이란 노조 가입을 의미한다. 노동자는 조직을 통해 같은 경제적 이해관계를 위해 다수가 연대해서 투쟁하는 습속을 익히게 될 것이다.

셋째 요인인 투쟁은 여태까지 자신과 가족만 알던 사람에게는 가족주의에서 계급주의로 의식이 전환되는 기회가 된다. 계급적 연대라는 추상적 용어가 투쟁의 과정에서 현실적으로 구체화되기 때문이다.

저임금 노동으로 악기로 만들어 준재벌이 된 콜트콜텍 사장에게 노동자는 아무래도 우마 같은 가축인 모양이다. 공장은 축사처럼 창문이 까맣게 막혀 있었다. '가축들'이 행여 바깥의 시간을 눈치채고 무제한 특근이나 잔업에 반발할까 봐 그렇게 해놓은 것이다. 노동자들은 업주의 위장 폐업과 부당 정리 해고, 그리고 아직 자율적 노조가 불가능한 중국이나 베트남으로 공장을 이전하는 것에 반대해서 들고 일어났다. 하지만 이에 대한 사장의 대응은 대응이라기보다는 차라리 진압이라고 불러야 할 것이다. 사장은 법원의 복직 판결에도 무반응으로 대처한다. 그만큼 이 나라는 기업에게는 천국, 노동자에게는 지옥이다.

경계를 넘어 연대의 힘으로

양측 간 힘의 비대칭성은 절대적이었다. 그런데도 콜트콜텍 노동자들은 세계 노동운동사상 가장 긴 2000일간 파업을 벌여왔으며, 지금도 전혀 포기할 의사가 없다. 그들은 무엇을 가지고 미친 자본의 폭주에 맞서는 것일까? 바로 경계와 국경을 초월한 연대의 온기다. 일부 노동자가 곰팡이가 핀 차가운 공장 안에서 몸을 망가뜨리면서 농성하는 동안, 또 다른 노동자는 생계 투쟁에 나서 고추장과 된장을 만들어 팔았다. 이들은 생계를 함께 책임지는 하나의 커다란 비혈통 가족이 되었다.

세계사에서 전례 없는 2000일 파업을 이어온 그들이 언제 승리할지는 예상하기 어렵다. 1년이 멀다 하고 총선이니 대선이니 하는 고위직 도둑 뽑기에 골몰하는 대한민국에서 사업주에 대해 사회적 압력을 행사하기란 쉽지 않다. 콜트콜텍 노동자들이 겨울이면 냉장고가 되는 공장 안에서 각종 고질병으로 고통 받는 것은 이 문제에 적극적인 관심을 갖지 않은 우리 모두의 책임이다.

그러나 당장 승리하지 않아도 콜트콜텍 노동자들은 이미 엄청난 성과를 거두었다. 중국과 인도네시아 등지의 동료 노동자들이 그들에게 연대의 뜻을 보내왔다. 콜트콜텍 노동자들은 같은 사업주에게서 고통 받을 해외의 동료들을 걱정했다. 이러한 연대 속에서 그들은 진실로 의식 있는 노동계급의 일원이 되었다. 상상을 초월하는 초인적인 2000일간의 투쟁은 그들을 계급의 전위요 선진 노동자로 만들었다. 추상적이고 멀게만 느껴지던 '계급'이나 '국제 연대' 같은 말도 이제는 그들에게 피부로 와 닿는 현실이 되었다. 그들이 겪은 고통과 그 속에서 길어 올린 깨달음이 노동자들 사이로 퍼져나가 이 미친 체제를 통째로 뜯어고치는 원동력이 되기를 기대해본다.

자본주의의 성공 스토리와 진보의 한계

통진당 사태 때 수많은 이들이 '주먹질하는 진보'에 대해 매우 불편해했다. 하지만 우리는 한 가지 불편한 진실을 직시해야 한다. 진보라 하더라도 화성에서 온 외계인은 아니라는 것이다. 진보는 비록 시대의 한계를 극복하려고 의식적으로 노력하지만, 동시에 '지금 여기'의 한계를 안고 있는 존재다. 진보 역시 여기에서 나고 자랐고, 학교와 군대를 다녔으며, 위아래의 구조 안에서 이런저런 타협을 해가며 밥벌이를 하는 사람이다. 아무리 생각은 이 시대 이곳의 한계를 넘어섰다 해도 몸은 지금 여기에 속해 있다. 그런 만큼 진보라도 우리의 일반적인 수준을 뛰어넘기가 힘들다.

통진당은 제 고유의 계급적 입장을 버리고 고학력 중산층에 자신들을 팔려다가 기존의 도덕 수준에서도 크게 타락한 모습을 경선 부정 사태에서 만천하에 과시하고 말았다. 그들의 수준은 남한의 일반 부르주아 정치에도 훨씬 못 미쳤다. 이와 같은 극단적인 타락이 아니더라도 진보는 분명 그 시대의 한계를 안고 있기 마련이다. 자신이 진보에 속한다고 생각한다면 그 한계를 직시해야 한다.

독일 사민당과 레닌의 한계

오늘날 대중적인 진보의 모태는 제1차 세계대전 이전의 독일 사민당이다. 이 당은 유럽 최초로 사회주의를 한 계급의 이데올로기로 만든 만큼 공훈이 많다. 전쟁 이전에는 약 100만 명의 당원을 확보하고 있었다. 당시 사민당은 주요 공업을 사회화할 것을 요구했는데, 그런 만큼 그때만 해도 분명 사회주의적이었다.

하지만 합법적 틀 안에서 활동하던 당의 영향력이 커지면서 독일 노동자들이 받는 복지 혜택만 늘어난 것은 아니었다. 당은 갈수록 관료화되더니 그 투쟁 대상인 국가를 닮아갔다. 지도자들에 대한 숭배에 가까운 태도는 독일 소시민이 보통 국가에 대해 느끼는 존숭의 염과 그다지 다르지 않았다. 이제 당은 사회주의적 원리 원칙과 달리 국민개병제나 대러시아 전쟁 준비 같은 국가의 민감한 부분은 건드리지 못했다. 결국 그들은 제1차 세계대전을 막지 못한 반면, 1918~1919년 독일 혁명의 급진화만큼은 너무나 잘 막아냄으로써 유산계급을 지키는 보루 역할을 했다. 시대의 한계에서 벗어나고 싶어도 그러지 못하는 합법적인 사회주의 운동의 결과는 기존 체제의 지킴이가 되는 것이었다. 조합과 당 관료의 보수성은 사회주의적 신념을 이기고 말았다.

가장 급진적인 혁명가일지라도 시대의 한계를 벗어나기는 힘들다. 레닌의 급진성을 그 누가 의심하랴만, 말년의 그도 테일러주의를 사회주의의 기초로 생각했다. 그는 소비에트와 테일러주의의 결합을 사회주의로 착각할 만큼 기술 만능주의적인 환상에 빠졌다. 그런 망상 자체야 당시 서구 지식인의 보편적 통념에 가까웠다. 하지만 그 통념이 혁명가의 의식 속으로 흘러들면 참으로 위험한 일이다. 20세기 초 기승을 부린 기술 만능주의에 과연 레닌만 감염되었을까? 중산층 출신의 지식인이 대부분인 올드 볼셰비키는 물론, 노동자 당원들도 생활수준이 향상될 것을 기대하고 기술 만능주의를 추종했다. 그리하여 소련에서도 스타카노프주의라는 미명 아래 노동자에 대한 과잉 착취와 실적 경쟁 유도의 분위기가 되살아났다.

우리가 깨달아야 할 것

확언하건대 우리가 목전에서 본 통진당 당권파의 한계는 카우츠키나 레닌보다 심하면 심하지 덜하지 않다. 자유주의자들과 원칙 없는 타협을 해서 무엇이 남았는지 자문해볼 수도 있다. 그들이 보여준 한계는 두 가지 측면으로 나누어서 분석해볼 수 있다. 하나는 문화적 한계이고, 다른 하나는 사회적, 정치적 의식의 한계다.

폭력 사용에 너그러운 태도는 분명 한국 사회의 군사 문화와 관계 있다. 페미니스트 학자들이 지적했듯이 남성 우월주의적 군사 문화는 1980년대 운동권 안으로 흘러들어갔다. 운동권을 모태로 해서 조직을 꾸려나가고 군대를 방불케 하는 분위기 속에서 살아온 좌파 민족주의자에게는 폭력적 습관이 체질화되어 있는 것 같다. 문화적 한계라고 하는 것은 바로 이와 같이 체질화된 아비투스*를 두고 하는 말이다.

그래도 문화적 한계는 새로운 진보 세력의 성찰과 개선 요구로 그나마 나아질 여지가 있다. 이보다 훨씬 위험한 것은 사회적, 정치적 의식의 한계다. 한국 사회의 일반적인 사람들은 자본주의에 대한 대안을 전혀 볼 줄 모른다. 기껏해야 장하준 식으로 '박정희 시대와 같이 자본에 대해 국가가 통제하는' 정도를 이야기할 뿐이다. 이와 마찬가지로 자유주의화된 통진당 등은 자본주의에 대한 근본적인 대안 제시는 포기한 채 수정 판타지에만 매달려 있다. 세계 공황은 어떤 자본주의적 처방으로도 극복되지 못한 채 악화 일로에 있다. 어쩌면 자본주의를 대표하는 핵심 지역이자 수정 자본주의의 쇼 윈도우인 유럽연합마저 붕괴할지도 모른다. 그럼에도 한국의 진보는 이윤만 추구하는 무계획적 생산으로 결국 경제 위기를 자초하는 재벌 경제야말로 청산해야 할 대상임을 깨닫지 못하고 있다. 그들은 아직도 무의식적으로 한국 자본주의 성공 스토리를 믿고서 이것이 영원히 지속되리라 보는 듯하다.

자본주의의 미몽에 사로잡혀 있기로는 다른 나라도 마찬가지다. 서구의 가장 급진적인 대중도 아직 자본주의의 문제를 본격적인 화두로 삼지 않는다. 단지 "1퍼센트의 탐욕"이니 "강도 같은 금융 자본"이니 하는 비과학적이고 도덕주의적인 수사를 구사하는 데 머물러 있다. 최근의 선거 결과를 보아도 그렇다. 그리스의 총선에서 유일한

• 프랑스의 사회학자인 피에르 부르디외(Pierre Bourdieu, 1930~2002)가 창안한 개념으로, 사회화 과정을 거치는 동안 개인이나 특정 집단이 내면화하는 하나의 성향 혹은 습속 체계를 의미한다. 달리 말하면 유사한 조건에 있는 사람들의 '집합 무의식'에 해당한다. 부르디외는 인간의 행동은 이러한 습속 체계에 의해 많은 부분 결정된다고 보았다.

반자본주의 세력인 공산당은 8.5퍼센트의 지지를 얻는 데 그쳤다. 프랑스 대선에서는 좌파연합, 신반자본주의당, 노동자투쟁당 후보가 거둔 지지율을 다 합쳐도 13퍼센트밖에 되지 않는다. 사민주의적인 혹은 수정 자본주의적인 것에 대한 각종 환상에서 깨어나려면 시간이 걸린다. 문제는 위기 진행의 속도로 볼 때 우리에게 시간이 없을 수도 있다는 점이다. 약물 치료로 해결할 수 있던 것이 상황이 더 심각해지면 수술로만 해결할 수 있다. 그러니까 진보는 '자본주의 긍정'이라는 시대적 한계를 스스로 깨닫는 것이야말로 참으로 시급하다.

진보의 시대적 의미

진보는 무엇일까? 사회주의만 해도 정파마다 그 의미를 다르게 해석할 수 있다. 그 모든 해석에는 '주요 생산 시설 사회화'라든지 '다수를 이롭게 하는 경제 구조' 같은 최소한의 공통분모가 있다. 하지만 진보에는 그것도 없다. 역사 발전의 단계마다 진보의 의미는 새롭게 규정된다. 또한 역사의 발전에 따라 과거의 진보는 오늘의 보수가 되는 것이 일반적이다. 예컨대 1900년대 말 조선 지식인의 관점에서는 청나라 양계초(梁啓超, 1873~1929)의 입헌군주제 구상이나 국민국가 건설론 등은 실로 진보로 보였다. 하지만 약 10년이 지난 뒤에는 양계초도 다소 보수적인 인물로 여겨졌다.

자본주의가 말기적인 위기에 봉착한 이 시대에 진보는 무엇을 의미할까? 기본적으로 자본주의 그 자체를 본격적으로 뜯어고치려는 사회주의 혹은 공산주의,* 자본주의가 망가뜨린 환경에 주목하는 급

* 자본에 의한 잉여가치 착취와 그로 인한 격차, 이윤만 추구하는 무계획적 생산과 그에 따른 경제 위기, 생산 활동 수익성이 저하되는 상황에서 번성하는 투기적 투자 등의 폐단을 일소하려는 것이다.

진적 환경 운동, 자본주의적 상황에서 발생할 수밖에 없는 침략 전쟁을 반대하는 반전평화운동 등을 총칭하여 진보라 부를 수 있을 것이다. 간략하게 말하자면 자본주의 자체와 그것이 야기한 모든 폐단(환경 위기, 침략 전쟁)을 급진적으로 반대하는 것이 오늘날의 진보다.

자본주의 위기의 시대, 진보란 무엇인가

그런데 여기에서 한 가지 사실에 주목해야 한다. 바로 세계 체제에 내재해 있는 공간적 불균형이다. 자본주의적 축적은 핵심부나 준핵심부 나라에서 이루어진다. 원료 공급지나 시장 노릇을 하는 상당수의 주변부 지대에서는 구조적으로 산업자본주의가 발생할 수 없다. 핵심부 열강의 침략이나 간섭으로 자본주의는커녕 자본주의 발생의 전제 조건인 근대 국가 자체도 와해된 소말리아나 아프가니스탄이 그 대표적 예다.

산업자본주의가 있지도 않고 당분간 생길 것 같지도 않은 이런 지역에서 진보의 시대적 의미는 무엇일까? 핵심부의 침략이나 간섭을 부단히 받는 상황에서는 반외세 투쟁이 진보의 기본 속성이 될 것이다. 다시 말하자면 그곳에서 반외세, 반침략 투쟁을 실질적으로 이끄는 세력이 있다면 그들에게 진보의 의미를 부여할 수 있다는 것이다.

하지만 반외세 투쟁을 한다고 해서 탈레반 같은 집단도 진보적이라고 말할 수 있을까? 그들은 파키스탄 첩보 기관의 도움을 받아 형성되었고, 여성을 억압하며, 가부장적 가족을 신성시하고, 반대자에게는 중세적인 잔혹한 처벌을 내린다. 보편적 기준으로 본다면 탈레반은 종교적 극우 세력 정도일 뿐이다. 우리에게 바람직한 진보는 당연히 이와는 판이하게 다르다.

문제는 열강의 침략과 간섭으로 그렇지 않아도 산업 무산계급이라는 좌파의 기반이 태부족이던 아프가니스탄에서 그 씨가 아예 말랐다는 점이다. 아프가니스탄 좌파의 주요 세력은 아프가니스탄인민민주당이었다. 1970년대 후반 그들이 집권하자마자 미국을 위시한 서구 세력은 그 반대편에 선 이슬람 극우 세력을 지원하기 시작했다. 이는 소련군의 무장 간섭을 불렀다. 결국 민주적이고 민중적이고 좌파적인 개혁 활동은 좌초하고 말았다. 소련이 망한 뒤 아프가니스탄인민민주당은 권력도 당원 기반도 거의 잃었다. 외세가 간섭하는 상황에서 진보의 정상적인 활동은 불가능해졌다.

이런 상황에서 반외세 투쟁의 과제는 바로 종교적 극우 세력이 맡았다. 서구 세력이 아프가니스탄의 친소 정권을 무너뜨리려고 악을 쓰던 1980년대에 CIA의 지원을 가장 많이 받은 이들이 이 종교적 극우 세력이다. 정말 역사의 아이러니가 아닐 수 없다.

반외세 투쟁의 진보성

탈레반의 여성 억압이나 특정 종교 강요, 비민주성 등을 당연히 지지할 수는 없다. 하지만 주변부 지대에서 가장 필요한 반외세 투쟁을 한다는 점은 지지해야 한다. 그것을 탈레반을 하든 화성에서 온 외계인이 하든 말이다.

청나라 때 외세를 배척하기 위하여 조직된 비밀 결사인 의화단(義

和團)은 산업사회에서 쓰이는 의미의 진보라기보다는 차라리 전통주
의자였다. 그들은 중국 기독교인을 외국인 앞잡이라고 생각하고 유
달리 증오했다. 그리하여 그 일부를 교회당에서 생화장하기도 하는
등 약 3만 3000명의 기독교인을 아주 잔혹하게 죽였다. 이 모든 행
동은 우리가 일반적으로 생각하는 진보와는 무관하다. 그럼에도 신
해혁명 이후 쑨원, 천두슈(陳獨秀, 1879~1942), 마오쩌둥 같은 중국
의 모든 지도자는 의화단 봉기를 애국 의거라고 표현했다. 그 이유는
간단하다. 산업화가 갓 시작된 당시 중국에서는 노동계급을 근간으
로 하는 정통 좌파는 어차피 생겨날 수 없었다. 외국 침략자에 대한
민중의 증오를 바탕으로 자라난 의화단은 당시 중국으로서는 가장
시급하게 해결해야 할 과제인 반외세 투쟁을 나름대로 수행했다. 그
랬기 때문에 톨스토이까지도 지지한 것이었다. 그들의 가치관과 행
동에 대해 우리가 어떻게 판단하든 반외세 투쟁 그 자체를 지지할 이
유는 충분해 보인다.

　중국에 대한 열강의 구조적 폭력은 의화단이 행사하는 모든 폭력
에 비해 백 배, 천 배에 이르렀다. 이 사실을 이해한 평화주의자 톨스
토이는 자국 러시아의 군대가 의화단과 벌이는 전쟁에서 패하기를
기원했다. 사르트르는 알제리 독립운동가의 잔혹성은 식민 지배의
야만성에서 기인했다는 것을 이해했다. 그리하여 그는 알제리 무장
독립운동에 실질적인 도움도 주었다. 하지만 오늘날에는 아프가니스
탄에서 자국 군대가 패하고 현지 반항 세력이 승리하기를 공개적으
로 바라는 서구의 진보 지식인은 좀처럼 보이지 않는다. 사민당이든
공산당이든 좌파가 국가와 너무 오랫동안 유착되어 있었기 때문일

것이다. 세계 공황으로 이런 분위기가 바뀌어 좌파가 좀 급진적으로 거듭나기를 기대해본다.

그런데 유럽 좌파가 지지하고 안 하고를 떠나서 나는 아프가니스탄 저항 운동이 결국 외세를 이길 것이라고 확신한다. 그렇게 된 뒤 새로운 지배자가 될 탈레반 등 보수 세력에 대해 여성혁명동맹 같은 아프가니스탄의 진정한 좌파 세력이 어떻게 저항할지, 그래서 얼마나 많은 희생을 치르게 될지는 걱정되지만 말이다.

인생의 의미

인생에 그 어떤 고유한 의미란 없을 것이다. 언젠가 지구와 함께 멸망하고 말 인류 전체에게도 그렇고, 개인 역시 그러하다. 결국 죽음의 불가피성을 실감하면서 인생의 유한성을 절실히 느끼는 순간에 우리는 인생의 의미를 제각기 부여하게 된다. 그런 의미 부여 과정에서 바로 '개인'이 성립하는 것이다. 자신의 인생이 무슨 뜻을 가지고 있는지 고민해보지 않은 사람이라면 개인이라기보다는 타자들 속에 이끌려 흘러가는 하나의 무력한 개체일 것이다. 타자들과 자신의 모든 것을 나눌 줄 아는 것은 중요한 덕목이다. 그렇다고 해서 타자들을 그저 따르는 수준을 뛰어넘지 못한다면 이는 온전한 의미의 개인은 아닐 것이다. 개인은 심성적인 자립에서부터 시작된다.

　나는 어린 시절에 죽음을 실감하지 못했으면서도 인생의 의미에 대해 많이 고민했다. 그때 고민의 주된 화두를 제공한 것은 소설 《강철은 어떻게 단련되는가》였다. 이 작품은 소련은 물론 북한과 베트남 같은 공산권 여러 나라에서 수신(修身)의 기본으로 통했다. 1942년에 중국어로 번역되었고, 그 뒤 중국과 한국에서는 사회주의 사실주의 문학의 모범작으로 통하기도 했다. 소설의 주인공 파웰 코르차긴은 병환에도 불구하고 죽을 때까지 투쟁하기로 결심하면서 다음과 같이 생각했다.

인간에게 가장 귀중한 것은 생명이다. 생명은 한 번 부여받는다. 그러므로 나중에 과거의 허송세월을 후회하지 않도록, 비겁하고 좀스러운 과거에 대한 수치심이 마음을 불태우지 않도록 살아야 한다. 죽으면서 '내 모든 생명과 정력을 이 세상에서 가장 아름다운 일인 인류 해방 투쟁에 바쳤다'고 마지막으로 말할 수 있도록 살아야 한다.

적어도 3~4세대의 중국인, 북한인, 베트남인, 소련인, 동독인 등은 이 구절을 화두 삼아 참구하며 인생의 의미를 고민했다. 생명은 한 번 부여받는 것인지, 윤회의 과정에 따라 여러 번 부여받는 것인지 나는 모른다. 한 개체인 내가 그러한 우주의 원리까지 알 수는 없다. 우주 앞에서 개미와 다를 바 없는 인간이라는 존재는 조금 겸손해야 한다. 그리고 모든 사람이 파웰 코르차긴처럼 인류 해방 투쟁에 합류할 수 있는 것도 아니다. 인간은 각자 능력이든 정치 성향이든 다 다르기 때문이다. 하지만 인류 해방 투쟁을 잘 모르는 보수주의자라도, 정치에 무관심한 사람이라도 모두 '인생의 의미'를 고민해보지 않을 수는 없다.

모든 사람이 혁명 투사가 될 수 있는 것도 아니고, 그럴 의무나 필요도 없다. 모두 수행자가 되어서 계율과 참선과 대장경 공부를 할 수 없듯이 말이다. 그러나 진보든, 보수든, 어떤 종교를 믿든 안 믿든 딱 한 가지 '인간으로서의 본원적 의무'라는 것이 있는 것 같다. 그것은 아주 간단하다.

이 세상에 '남'이라는 것은 없다. 이것은 나의 '생각'이 아니라, 과학적으로 밝혀진 '사실'이다. 일부 다른 동물과 달리 인간은 군중 동물이다. 혼자서는 생존할 수 없으며, 타자와 소통하지 않고는 성장할 수도 없다. 인간의 특징이라면 언어 구사 능력이다. 언어는 철저히 사회적이며, 인간을 나누고 구분 짓는 역할을 한다. 하지만 촘스키 같은 여러 언어학자가 증명했듯 결국 모든 언어의 심층적 문법은 같은 원형에 의해서 구성된다. 따라서 시간과 노력을 들인다면 못 배울 언어라고는 없다. 언어는 경계선을 긋는 동시에 그 경계선을 초월하게도 한다.

남이라는 것이 없듯이 남의 아픔이라는 것도 없다. 그러므로 남의 아픔도 자기의 아픔으로 느껴야 한다. 아픈 중생을 모두 구원하지는 못하더라도 그들의 고통을 계속 직시해야 한다. 그렇게 하는 과정에서 인간에게는 자비심 같은 것이 생기고, 그 마음이 깨어나면 각자 자기 나름대로 중생 구원의 길을 갈 것이다. 그것이 파웰 코르차긴이 말한 것과 같은 혁명이든 무엇이든 말이다.

혁명이란 무엇인가? 거시적 의미의 혁명이 불가능한 상황에서는 나 개인이 고통을 생산하고 강요하는 체제에 맞서는 것도 벌써 혁명적 행위에 준한다. 약자는 툭 하면 집단적으로 괴롭히는 반면 관리자의 말이라면 무조건 잘 듣는 사람을 길러내는 군대에 입대하기를 거부하는 것, 착취 체제에서 상위를 점하는 SKY 대학에 입학하겠다는 욕망을 버리고 입시 공부와 관련한 주변의 강요를 거부하는 것, 대학의 기업화에 맞서 자진 퇴학하는 것, 오늘날의 상황에서는 이러한 행동도 가히 혁명적이라 할 수 있다. 그러나 이와 같이 굳이 엄청난 압력을 감수해야 하는 행동까지는 아니더라도 단순히 남들을 자신만큼 챙기면서 사는 것도 이 각자도생의 시대에는 '작은 반란'이다. 그러한 작은 반란이 모여 결국 하나의 큰 불이 지펴질 것이다.

한 가지 유의해야 할 점은 고통이라는 것이 꼭 물리적인 통증, 불안, 좌절만을 의미하지는 않는다는 사실이다. 그것도 당연히 고통이지만, 장차 고용주가 될 사람 앞에서 원하지 않아도 웃으며 자신을 잘 팔아야 하는 취업 준비생의 노력도 고통에 해당한다. 극단적으로 말하자면 룸살롱을 드나들며 술과 섹스로 자신의 허무감과 소외와 인생의 무의미함을 달래려는 강남의 비즈니스맨조차도 남에게뿐만 아니라 자신에게도 고통을 준다. 인간이면 모두 아프다. 그러나 자본주의 속에서는 거기에서 더 나아가 모든 사람이 수인이다. 돈의 감옥에 갇힌 수인 말이다. 그 감옥의 간수도 소장도 따지고 보면 다 수인이다. 우리 모두 미친 사회에서 계속 미쳐가는 것일 뿐이다.

각자도생의 시대에는 사실 진정한 의미의 행복이란 없다. 아니 불가능하다. 수백만 년 동안 군중 동물로 살아온 인간이 남을 짓밟고서 혼자서만 누리는 생존과 번영에 진정 행복할 수는 없다. 그것은 생물학적으로 불가능한 일이다. 결국 아무리 표면적으로는 성공해도 이 체제와 시대가 각자에게 남기는 것은 내면의 파멸과 고통일 뿐이다.

인간이면 남의 고통을 진지하게 보고 이해하는 순간 자비심을 낼 것이다. 그렇게 되면 언젠가 운명이 그 자비심을 실천할 기회를 줄 것이다. 각자도생 시대의 적자생존이니 약자 도태니 하는 코드에 역류할 수 있는 심층적 집단 심성이란 결국 자비심밖에 없다. 그것이야 말로 혁명적 실천의 원천이다. 파웰 코르차긴의 말대로 "내 모든 생명과 정력"을 다해 그것을 실천한다면 죽는 순간에는 그래도 덜 부끄럽지 않을까?

비굴의 시대

ⓒ 박노자 2014

초판 1쇄 발행 2014년 12월 15일
초판 4쇄 발행 2017년 3월 20일

지은이 박노자
펴낸이 이기섭
편집인 김수영
기획편집 정회엽 김남희
마케팅 조재성 정윤성 한성진 정영은 박신영
경영지원 김미란 장혜정

펴낸곳 한겨레출판(주) www.hanibook.co.kr
등록 2006년 1월 4일 제313-2006-00003호
주소 서울시 마포구 효창목길6(공덕동) 한겨레신문사 4층
전화 02-6383-1602~3 **팩스** 02-6383-1610
대표메일 book@hanibook.co.kr

ISBN 978-89-8431-861-8 03300